프랑스 혁명을
다시 쓰다

여성들의 희망과 투쟁의 기억

프랑스 혁명을 다시 쓰다

여성들의 희망과 투쟁의 기억

초판 인쇄 2025년 10월 1일
초판 발행 2025년 10월 10일

지은이 | 이인숙
펴낸이 | 김태화   펴낸곳 | 파라북스
기획편집 | 전지영   디자인 | 김현제

등록번호 | 제313-2004-000003호   등록일자 | 2004년 1월 7일
주소 | 서울특별시 마포구 와우산로29가길 83 (서교동)
전화 | 02) 322-5353 팩스 | 070) 4103-5353

   ISBN 979-11-88509-92-8 (03330)

* 값은 표지 뒷면에 있습니다.

* 이 도서는 2025년 문화체육관광부의
   '중소출판사 도약부문 제작지원' 사업의 지원을 받아 제작되었습니다.

여성들의 희망과 투쟁의 기억

프랑스 혁명을
다시 쓰다

이인숙 지음

파라북스

정영애 (전 여성가족부 장관, 여성학 박사)

이 책은 치열하고 역동적이었던 프랑스 혁명 과정에서, 약자이고 소수자였던 여성들이 어떤 세상을 꿈꾸었는지, 어떻게 싸웠고, 이용되고, 지워졌는지를 구체적인 여성들의 활동과 목표, 성공과 실패의 사례를 통해 생생하게 보여주고 있다. 혁명을 둘러싼 역사적 흐름과 역동적인 국내외적 이해관계의 한가운데에서, 특히 '여성이 가진 덕성'을 망각하는 것은 죽음을 각오해야 하는 상황 속에서, 때로는 보다 어려운 여성들의 든든한 지지자로, 때로는 배후에서 전략을 세우고 지휘하면서 한 걸음 한 걸음 앞으로 내딛는 여성들의 지향과 활동은 오늘 우리에게도 많은 감동과 용기를 불러일으킨다.

무엇보다 이 책에서 보여주는 구체적 사례와 상황들은 과거의 역사적 사실이 아니라, 현재에도 지속되고 있으며, 앞으로도 전 사회의 인간 존엄과 평등을 향한 여정에서 중요한 길잡이가 되어줄 것이다. 주류에로의 편입이 아니라 주류사회의 변화를 촉구하기 위해 여성 간의 연대는 어떻게 이루어 나가야 할 것인지, 주류 남성 혁명가들과의 관계는 어떻게 설정해 나가야 할 것인지에 대한 다양한 역사적 사례들은 현재 젠더 갈등이 나날이 심각해지고 있는 우리 상황에서도 매우 유의미하다. 단두대에서 생을 마친 올랭프 드 구즈가 썼던 반노예주의적인 글 중에서 "왜 밋밋한 금발을 혼혈에서 생겨난 갈색 머리보다 더 선호할까... 모든 건 다양하며, 바로 그래서 자연은 아름다운 것이다"라는 귀절은 여성뿐 아니라 약자에 대한 공감과 연민, 그리고 지지와 용기를 불러일으키는 여성주의의 지향점을 분명하게 보여준다.

혁명과 진보의 역사는 현재도 계속되고 있다. 지난 2024년 파리 올림픽의 모토는 '자유', '평등'과 함께, '자매애sororité'가 '형제애fraternité'를 대신하였으며, 개막식에서 국가를 부르는 순간 올랭프 드 구즈의 동상이 프랑스 역사의 진보를 위해 활약한 여성 위인 중 가장 먼저 등장하였다. '구조적 성차별은 없다'라고 지속적으로 여성가족부 무력화와 폐지를 시도해온 윤석열 대통령에 대한 헌법재판소 재판관 전원일치 탄핵판결을 지켜보며, 《프랑스 혁명을 다시 쓰다 – 여성들의 희망과 투쟁의 기억》의 추천사를 쓰고 있다.

차례

여성을 지워버린 프랑스 혁명

'프랑스 혁명사'라는 방대한 역사책을 열어보면 수많은 사건과 인물들이 나타났다가 사라지지만, 그 가운데 여성은 잠깐 스쳐 지나가듯 삽화적으로 등장하거나 희미한 그림자로 어른거린다. 복잡다단하기 짝이 없는 이 거대한 드라마에서 여성의 역할은 그렇게 미미했을까 하는 의문에서 이 글은 시작되었다. 대혁명이라는 격변기에 사회의 그늘을 포착하고 현실을 직시하는 여성들의 가냘픈 외침이 압도적인 남성들의 목소리에 눌려 잘 들리지 않는 사실이 안타까웠다.

1789년 초부터 파리를 중심으로 프랑스를 부글거리게 하던 혁명의 기운이 7월 14일 민중들의 바스티유 함락이 도화선이 되어 마침내 곳곳에서 화산처럼 분출하였다. 프랑스 혁명은 절대 왕정과 특권계급이 지배하던 구체제를 무너트리고 자유·평등·우애라는 혁명적 이념을 유럽과 세계에 전파한 세계사의 일대 사건이었다. 왕정이 지배하던 대부분의 유럽 국가는 체제에 위협이 되는 혁명적 이념의 전파를 막기 위해 프랑스와 전쟁까지 불사했다.

바스티유가 함락된 1789년부터 나폴레옹이 황제로 등극한 1804년까지 불과 15년 사이에 프랑스는 절대 왕정에서 입헌군주제, 공화제, 공포정치, 부르주아의 반동정치, 나폴레옹의 제정으로 숨가쁜 정치체제의 변화를 겪었다. 1815년 나폴레옹의 백일천하가 끝난 뒤 다시 왕정복고, 1830년의 7월 혁명, 1848년의 2월 혁명, 나폴레옹 3세의 제

2제정까지 거치면서 혁명과 반동이 엎치락뒤치락하는 가운데 대혁명에서 부분적으로나마 실현되었던 개혁 정책들이 다시 후퇴하기도 했다. 왕정복고 시대에 구체제의 신분적 특권은 다시 살아났고, 7월 혁명으로 등장한 시민왕 루이 필립은 개혁을 표방했지만 그것은 허울뿐, 귀족과 성직자라는 구체제의 특권계급에 부르주아가 가세한 새로운 특권계급이 부와 권력을 독점하는 구조는 근본적으로 달라지지 않았다. 1870년 보불전쟁에서 패배한 나폴레옹 3세가 사라지고 제3공화국이 들어서는 와중에 일어난 1871년의 파리 코뮌의 비극▪으로 프랑스의 혁명적 전통은 종지부를 찍게 된다.

이처럼 온갖 파동을 겪으며 마침내 제3공화국이 수립될 때까지 100년 가까운 시간이 흘렀지만, 그동안에 프랑스 혁명이 성취했다고 믿은 시민적 자유와 인권이 프랑스 국민 모두에게 온전하게 실현되었는지는 의문이다.

바스티유 함락부터 나폴레옹 황제의 등장까지 짧은 기간에, 대혁명은 온갖 우여곡절을 겪으면서 출렁거렸고, 그 와중에 수많은 사람이 파도에 휩쓸려 나타났다가 사라지곤 했다. 프랑스 혁명의 상징적인 인물들, 로베스피에르, 마라, 당통을 비롯하여 급진파, 온건파 등 수많은 혁명가의 이름이 수면 위로 떠오른다. 이들은 혁명의 소용돌이

▪ 파리가 프로이센군에게 포위된 상황에서 파리를 떠난 정부와 파리에 남은 민중 사이에 휴전을 둘러싸고 극심한 분열이 일어난다. 굴욕적인 휴전을 받아들이지 못하는 파리 민중은 파리 코뮌이라는 자치정부를 수립하여 끝까지 파리를 수호하고자 했으나, 1871년 정부군이 이를 진압하는 과정에서 대학살이 일어났다. 파리 코뮌의 비극은 1789년 혁명 이래 민중의 힘을 두려워한 정부와 공화적, 혁명적 전통을 지키고자 한 파리 민중 사이의 비극적인 파국으로, 이후에 혁명적 전통에 반대해 온 보수적인 세력이 제3공화국 초기에 핵심적 역할을 하게 된다.

속에서 물고 물리는 권력 투쟁으로 권력의 정점에 올랐다가 나락으로 떨어지고, 그 가운데 많은 사람이 단두대에서 사라졌다. 그래서 프랑스 혁명은 남성들의 야심이 맞부딪치는 거대한 투쟁의 장으로 보이기도 한다.

그러나 프랑스 혁명에 이런 인물들만 있었던 것은 아니다. 혁명의 소용돌이에는 저명한 혁명가들뿐 아니라 바스티유와 거리에서, 베르사유와 의회의 방청석과 단두대에서, 자유를 지키고 '위험에 처한 조국'을 구하기 위해 무기를 든 수많은 프랑스 민중이 있었으며, 그 속에는 여성과 남성이 뒤섞여 있었다. 특히 수는 많지 않았지만, 소용돌이 한복판에서 떠올랐다가 사라진 여성들을 잊을 수 없다. 이들은 예외적인, 그래서 하나의 본보기가 되는 여성들이었다.

혁명의 발발과 함께 파도 속에 뛰어든 여성들은 뛰어난 웅변과 거침없는 말과 글로 대중을 사로잡았으며, 때로는 비난과 조롱의 대상이 되었다. 혁명기의 정치인 미라보Mirabeau, 1749~1791는 "여성들이 혁명에 합류하지 않는 한 진정한 혁명은 없다."라고 말했다. 이 말은 혁명이 시작되었을 때 남성들이 가진 생각이었지만, 그 뒤에 전개된 양상을 보면 남성들이 자신을 도운 여성들에게 부채감을 느끼지는 않은 것 같다.

프랑스는 혁명 초기에 〈인간과 시민의 권리 선언〉이라는 인권선언문을 채택함으로써 구체제의 종식을 알렸다. 그러나 선언문은 선언문일 뿐, 혁명 기간에 인권선언이 문자 그대로 실현된 적은 한 번도 없었다. 그래서 민중들은 기회 있을 때마다 권력을 잡은 혁명파들에게 헌법을 지키라고 요구했다. 더욱이 인권선언문에서 말하는 '인간과 시민'에 여성도 포함되어 있는지, 혁명의 이념인 자유 · 평등 · 우애가 여성들에게도 적용되었는지 심히 의문이다. '인간과 시민'은 재산 유무에 따라, 성별에 따라, 인종에 따라 달리 적용되었으며, 특히 여성에게 가장 뒤늦게 적용되었다. 세계적으로 인권의 모범국이며 선도적인 나라로 알려진 프랑스에서 여성의 참정권은 유럽 어느 나라보다도 늦은 1945년에 처음 실현되었다는 사실은 어떻게 설명해야 할까.

프랑스 여성들이 혁명에 관심이 없었거나 자신들의 권리에 무심했던 것은 전혀 아니다. 여성들은 개인으로 집단으로 혁명에 열렬하게 참여했으며, 여성 권리 신장과 참정권을 얻기 위해 목소리를 높였그 목숨까지 바쳤다. 그러나 그들의 목소리는 압살당했고, 오랫동안 역사에서도 지워져 여성들의 목소리가 있었다는 사실조차 잘 알려지지 않았다.

대혁명이라는 거대한 사건이 일어난 18세기 프랑스는 계몽주의의 시대였으며, 계몽 사상가들은 프랑스 혁명에 지대한 영향을 끼쳤다. 루소의 《사회계약론》은 혁명가들의 바이블이었으며, 혁명 직후인 1789년 3월에 발표된 〈인간과 시민의 권리선언〉을 낳는 데 지대한 공헌을 했다. 그의 혁명적 사상은 18세기 내내 강력한 영향을 끼치면서 인류에게 새로운 길을 제시했다. "민주주의의 모든 진보(평등, 보통선거, 소수파의 제압), 극좌 정당의 요구, 부와 소유에 대한 싸움, 노동하며 고통받는 대중의 온갖 승리와 소요, 이 모든 것은 그의 작품의 방향을 따른 것"[1]이라고 할 정도로 그의 사상은 혁명적이었다.

하지만 루소, 디드로, 볼테르 등 대표적인 계몽 사상가들은 여성의 정치 참여에 지극히 부정적인 태도를 보였다. 특히 루소의 여성에 대한 인식은 참담한 수준이었다. 그는 여성 교육에 관해 단호하게 보수적인 태도를 취했으며, 모든 여성 교육은 여성이 장래 갖게 될 부부생활과 관계되지 않으면 안 된다고 주장했다. 그에게 여성은 본질적으로 남성과 다른 존재였다. 여성은 신체기관 자체가 본능적이고 예민하며 연약할 뿐 아니라 특히 이성적인 논리의 능력이 없다고 단정했다. 자연은 여성을 남성의 보조적인 역할로 만들었으니, 여성은 남성에게 순종하는 것이 자연의 질서라는 것이다. 남성을 즐겁게 하기 위해 만들어진 여성은 남성과 동물의 중간쯤 되는 존재라고 하는 그의 성차별 의식은 믿을 수 없을 정도이다. 당연히 그에게 여성은 시민이 아니었으며, 여성의 정치적 평등이란 꿈에도 생각할 수 없는 일이었다. 여성의 역할은 오로지 가정이라는 영역에 한정될 뿐이었다.

계몽사상은 남성에게만 해당하는 것이었으니, 이 시대의 여성들은 시민적 정치적 권리에서 완전히 소외되었다. 프랑스 혁명으로 탄생한 공화체제조차도 여성들을 정치적, 공적 영역에서 철저하게 배제했다. 여성들은 아버지, 남편 혹은 가족 공동체에 종속된 존재였으며, 재산이나 자녀 교육 결혼 등에 있어서 아무런 결정권도 없었다. 하지만 여성의 권한과 불평등은 실제에는 계층에 따라 조금씩 달리 적용되어 상류계층 여성들은 좀 더 큰 권한을 누렸다. 이 때문에 여성의 눈에 계급의 불평등이 성적 불평등이 가진 부당함을 가리는 효과가 있었다. 그래서 여성들도 여성의 권리 이전에 먼저 특권의 폐지, 왕권의 정지와 공화국 건설 등을 위해 싸웠다.[2]

비판받을 점이 많지만, 프랑스 혁명이 여성의 권리와 지위 향상에 아무런 기여도 하지 않은 것은 아니다. 혁명정부는 비교적 짧은 기간에 각종 여성 관련 법률을 제정함으로써 여성을 구체제의 가부장적인 억압에서 최소한 '법률적'으로는 해방했다. 1790년 3월 장자상속법의 폐지, 8월에는 가족분쟁의 민주적 해결을 위한 가정법원의 설치, 1792

년 9월에 공포된 이혼법 등을 통해 프랑스 혁명은 여성의 권리와 지위 향상에 상당한 기여를 했다. 그래서 프랑스 혁명은 '근대 페미니즘의 출발점'으로 평가받기도 한다.[3] 그러나 이러한 법률들은 선물로 주어진 것이 아니라 여성들의 투쟁 결과였으며, 그나마 혁명이 쇠퇴하면서 여성 관련 법률들은 이혼법의 경우처럼 폐지되거나 축소되어 어렵게 얻은 여성의 권리가 다시 약화되었다.

혁명과 반동이 엎치락뒤치락하면서 거의 100년에 걸쳐 우여곡절을 겪은 프랑스 혁명에 한국의 민주화 과정이 겹쳐 보인다. 1987년 민주화 이후 정치체제는 바뀌지 않았지만, 보수와 진보 사이에 정권이 타뀔 때마다 대한민국의 민주주의는 진보와 후퇴를 거듭하고 있는 것이 현실이다. 높은 언론자유 지수와 함께 선진국 어떤 나라 못지않은 우수한 민주주의 국가로 다른 나라의 부러움을 사던 나라가 정권이 바뀌면 한순간에 나락으로 떨어져 민주주의는 한없이 후퇴한다. 먼저 비판적 언론을 탄압하고 문화 예술계의 블랙리스트가 등장한다. 남북 관계도 평화로운 공존에서 극단적인 적대관계로 바뀌면서 국민은 언제 터질지 모르는 전쟁의 위험에 시달린다. 박정희, 전두환으로 이어지는 군사독재의 후예들은 민주주의라는 제도가 아직도 낯설고 몸에 익지 않은 것 같다. 그들에게는 비판적인 반대파를 억압하고 압살하는 독재체제가 훨씬 체질에 맞는 것이다. 급기야 2024년에는 불법적이고 위헌적인 계엄까지 등장하여 온 나라를 흔들고 있다. 시계를 수십 년 전으로 되돌리고자 하는 권력자들의 친위쿠데타에 국민은 독재의 망령에 시달리고 있다.

1987년 민주화 이후 40년 가까운 세월이 흘렀지만, 한국의 민주주의는 아직도 제대로 정착하지 못하고 있다. 민주주의라는 제도의 안

착에 40년은 충분치 않은 것이다. 실망한 국민이 100년이라는 긴 시간이 걸린 프랑스의 혁명 과정을 생각하면 조금은 위안이 될까. 정권이 바뀌어도 훼손되는 일이 없도록 제대로 된 민주주의가 자리 잡기 위해서는 아직도 갈 길이 멀다.

민주화 과정에서 한국 여성의 권리는 얼마나 신장하였을까. 20세기 후반까지 가부장제가 공고했던 대한민국의 여성들도 그동안 여성 억압의 굴레를 벗기 위해 길고 긴 투쟁의 과정을 거쳤다. 18세기 말의 프랑스 여성운동은 여성의 시민권과 공적 영역 진출이라는 문제에서 출발했지만, 20세기 중반의 한국 사회의 대표적인 여성운동은 가족법 개정 운동이었다. 1948년 정부수립 이후 남녀 차별적인 법제도를 개정하기 위한 여성계의 노력은 오랫동안 지속되었지만, 민주화 투쟁과정에서 여성문제보다는 독재타도라는 대의가 앞서 여성문제는 뒤로 밀린 감이 있었다. 프랑스 여성들이 혁명의 대의를 위해 여성의 불평등 문제를 적극 거론하지 못한 것과 비슷한 상황이었다. 그러나 1987년 민주화 이후 가족법은 재산과 상속문제, 자녀에 대한 친권 등의 점진적인 개선을 거쳐 마침내 2005년 오랜 염원이었던 호주제 폐지에까지 이르렀다.

그러나 여성차별은 가족법의 문제만은 아니다. 노동시장에서 남녀의 임금차별, 사회 각 분야에서 여전한 유형무형의 성차별적 관행들, 가사와 육아를 둘러싼 성역할에 대한 고정관념과 그로 인한 여성의 사회진출의 어려움도 여전한 문제로 남아있다. 현재 우리가 누리고 있는 여성의 권리들, 이혼법을 비롯한 가족 관련법이나 너무나 당연한 것으로 여겨지는 투표권을 비롯한 시민의 권리를 얻기 위해 200여 년 전 프랑스 여성들은 어떻게 싸웠는지 돌아보는 것은 그것이 결코 남의 일이 아니기 때문이다. 아직도 대한민국 여성들에게 깨기 어려운 높은 유리 천장이 적지 아니 남아있는 현실에서 그들의 투쟁을 반추해 보는 것은 우리에게 좋은 디딤돌이 될 것이다.

01부

희망과 열정으로
혁명에 뛰어든 여성들

　프랑스 혁명하면 먼저 떠오르는 광경은 들라크루아의 그림 〈민중을 이끄는 자유의 여신〉, 혹은 빅토르 위고의 소설을 영화화한 〈레미제라블Les Misérables〉의 장면들이다. 두 가지 모두 1789년의 대혁명을 그린 것은 아니지만, 19세기에도 몇 차례 폭발했던 혁명에서 격변의 장면들을 그리고 있다. 들라크루아의 그림은 프랑스 국기를 든 여성의 인도로 바리케이드를 넘어서 진군하는 민중의 힘찬 행군을 보여준다. 로마 시대 해방노예의 상징인 붉은색 프리지언 보닛을 쓴 여성은 프랑스 혁명을 상징하는 자유와 이성의 알레고리인 마리안느이다.[1] 그녀의 뒤에는 총을 든 소년과 화가 자신으로 보이는 총을 든 신사, 남루한 옷을 입은 민중들, 발밑에 쓰러진 희생자들이 보인다.

　왕정복고로 왕이 된 샤를 10세의 반동적인 정치가 새로운 혁명을 불렀고, 1830년 7월 혁명으로 새로운 왕이 선출되었다. 그는 '시민왕'이라고 불리는 루이 필립이었다. 그러나 '시민왕' 필립은 부자들의 왕이었으며, 극심한 부패와 왕의 무능으로 빈곤층의 고난은 가중되어 마침내 1848년 2월 혁명으로 이어진다. 들라크루아는 1789년의 대혁명이 아니라 샤를 10세를 물리친 1830년 7월 혁명을 기념하여 그렸지만, 이 그림은 프랑스 혁명의 상징이 되었다.

　그동안 가부장제의 굴레에 억눌려 있던 많은 여성들이 혁명의 발발과 함께 정치적 행동에 뛰어들었다. 남성들보다 더 열렬하게 혁명에 투신한 여성들은 혁명을 통해 여성 억압의 굴레를 벗어나 만나게 될 새로운 세계를 꿈꾸었다. 집단이나 개인으로 혁명에 참여한 여성들은 여성들끼리 혹은 남성의 옆에서 함께 활동했으며, 때로는 민중을 이끄는 자유의 여신처럼 앞장서서 남성들을 이끌면서 혁명의 중요한 전환점을 만들었다.

혁명 초기였던 1789~1790년 무렵에 여성들의 활동과 혁명은 갈등 관계가 아니었다. 남성 지도자들은 여성들의 참여를 환영했으며, 여성들의 적극적인 활동을 지지하고 부추겼다. 여성들도 남성 못지않

외젠 들라크루아, 〈민중을 이끄는 자유의 여신〉, 1832, 파리 루브르박물관 소장.
1830년 7월 혁명을 기리는 그림으로 프랑스 혁명의 상징이 되었다.

게, 혹은 남성 이상으로 혁명에 적극적이었으며 이를 행동으로 보여주었다. 그러나 혁명의 진전과 함께 여성들의 목소리가 커지자, 남성들의 태도는 돌변했다. 이들은 '여성의 본분'이라는 것을 내세워 여성들의 대외적 활동을 막고 가정에 가둬두려 했으며, 여성의 정치적 활동을 비판하고 조롱했다. 하지만 남성들의 온갖 방해와 비난에도 불구하고 적어도 1795년까지는 계층을 막론하고 수많은 여성이 혁명에 참여했다.

혁명 과정에서 적극적으로 목소리를 내던 여성들의 정치적 활동은 크게 세 가지 양상으로 나뉜다. 하나는 혁명의 기운이 무르익은 가운데 자신들이 원하는 것을 세상과 국왕에게 알리기 위해 민중 시위와 봉기에 나섰던 집단적 행동이다. 이는 혁명을 전후한 시기에 파리 시민의 삶을 위협하던 흉작과 관계가 있었다. 기근의 시대에 심각한 식량부족은 폭동을 유발했으며, 여성들은 앞장서서 사태를 주도했다. 이들은 세탁부, 점원, 방직공장의 여공, 파리 중앙시장의 여성상인 등 주로 민중 계층의 여성들이었다.

두 번째는 다수의 민중클럽과 여성클럽을 통한 그룹 활동이었다. 여성들의 집단행동이 당장의 빵 문제 해결에 도움은 될 수 있을망정 여성의 시민적 정치적 권리를 보장해 주지는 않았다. 이러한 권리를 찾고자 했던 일군의 여성들은 민중클럽에 가입하거나 직접 여성클럽을 결성하고 활동했다. 이들의 수는 많지 않았지만, 대단히 적극적으로 뜨겁게 활동했다. 그러나 이들의 활동에 위협을 느낀 남성 권력자들의 폭력적인 탄압으로 미처 개화도 하기 전에 압살돼 버렸다.

마지막으로 남성과 여성의 사회적 평등을 목적으로 한 일종의 페미니즘 운동이 있었다. 이 세 번째 부류의 여성들은 그들의 정치적 위치나 출신 계층에 따라 개인적으로 활동했으며, 남성의 뒤에서 정치적 영향력을 행사하거나 청원서나 벽보 등의 수단을 동원하여 직접 운동에 뛰어들기도 했다. 양성평등을 주장한 세 번째의 경우는 주로 부르주아 계층 여성들이 주도했다. 이들의 수는 적었지만 그 의미는 작지 않았으며, 현대 페미니즘의 발아는 상당 부분 그들에게 빚지고 있다.[2]

그러나 1789년 바스티유 함락 이후 1791년에 제정된 헌법은 여성들의 요구를 외면하고 그들의 정치적 권리를 인정하지 않았다. 입헌군주제와 국민주권의 원리를 담은 프랑스 최초의 헌법에서 여성은 남성과 같은 국민에 속하지 않았던 것이다. 혁명 초기에 여성들을 부추기고 혁명 대열에 함께 했던 남성 지도자들은 일단 혁명이 본격화되자 봉기를 주도했던 여성들을 보조적인 위치로 자리매김하거나 가정으로 되돌려 보내려고 했다. 토사구팽이라고 하지 않을 수 없다. 여성들에게는 정치적인 행동보다 자녀를 공화국의 훌륭한 시민으로 키우는 '공화국의 어머니' 역할이 더 중요하다는 것이 그들이 내세운 이유였다. 그러나 여성들은 이에 굴하지 않고 거리로 나와 협회나 정치클럽을 결성했다.

I. 혁명 전야의 풍경들

여성들의 청원운동

혁명이 일어난 1789년 초부터 프랑스 전체가 저마다 목소리를 내기 시작했다. 온갖 요구를 담은 청원서가 의회에, 교구에, 각 구의 의회에 봇물 터지듯 밀려오는 가운데 여성들의 목소리에 귀를 기울이기는 쉽지 않다. 그러나 그 와중에도 드물지만 몇몇 여성의 목소리가 들린다. 특히 하층민 여성들의 요구를 담은 1789년 1월 1일자 청원서는 주목할 만하다. 여성들은 대단히 현실적인 세 가지 문제를 요구했다. 첫째, 무상교육에 관한 요구이다. 이는 여성들이 지적으로 열등하지 않다는 것을 보여줄 것이다. 둘째, 특정 직업들, 예를 들어 바느질이나 수놓기, 의류 판매 등을 여성만이 할 수 있게 해달라는 요구가 있었다. 지금도 여성 종사자가 많은 이러한 직종에 남성들이 밀고 들어올 때 하층민 여성들은 더 이상 갈 데가 없어져 결국 매춘으로 빠질 수밖에 없다는 염려였다. 셋째, 매춘 여성들을 벌하라는 요청도 있었다. 엄연한 직업을 가진 여성들도 사람들이 인간성의 찌꺼기로 여기는 매춘 여성들과 혼동하여 경멸하는 일이 종종 있다는 것이다.[3] 하층 계급의 여성들이 더 이상 갈 데가 없을 때 매춘으로 떨어지는 현실에 대한 두려움이 그들을 배제하려는 시도로 나타났다.

한 익명의 여성도 하층민 여성들의 교육문제를 거론했다. 제대로 교육받지 못해 결혼 후에도 빈곤에서 헤어나오지 못하며, 운 좋게 미모를 타고난 여성은 유혹자의 먹이가 되고 난봉꾼들의 희생물이 되는 하층민 여성들, 마침내 자신을 잃고 방황하거나 죽음에 이르게 되는 가난한 여성들의 삶을 개탄하면서 청원서의 주인은 적절한 교육의 필요성을 주장했다. 이러한 하층민 여성의 삶은 소설 《레미제라블》에 나오는 인물 팡틴의 삶이 잘 보여준다. 딸 코제트를 낳은 후 남자에게 버림받아 공장의 직공이 된 팡틴은 미혼모라는 사실이 알려져 쫓겨난다. 딸의 양육비를 대기 위해 결국 매춘에 빠지게 되는 팡틴의 상황은 청원서에서 묘사된 하층민 여성의 전형적인 삶의 양상이었다.

> 이러한 악덕을 예방하려면, 폐하, 우리도 교육받고 직업을 가질 수 있게 해주시기를 요청합니다. 그것은 남자들의 권위를 침해하려는 것이 아니라 우리가 좀 더 나은 대접을 받고 불운을 피해 살아갈 수 있는 방편을 얻기 위해서입니다.[4]

글을 쓴 여성은 하층민 여성들의 처지를 깊이 이해하고 이를 타개하기 위한 대책으로 교육을 요구한 것이다. 이어지는 글에서 여성에게는 과학 교육이 필요 없다며 여성의 감성 교육을 강조하는 데서 모순과 한계를 노출하고 있지만, 여성 교육 특히 하층민 여성의 교육을 강조한 것은 평가해야 한다.

나아가서 이 여성은 정치적 권리를 요구하고 있다. 앞에서 "남자들의 권위를 침해하려는 것이 아니라" 하는 말로 남성들의 화살을 비껴가려고 하더니, 이어서 정부에 참여하겠다는 의도는 전혀 없다며 일단 남성들을 안심시킨다. 하지만 여성의 투표권만은 인정해 달라는 요구가 이어진다. 청원서 주인공의 이러한 조심스러움은 이미 남성들이 신문 등을 통해 여성들의 대외적 활동에 적대감을 보였기 때문이다.

> 여성의 투표권을 받아들이는 것이 정의로운 일입니다. 왜냐하면 여성들도 남성들과 마찬가지로 왕국에 세금을 납부하고 있으며 상업에도 종사하고 있기 때문입니다. …… 귀족이 평민을 대표할 수 없으며 그 반대도 마찬가지입니다. 마찬가지로 남성은 …… 여성을 대표할 수 없을 것입니다. 왜냐하면 대표자는 절대적으로 자신이 대표하는 사람들과 같은 이해관계를 가져야 하기 때문입니다. 그러므로 여성은 오직 여성에 의해서만 대표될 수 있습니다.[5]

여성이 투표권을 가져야 할 정당한 이유를 설명한 이 글은 반박의 여지가 없을 정도로 논리적으로 타당하다. 그러나 남자들은 여성은 아버지나 남편에게 복종하면서 그들이 알려주는 것만 알면 되고 따로 이해관계를 가질 필요가 없다는 억지 주장을 반복했다. 청원서를 계속 따라가다 보면 18세기 프랑스 여성들이 얼마나 부당한 대우를 받으면서 무책임한 남성들의 노리개로 전락하거나 혹은 빈곤의 굴레에서 허덕였는지를 알 수 있다.

1789년에 집중적으로 출판된 수많은 진정서, 청원서, 탄원서 등에서 여성들은 이처럼 집단으로 혹은 익명으로 그들이 원하는 것을 밝혔다. 교육과 직업의 권리, 동등한 급여를 받을 권리를 비롯하여 이혼의 권리와 지참금 폐지에 대한 요구도 있었다. 이 중에는 일부지만 여성 참정권과 삼부회 허용 등의 문제도 제기되었다. 1789년 8월에 출간된 《의회에 전하는 부인들의 탄원서》는 당시 페미니즘의 모든 것을 보여준다. "여성은 언제나 남성과 똑같은 자유, 똑같은 특권, 똑같은 권리, 똑같은 명예를 누릴 것이다. 거기에는 군사적 책임과 성직을 맡을 권리도 포함된다."[6] 그야말로 페미니즘의 끝판왕이라고 할 정도로 여성들의 요구는 드높았다. 폭력적인 가부장제 밑에서 공적인 일은 아무것도 할 수 없었던 여성들의 억압된 한과 함께 여성들이 혁명에 거는 기대가 얼마나 컸는지 알 수 있는 대목이다. 1789년 7월 14일에 불이 붙은 혁명의 열기와 자유의 분위기에서 그동안 억눌려 왔던 여성들의 요구가 봇물 터지듯 밀려나왔던 것이다.

여성의 권리를 요구하는 외침은 지역과 계층을 막론하고 널리 퍼져 나갔다. 지방에서도 많은 여성이 비슷한 글을 남겼으며, 부르주아 여성들도 새로운 사회에 대한 기대와 함께 오랫동안 억압당했던 여성들의 권리 신장을 요구했다. 혁명의 진전과 함께 여성들의 정치적 행동의 범위도 넓어졌으며, 이들의 요구도 좀 더 구체화되고 일관성을 가지면서 성평등을 요구하는 쪽으로 발전해 갔다. 제헌국민의회와 뒤를 이은 국민공회에 적극적으로 청원서를 보내면서 여성의 권리와 정치 참여를 주장했던 것이다.

그러나 1789년 8월에 선포된 〈인간과 시민의 권리 선언Déclaration des droits de l'homme et du citoyen〉은 이렇게 뜨거운 여성들의 요구에 찬물을 끼얹었다. '인간과 시민'은 남성만을 의미하며 여성들은 이에 해당되지 않았다. '인권선언'의 조항 하나하나는 남성에게만 해당되고 여성은 아예 고려의 대상도 되지 않았다. 남성의 부수적인 존재로서만 존재 가치를 갖는 여성은 입법자들의 눈에 인간도 시민도 아니었다.

파리 여성들의 애국적 기부 행위

국왕 루이 16세는 전임 왕들에게 물려받은 국채에 시달리고 있었다. 게다가 영국을 견제하기 위해 미국 독립전쟁을 지원하면서 국가 재정은 더욱 악화되었다. 그는 이 문제를 해결하기 위해 1789년 5월 삼부회를 소집했다. 175년 동안이나 열리지 않던 삼부회를 소집한 것은 새로운 세금 징수를 통해 재정 위기를 타결하기 위함이었다. 성직자(제1신분), 귀족(제2신분), 평민(제3신분)의 대표들로 이루어진 삼부회는 소집하자마자 표결 방법을 둘러싸고 분규가 일어났다. 신분별 표결 방법은 특권층인 성직자와 귀족들에게 절대적으로 유리한 반면, 머릿수 표결 방법은 제3신분인 평민들에게 유리했다. 개혁이 좌절될 것을 우려한 제3신분 대표들이 결국 6월 17일에 삼부회의 제3신분회(평민회)가 곧 '국민의회'임을 선포했다.

삼부회 소집의 원인이었던 재정 위기라는 국가적 어려움 앞에서 파리의 여성들은 가만있지 않았다. 1789년 9월 화가 다비드Jacques-Louis David ■의 부인을 비롯한 예술가의 아내와 딸들, 부유한 상인의 아내 등의 여성대표들이 패물 등의 귀금속을 모아 의회를 방문했다. 국채 보상을 위해 의회에 나가 패물을 바친 것이다. 재정위기는 루이 16세의 왕정을 위기로 몰아넣는 심각한 문제였으며, 여성들까지 나서서 기부 행위를 할 만큼 국민 모두의 근심거리였다. 여성들의 자발적인 애국적

■ 쟈크 루이 다비드는 프랑스 신고전주의의 대표적인 화가이며 국민공회 의원을 역임했다. 나폴레옹이 황제가 된 후에는 그의 공식 화가가 되어 〈나폴레옹 대관식〉, 〈알프스를 넘는 나폴레옹〉 등의 작품을 남겼다.

장—바티스트 르죄르, 〈여성들의 애국 클럽〉, 1791, 파리, 카르나발레 박물관 소장.
귀금속을 전달하기 위해 의회를 찾은 여성 대표들의 모습.

기부 행위는 깊은 인상을 남겨 의회는 이를 기록으로 남겼다. 파리 시민들도 환호와 찬사를 보냈다. 여성들의 솔선 행위에 대해 신문들도 대체로 호의적인 반응을 보였다.

그러나 경멸적인 어조로 여성들을 비웃는 신문도 있었다. 그런다고 해서 여성들의 상황을 바꿀 수는 없다는 논조였다. 여성들이 잘난 체 나대봤자 제2의 성인 여성의 지위는 달라지지 않는다는 노골적인 조롱도 있었다. 특히 〈파리의 혁명〉지는 여성들이 나설 것이 아니라 남편이나 부모를 통해 그런 일을 해야 했다고 비판했다. 여성들이 독자적으로 행동하면 안 된다는 것이다. 행동만이 아니었다. 이들은 여성들이 정치와 종교에 대해 독자적인 의견도 가져서는 안 되며, "민중적 모임에 자주 드나드는 아내, 광장이나 클럽에서 발언하고 청원서를 제출하고자 원하는 주부들은 일상적인 집안일에는 관심이 없으며 현명한 남편과 행복한 가정의 평화를 가져오는 온유하고 애정어린 신뢰와 공손한 기질을 전혀 갖고 있지 않다."라고 신랄하게 비판했다.[7] 여성들이 앞에 나서는 것을 남자들이 얼마나 혐오했는지 여실히 드러나는 비판이다. 의회 의원들은 이 사건에 대해 모호한 태도를 취했다. 대다수는 무관심했으며 일부는 일종의 웃음거리로 취급하고 일부는 애국심의 발로라고 평가했다.

이렇게 악의적인 비판도 있었지만, 애국적 기부 행위는 또 다른 긍정적인 결과를 낳았다. 기부에 참여한 직종을 중심으로 빠른 속도로 두 개의 여성 직업 협회가 조직된다. '여성 예술가 협회'와 '여성 금은세공사 협회'이다. 다른 직업군의 여성들이나 조직화되지 않은 익명의 여성들의 기부도 뒤따랐다. 여성들은 동시에 자신들의 기부금을 국채 변제에만 써야 한다고 의회에 요구했다.

이러한 움직임과 관련해서 활발한 문필활동을 펼치던 올랭프 드 구즈Olympe de Gouges의 논설에 주목할 필요가 있다. 여성들의 기부 행위가 있기 1년 전인 1788년 9월에 구즈는 〈한 여성 시민이 민중에게 보내는 편지, 애국 기금 계획Lettre au Peuple ou projet d'une caisse patriotique, par une citoyenne〉이라는 글을 발표했다. 여기서 구즈는 국가의 채무 변제를 위한 시민들의 자발적 세금을 제안했다. 예술가 여성들을 비롯한 여러 여성단체나 익명의 여성들 기부 행위가 구즈의 영향을 받은 것인지 분명한 증거는 없으나 가능성은 충분하다. 설혹 구즈의 영향이 아니라 하더라도 구즈를 포함한 당시 여성들은 국가의 부채를 심각하게 인식했으며, 이를 해결하기 위한 자발적인 기부 행위를 한 방법으로 생각했다는 것을 알 수 있다.

이처럼 여성들은 가정 안에 갇혀있는 인형이 아니라 국가적인 문제를 진심으로 걱정하고 이의 해결책을 모색하는 능동적인 시민이었다. 그러나 여성들의 자발적이고 애국적인 기부 행위는 잠시 찬사를 받기는 했지간, 그뿐이었다. 남성들은 여성들의 애국적 행위에도 불구하고 여성의 사회 정치적 참여를 완강히 거부했다.

파리 여성들의 애국적 기부 행위는 일본제국주의의 야욕이 노골화되고 있던 시기에 일어난 조선의 국채보상운동을 떠올리게 한다. 1907년의 국채보상운동은 남성들이 시작했지만, 부녀자들도 비녀와 가락지 등을 팔아서 이에 호응했으며, 여성단체들은 보상금모집소를 설치하여 쌀과 패물을 모으는 등 적극적인 활동을 벌였다. 당시 조선 여성들의 애국심도 혁명기 파리 여성들 못지않았다.

여성의 시민권 획득을 위한 시도들

여성들이 존재감을 드러낸 것은 애국적 기부 행위만이 아니었다. 여성들의 시민권, 정치적 권리를 획득하기 위한 투쟁도 이어졌다. 이를 공식화하기 위해서는 법률적인 뒷받침이 필요했다. 헌법 제정을 요구한 1791년 7월의 '100인의 청원서'에는 무려 41명의 여성이 이름을 올렸다. 그러나 여성들이 정치적 권리를 찾고자 하는 적극적인 움직임에 남성들은 공적인 영역에서 여성을 철저하게 배제하는 쪽으로 응수했다. 1791년 헌법은 일정한 재산을 소유한 남성에게만 참정권을 부여하면서 이들을 '능동적 시민'이라고 불렀다. 반면에 여성은 재산 유무와 관계없이 선거권도 피선거권도 없는 '수동적 시민'으로 분류되었다. 여성은 일정한 수준 이상의 세금을 내지 못하는 가난한 남성이나 외국인과 마찬가지로 정치적 권리가 없었다. 후에 헌법이 개정되면서 남성들은 재산의 많고 적음과 관계없이 선거권을 갖게 되지만, 여성들은 20세기가 될 때까지 선거권을 갖지 못했다.[8] 이러한 남성들의 방해에 맞서 여성들의 정치적 활동은 더 견고하게 조직화하는 경향으로 나타났으며, 더 열심히 때로는 과격하게 혁명전선에 나서게 되었다.

1789년부터 1793년 사이에 50여 개의 여성클럽이 생겼으며, 특히 1793년 5월에 결성된 '혁명적 공화주의 여성시민협회Société des citoyennes républicaines révolutionnaires'는 여성들의 정치 활동의 중심지가 되었다. 협회의 중심인물이었던 폴린 레옹Pauline Léon을 대표로 한 일군의 여성들은 1792년 봄에 국민방위군 편입과 여성의 무장권을 요청하는 청원서를 입법의회에 제출했다. 1792년은 프랑스 혁명에 위협을 느낀 인접국들과 전쟁의 기운이 무르익어 4월에 드디어 의회가 오스트리아에 선전포고함으로써 혁명전쟁이 시작되었던 해이다. 이에 여성들도 위기에 처한 조국을 수호하기 위한 전쟁에 함께 참여하기를 원했던 것이다. 여성 무장권에 대한 청원은 받아들여지지 않았지만, 이는 여성이 남성의 부속물이 아니라 당당한 시민의 구성원임을 주장하는 일종의 시민권 운동이었다.

실제로 전쟁에 나가 무공을 세우고 승진까지 한 여성도 있었다. 그러나 의회는 1793년 4월 30일 여성의 군복무를 금지하는 법령을 공포했고, 여성은 강제로 전역당했다. 계속 군복무하게 해달라는 여성의 청원서도 의회에서 거부당했다. 실제로 군대에는 최소한 80명 이상의 여성이 있었다. 그들은 세탁부 등의 일을 하기도 했지만, 일부는 남성과 함께 전선에 나갔다. 남편이나 아들 등 가족과 함께 전선에 나간 여성들도 있었다.

민중계층 여성들의 식량폭동

혁명이 일어난 1789년 초 파리의 상황은 흉흉했다. 당장 폭동이 일어나도 이상하지 않은 상황이었다. 1788~1789년의 연이은 혹한과 흉작으로 수확물은 형편없었고, 겨울이 끝날 무렵에는 식량 사정의 어려움을 피루로 느끼게 되었다. 빵값은 천정부지로 솟았고 민중들은 당장 생계의 위협을 느꼈다. 흉작에 쫓겨 굶주린 농민들과 몽둥이로 무장하고 누더기를 걸친 부랑자들이 파리로 몰려들었고, 이렇게 몰려든 떠돌이 날품팔이들은 일자리를 잃은 수만의 직공들과 함께 움직였다. 파리의 극빈자는 12만 명을 헤아렸다. 1789년 초부터 파리를 굶주림의 도시로 만든 흉작이 전국을 덮쳤다. 어디서나 곡물은 부족하고 빵값은 너무 비쌌다. 군중은 빵집 앞에 몰려들었지만, 빵은 조금밖에 얻을 수 없었고 그나마 거무스름하고 흙이 섞인 형편없는 빵이었다.

기근의 위험이 닥치면서 구걸행각이 늘고 굶주린 실업자가 늘었다. 반면에 곡물 가격의 상승으로 지배계급은 더 많은 이득을 보았다. 권력과 정부에 대한 민중의 반감은 높아졌으며, 이들의 대립관계는 더욱 날카로워졌다. 이런 상황에서 1789년 초부터 민중의 소요가 급증했으며, 1년 내내 군중은 폭동의 기운으로 들끓었다. 도시의 민중은 곡물의 공정가격제를 요구했다.[9] 여러 지방에서도 식량폭동이 일어났는데 특히 빵값에 민감한 여자들이 앞장섰다. 여자들은 무리를 지어 곡물수

송대를 공격하고 곡물이 쌓여있다고 의심되는 부자의 집이나 수도원 앞에서 시위를 벌였다. 그리고 이는 곧 약탈과 폭력으로 이어졌다. 부유한 지방관의 집도 예외는 아니었다. 1789년 4월 26~28일에 있었던 레베용 벽지공장 사건 같은 것이 그 예이다. 사람들은 레베용이 "노동자는 하루에 15수만 있으면 살 수 있다."라고 말했다는 소문만 가지고 그의 집을 공격하고 약탈했다. 레베용도 노동자 출신이고 그가 직공들에게 매일 25수를 주며 실직 기간에도 급료를 준다는 사실은 중요하지 않았다.[10]

이처럼 기근의 시기에 식량부족으로 일어난 폭동에 제일 먼저 앞장선 사람들은 민중계층의 여성들이었다. 파리 중앙시장의 상인과 잡부들, 세탁부, 점원, 방직공장의 노동자들이었던 이들은 가족 생계의 상당 부분을 책임지고 있었다. 이들은 가족을 먹여 살리기 위해서는 무슨 일이든 할 준비가 되어있었다. 그러나 이들에 대한 기록은 매우 드물어 거의 대부분 무명으로 남았다. 남은 희귀한 기록마저도 이 여성들을 더럽고 추하고 위협적이며 공포스럽고 인간보다는 짐승에 가까운 것으로 묘사했다. 글을 쓴 부르주아 출신 남성들은 식구를 먹여 살리기 위한 하층계급 여성들의 절박함을 이해할 수 없었기 때문이다.

1789년의 민중 폭동은 정치적 동기보다는 대개 식량기근으로 인한 사회적 소요였다. 하지만 그것은 때로 정치적 소요와 겹쳤다. 실제로 여성들은 1789년 이전부터 정치적 폭동에 행동으로 뛰어들었던 적이 있다. 1788년 6월 7일 프랑스 동남부 알프스산맥 기슭에 있는 도시 그르노블에서 일어난 폭동인 일명 '기왓장의 날' 사건은 고등법원 의원들과 왕권의 대립 때문에 발생한 명백한 정치적 폭동이었다. 이 사건에서 여성들은 교회로 달려가 종을 울리며 사람들에게 폭동에 참여하도록 독려했다. 이 폭동에서 군인들이 주민들에게 기왓장 세례를 받았다고 해서 그날을 '기왓장의 날'이라고 부른다. 여성들에게 빵값 폭등은 절박한 문제였지만, 그뿐 아니라 이들은 정치의식을 가지고 정치적 폭동에도 적극 가담했다.

2. 베르사유 행진과 여성들의 집단행동

사건의 전말

1789년 7월 14일의 바스티유 함락은 남성들이 주도한 것이지만 여성들의 참여가 없었던 것은 아니다. 그때의 신문들은 바스티유 함락 당시 남장을 한 젊은 여성의 영웅적인 행동과 전투에서 아들을 잃은 어머니의 의연함을 전하고 있다. 전투가 끝난 후 아들의 시신을 찾던 어머니는 자부심에 가득 찬 차분한 어조로 "아들의 시신을 찾기 위해 이보다 더 영광스러운 자리가 어디 있겠는가? 아들이 조국을 위해 목숨을 바쳤다면 그건 축복이 아닌가?"라고 했다고 한다.

혁명정부의 기관지인 〈모니퇴르Moniteur〉 8월 9일자 신문은 여성들이 혁명이 일어난 것을 하늘에 감사하기 위해 꽃과 리본으로 장식하고 음악을 동반하여 파리의 수호신인 쌩트 즈느비에브Sainte-Geneviève 교회로 행진한 후 술과 춤으로 혁명을 즐겼다는 기사를 전했다.[11] 그만큼 여성들, 특히 민중 계층의 여성들은 혁명을 고대했으며 대혁명에 기꺼이 동참했다. 민중의 삶은 언제나 고달팠지만, 민중 여성은 남편이라는 이름의 남성 횡포에도 시달려야 했던 이중고를 겪었다. 혁명은 그들에게 이러한 삶의 조건을 변화시킬 수 있을 것이라는 새로운 희망을 주었다.

그러나 바스티유 감옥이 무너지고 혁명은 본격화되었는데도 민중들의 삶은 나아지지 않았다. 파리의 식량부족은 여전했으며 빵값은 계속

올랐다. 여성들은 하루 식량도 구하기 어려웠다. 1789년에 식비 지출은 민중계층 가계의 88퍼센트까지 치솟았다.[12] 거의 모든 소득을 식비로 지출해야 하는 구조였다. 물가폭등, 특히 밀값과 빵값의 폭등은 민중을 강타했다. 그러나 국왕 루이 16세는 파리가 아닌 베르사유 궁에 머물러 있었다. 파리의 여성들은 식량부족을 비롯한 온갖 문제를 해결하기 위해서는 국왕이 파리로 와야 한다고 믿었다. 그때까지만 해드 왕이 모든 어려움을 해결해 줄 것이라는 믿음이 남아있었다.

10월의 베르사유 봉기는 식량부족이라는 경제적 위기가 근본적인 원인이었지만 발단은 '근위대의 연회'라는 사소한 사건이었다. 1789년 10월 1일 근위대 장교들은 베르사유궁에서 연회를 벌이고 있었다. 왕실 가족들이 연회에 나타나자, 흥분한 참석자들이 혁명의 상징인 삼색

작자 미상, 파리, 프랑스 국립도서관.
파리 여성들의 베르사유 행진 삽화. 왼쪽 끝에 머뭇거리는 부르주아 여성의 팔을 잡아끄는 하층계급 여성이 눈에 띈다. 여성들이 끄는 대포는 화약도 포탄도 없는 빈 대포였다.

모장을 짓밟아 버리고 왕가의 상징인 백색 휘장과 왕비의 휘장인 흑색 휘장을 달았다. 이틀 뒤에 이 소식이 파리에 전해지자, 민중들 특히 여성들이 격분했다. 10월 4일 군중이 모여들었고, 애국파 언론들은 이 사건을 특권계급 음모의 새로운 형태라고 비난했다.[13] 이 사건은 지속적인 기근 상태에 불을 지른 셈이다.

10월 5일 이른 아침 파리 중앙시장에서 행동을 요구하는 신호의 북소리가 울렸다. 시장의 여성상인들은 주저 없이 모여들어 가까운 시청 광장으로 향했다. 처음에 수백 명이었던 여성들이 점차 늘어났다. 중앙시장의 여성들만이 아니었다. 파리의 생앙투안Saint-Antoine 지역의 여성들도 시청 광장으로 모여들었다. 가내공장의 여공들, 시장의 여성상인들, 가게의 여점원들, 여자문지기들 등등 거의 모든 직종의 여성들과 주부들이 거대한 무리를 이루었다. 6,000~7,000명에 이르는 여성들이 시청 광장으로 모여든 것이다. 대부분이 민중계급 여성들이었다. 어떤 역사가는 이를 하늘에서 구름 같은 메뚜기 떼가 떨어진 듯, 땅에서 개미의 무리가 솟아난 듯 여성들이 파리의 모든 거리와 골목들을 가득 채웠다고 묘사했다.[14]

처음에 시청에 몰려가 빵을 요구하던 여성들은 국왕 루이 16세가 있는 베르사유를 향해 행진하기로 했다. 이들은 "빵집 주인과 그 아내를 찾으러 가자!"라는 구호를 외치며 행진했다. 그들의 진정한 목표는 빵문제를 해결해 줄 국왕이었던 것이다. 행진에 참여한 여성은 처음에 7,000명 정도였으나 갈수록 증가하여 거의 만 명에 달했다. 여성들이 주도한 이 혁명적 행진에 남편들이 뒤를 따랐다. 그날 따라 비가 내리고 있었다. 오후 5시경 파리의 여성들은 비에 흠뻑 젖은 채 마침내 목적지에 도착했다.

빗속에 약 20킬로미터의 거리를 6시간 동안 행진한 여성들은 비에 젖어 진흙투성이가 된 치마를 입은 채 국민의회에 억지로 밀고 들어갔다. 여자들은 의회의 연설을 중단시키고 외쳤다. "말은 더 이상 필요 없다. 빵을 달라!"

국민의회 대표단은 파리에서 온 여성들 대표와 함께 루이 16세가 있는 궁으로 들어갔다. 왕은 그들을 친절하게 맞아들였다. 한 여성은 국왕 앞에 선 긴장감에 겨우 "빵을!" 한마디 하고는 정신을 잃고 쓰러졌고, 왕은 그녀를 구호하도록 조치했다. 이에 감동한 여성은 밖으로 나올 때 "국왕 만세!"를 외쳤다. 국왕의 너그러운 태도와 밀과 빵을 원활하게 공급하겠다는 약속에 사람들은 물러났다. 그러자 밖에 있던 사람들은 이들을 비난했다.

여성들이 의회와 국왕에게 대표를 보냈을 무렵 국민방위대로 조직된 2만 명에 이르는 무장 남성들이 뒤를 따라 출발했다. 국민방위대 사령관 라파예트La Fayette는 마지못해 지휘를 맡았다. 국민방위대는 밤 10시가 지나서야 도착했다.

다음날 이른 아침에 여성들은 궁으로 몰려가 왕비의 처소에까지 침입했다. 왕의 근위대가 이들을 막아섰지만 역부족이었다. 이전부터 파리 시민들은 오스트리아에서 온 외국인 왕비 마리 앙투아네트Marie-Antoinette를 증오했고 그녀에게 저주를 퍼부었다. 그녀의 사치와 부도덕에 관한 온갖 과장된 소문들이 떠돌고 있었다. 그런 소문들이 대부분 근거 없는 가짜 뉴스였다. "빵이 없으면 케이크를 먹지."라고 했다던 마리 앙투아네트의 말도 물론 가짜 뉴스였다. 그러나 시민들은 나라의 상황이 어려워지면서 오랜 적국이었던 오스트리아 출신의 왕비를 증오의 표적으로 삼았다. 왕비의 처소를 발견한 사람들은 그녀에게 위협을 가했고 근위병들이 나서서 겨우 왕비와 아이들을 구해냈다. 군중과 근위대 사이에 난투극이 벌어졌으며, 그 외중에 몇몇 근위병이 군중들에게 맞아 죽었다.

국왕이 왕비와 세자를 거느리고 발코니에 나타나자, 군중들은 "왕은 파리로!"라고 외쳤다. 군중이 외치는 소리는 점점 더 커졌다. 루이 16세는 백성들에게 굴복할 수밖에 없었다. 그날 오후, 왕과 왕비와 왕실 권속들은 마차를 타고 군중에 에워싸인 채 파리로 향했다. 대포 소리와 함께 국민방위병들이 행진하고 여인들의 호위를 받으며 밀을 실은 마차의 행렬이 이어졌다. 군대와 함께 루이 16세와 그의 일가를 태운 사륜마차가 앞서고, 그 뒤를 100여 명의 의원들을 태운 마차들이 쫓았다. 그 끝에는 군중과 국민방위대가 따랐다. 비는 계속 내리고 여성들은 온몸이 젖은 채 마차를 따라갔다. 어떤 여자들은 왕실 마차에 다가와서 그들을 고통스럽게 만드는 모든 악의 근원이라고 믿는 왕비의 얼굴을 보려고 했다. 왕비에게 가하는 노골적인 욕설과 위협이 여기저기서 터져 나왔다. 다행히 왕비에게 직접 위해를 가하지는 않았다.

사람들은 밀을 실은 마차 행렬을 보고 기뻐했다. 국왕이 그들과 함께 있으면 굶어죽는 일은 없으리라고 생각했다. 왕실 가족은 그렇게 해서 파리의 튈르리 궁에 도착했다. 이것이 유명한 '베르사유 행진'이다. 여성들은 국왕이 파리로 왔으니 이제 모든 사람이 밀과 먹을 것을 얻게 될 것이라고 믿었다.

10월 5~6일의 혁명은 자발적이고 예기치 않게 일어났지만, 혁명에 중대한 전환점이 되었다. 프랑스의 저명한 역사가 미슐레Michelet █는 "남자들이 바스티유 ██를 점령했다면 여자들은 왕권 그 자체를 포획해서 파리의 손에, 혁명의 손에 넘겼다."라고 하여 여성들의 역할을 높이 평가했다. 왕이 파리 시민들과 함께 있다는 것은 사태 해결에 대단히 중요한 열쇠였다. 혁명의 주역 가운데 한 사람인 장-폴 마라Jean-Paul Marat는 자신이 창간한 〈인민의 벗l'Ami du peuple〉에서 이렇게 주장했다.

국왕이 우리들과 같이 있다는 것 자체가 사태의 양상을 신속히 변화시킬 것이며, 가난한 민중은 이제 굶주림으로 죽어가지 않을 것이다. 그러나 헌법이 완전하게 마무리될 때까지 왕실을 우리들 가운데 머물도록 붙잡아 놓지 않는다면, 그러한 행복은 백일몽에 불과하게 될 것이다.[15]

로베스피에르Maximilien de Robespierre와 함께 혁명의 주역이었던 마라조차 이렇게 평가할 정도로 국왕이 파리 민중과 함께 있어야 할 당위성은 높았다. 그러나 루이 16세는 이들의 기대에 부응하지 못했다.

베르사유 봉기의 정치적 의의

여성들이 주도권을 잡은 10월의 베르사유 행진은 빵 문제가 동기가 되었지만 상당한 정치적 성격을 내포한다. 왕실 근위대가 혁명의 상징인 삼색 모장을 짓밟은 것에 분노하여 베르사유 봉기를 일으킨 민중여성들은 분명한 정치의식과 혁명에 대한 열망이 있었다. 파리로 돌아오

■ 미슐레는 프랑스 혁명의 한가운데에 여성의 역할을 인정하고 이를 저서로 남긴 최초의 역사가이다. 그는 프랑스 혁명에 관한 저술에서 여성의 자리를 일부 할애한 것이 아니라 여성 혁명가들을 위하여 독립된 역사서를 저술했다.
■ ■ 루이 16세는 구체제와 절대군주의 상징인 바스티유에 대해 강한 애착이 있었다.

는 과정에서도 여성들은 지나가는 마차를 세워서 왕비의 상징인 검은 휘장을 찢어버리고, 혁명의 상징인 삼색휘장(현재 프랑스 국기 색깔인 푸른색, 흰색, 빨간색으로 된 휘장)을 달도록 강요했다.

백성들에 의해 끌려온 국왕의 뒤를 따라 10월 12일 국민의회도 파리에 자리 잡았다. 베르사유에 있던 권력의 중심이 수도 파리로 옮겨진 것이다. 그리고 이를 주도한 것은 여성들이었다. 10월의 봉기는 자발적으로 예기치 않게 일어났지만, 진정한 의미의 민중 봉기였다. 이후 여성들은 무장봉기에서 주도권을 잡았으며, 하층계급만이 아니라 모든 계층의 여성들을 정치적 삶으로 끌어들이는 계기가 되었다. 여성들에 의해 파리까지 압송되다시피 했던 루이 16세 일가는 파리의 튈르리 궁에 거처하면서 파리 시민들의 감시를 받게 되고, 이는 결국 바렌Varennes 탈주 사건으로 이어지면서 프랑스 혁명의 중요한 변곡점이 된다. 절대 왕권을 자랑하던 프랑스 왕실이 파리 여성민중에게 끌려온 것은 왕실과 특권층 모두에게 모욕이었다. 특권층은 이 모욕을 잊지 않았다.

바스티유 점령 이후에도 여전히 살아있던 왕정을 무너트리고 루이 16세의 왕권을 정지시키는 데 결정적인 역할을 한 여성들의 베르사유 행진이 없었다면 프랑스 혁명은 달리 전개되었을 것이다. 프랑스 혁명은 여성들에게 큰 빚을 졌다. 그럼에도 불구하고 남성들은 여성들을 가정의 울타리로 되돌려 보내기에 온 힘을 기울인다.

10월의 봉기에 여장한 남자들이 있었다는 소문이 돌았다. 여자로서는 키가 너무 크고 억세고 힘이 셌다는 것이다. 그들을 여성으로 보기에는 여성성을 거의 갖지 않았다는 주장이었다. 그렇게 해서 정치적, 사회적 문제로 광장에 나선 여성들에 대한 새로운 담론이 발생했다. 여성성을 잃어버리고 남성화된 여성들, '자연이 부여한' 속성을 잃어버린 여성들은 분노에 찬 짐승이 되어 인간성을 잃어버렸다는 것이다. 그러므르 그들의 행동도 근본적으로는 자연에 반한다는 주장이었다. 이는 혁명파나 반혁명파가 공유한 여성에 대한 적대적 담론이었다. 봉기의 와중에도 '여성성'을 강요하는 남자들의 인식은 혁명의 처음부터 끝까지 갈라지지 않았으며, 혁명 내내 여성 혁명가들을 괴롭혔다.

이러한 적대적 담론에도 불구하고 여성들은 혁명의 의미를 분명히 이해하그 있었다. 혁명의 상징인 삼색휘장을 수호하고, 애국적 휘장을 모욕한 근위병들을 처벌할 것을 요구했다. 이는 명백한 정치적 행위였다. 이후에도 여성들은 왕비의 색깔인 검정 휘장을 단 마차들에게 삼색휘장을 달 것을 요청했다. 이들은 휘장의 정치적 상징성을 이해하그 있었으며, 삼색휘장을 옹호함으로써 자신들도 혁명을 지지하고 이에 동참한다는 사실을 명백히 표현했다. 이러한 여성들의 요구는 이날 봉기의 원인을 빵 문제만으로 축소할 수 없게 한다. 민중여성들을 무지하고 사나운 짐승처럼 묘사한 역사가들도 있었지만, 이는 민중여성들에 대한 몰이해와 선입견에서 비롯된 것이다.

베르사유 봉기에 대한 평가

베르사유까지 가서 국왕을 강제로 파리로 데려온 것은 여성들의 우발적인 행동이 아니라 국가적인 위기를 남성들보다 먼저 민감하게 느꼈기 때문이었다. 기근과 전쟁의 위험 앞에서 국왕은 파리에 있어야 한다는 것이 여성들의 생각이었다. 그 후에도 이름 없는 수많은 여성이 혁뗑에 참여했으며, 직접 군대에 들어가 전투에 참전하여 무용을 발휘하기도 했다. 미슐레는 이를 잔 다르크Jeanne d'Arc의 나라 프랑스에서만 볼 수 있는 현상이라고 했다. 여성들은 대혁명의 전위부대였다는 것이다.[16] 그는 10월 5~6일 사이에 베르사유의 의회와 궁정에서 일어난 상황을 소상히 묘사하면서 이와 같은 결론을 내렸다.

혁명이 성공한 이듬해인 1790년 봄에 열린 '공화국 축제'는 애국심이라는 집단적 감정에 전염되어 우애 넘치는 행사가 되었다. 여성들은 자진해서 빗자루와 삽을 들고 행사가 열리게 될 연병장의 땅을 다듬고 정리했으며, 빗속에서도 자긍심을 가지고 수레를 끌었다. 파리만이 아니라 지방에서도 '공화국 축제'는 애국심이라는 집단 감정의 절정을 보여주었다. 나중에 지롱드파Gironde의 뮤즈가 된 롤랑 부인Madame Roland은 리옹Lyon의 축제에 대한 기록을 남겼으며, 신문은 샹파뉴Champagne와 오를레앙Orléans의 공화국 축제도 상세히 전했다.

베르사유 행진 이후 파리 의회는 이 사건에서 결정적인 역할을 한 여성 영웅들에게 공적인 축하행사에서 특별석을 부여할 것을 결정했다. 그 앞에는 "여성들이 폭군을 몰아냈다."라고 쓴 깃발을 앞세우기로 했다. 한 의원은 베르사유에 갔던 여성 시민들의 애국심과 용기에 엄숙하게 찬사를 보내면서 여성들은 쏟아지는 빗줄기에만 맞섰던 것이 아니라 총과 칼에도 맞선 것이었다고 말했다.[17] 그날의 여성들은 남편과 아이들과 함께 시민 축하 행사의 특별석에 앉아서 뜨개질할 수 있었다.

여성들, 특히 민중계급의 여성들은 대혁명에 커다란 기대를 하고 열렬히 참여했다. 그들은 혁명이 자신들의 처지도 향상해 줄 것이라고 믿었다. 그러나 이러한 축하 행사는 그때뿐이었다. 여성들은 10월의 베르사유 행진에서 결정적인 역할을 했지만, 그들의 권리와 지위를 인정받지 못했다. 남성들은 오히려 여성들의 길들이기 어려운 광포한 본능을 보았을 뿐이다. 그리고 여성들에 대한 경계심을 더욱 높였다.

일부 역사가들의 혁명 당시 군중의 집단행동, 특히 민중계급 여성들의 집단행동에 대한 평가는 대단히 박했다. 영국 역사가 에드먼드 버크는 《프랑스 혁명에 대한 성찰》(1791)에서 베르사유 궁에 난입한 군중들은 "난폭한 짐승들, 잔인한 살인자들의 무리"이며 왕실을 파리로 끌고 온 여성들은 "지옥의 분노가 가장 비천한 여성들의 타락한 형태로 나타난 것"이라고 표현했다. 거의 한 세기 뒤에 프랑스의 철학자이자 역사가인 이폴리트 텐Hippolyte Taine은 "팔레 루아얄 Palais-Royal의 창녀들, …… 이에 덧붙여 세탁부, 거지, 구두도 없는 여인들, 며칠 전부터 돈을 받고 손님을 받은 여자 생선장수들"[18]이라는 극단적인 말로 표현하며 민중계급 여성들에 대한 혐오감을 드러냈다. 두 역사가의 견해는 부르주아들이 민중의 집단행동에서 느끼는 두려움, 혐오감을 가감 없이 드러낸다. 미슐레와는 정반대의 입장이다.

부르주아들은 민중의 봉기 덕분에 절대왕정과 특권계급에 대해 승리를 거두었지만 민중의 힘을 두려워했다. "파리 시민의 힘을 빌려 군주제에 승리한 국민의회는 자신들이 민중에 의해 좌우되지 않을까 두려워했으며, 이후 절대주의만큼이나 민주주의를 경계했다. …… 민중계급이 정치와 행정에 관여하는 것을 두려워한 그들은 인권선언에 의해 공식적으로 확립된 원칙에서 자연적으로 도출되는 결론을 끌어내지 않으려고 애썼다."[19] 자기들이 선포한 인권선언, 나아가 헌법까지 애써 무시한 것이다. 혁명기의 여성 운동가였던 클레르 라콩브Claire Lacombe, 1765~1826가 남성들에게 헌법을 지키라고 요구한 것은 이를 간파했기 때문이었다.

3. 민중 여성들의 다양한 투쟁 활동

식료품 투쟁, 식구들을 먹여 살려야 한다

식량부족과 빵값 폭등으로 야기된 베르사유 행진을 여성들이 주도한 것처럼 이후에도 계속되는 기근과 빵 폭동에서도 거의 항상 여성들이 앞장서고 남성들을 독려하고 함께 가는 양상이 반복되었다. 이러한 여성들의 집단행동을 이해하려면 당시 서민들의 가정경제에서 여성이 차지하는 비중을 알아야 한다. 도시의 민중계급은 가장의 수입만으로는 집세와 식량 확보, 자녀 양육비 등을 충당하기에 매우 부족했다. 집안의 생계를 위해서는 부인은 물론 경우에 따라서는 아이들까지 돈벌이에 나서야 했다. 당시에 프랑스 서민 여성들의 직업은 다양했다. 미혼여성에게는 남의 집 하녀나 가게의 점원 등의 일자리가, 기혼여성에게는 가내수공업으로 이루어지는 양모와 면화 실잣기, 상류층의 수요가 높은 레이스 제조공장의 직공 등의 일자리가 있었다. 모자나 장갑, 코르셋 등 상류층의 수요가 높은 사치성 의류 제조는 모두 여성들의 몫이었다. 이러한 직업도 갖기 어려운 최하층의 극빈자 여성들은 짐 나르기, 쓰레기 치우기 등 온갖 막일에 종사했다.

가장이 무능하거나 사망해 홀로 된 여성들은 자녀들을 굶기지 않기 위해서 무슨 일이든 해야 했으며, 아이들을 데리고 구걸도 마다하지 않았다. 특히 1789년을 전후하여 이어진 흉작과 기근의 시기에 이러한 일거리조차 구하기 어려울 때 여성들은 빵 폭동에 나선 것이다. 실제로 1789년부터 수년에 걸쳐 일어난 식량폭동에서 기소된 여성의 수가 남성들보다 압도적으로 많았다. 프랑스 혁명기의 빵 폭동은 두드러지게 여성적이었다고 말할 수 있다. 그 이유는 무엇일까. 자녀부양에 대한 강한 책임감과 함께 여성들이 가족에 대해 더 헌신적이었기 때문이라고 생각할 수밖에 없다. 우리나라도 일제강점기에 남자들이 술과 노름에 빠져 밖으로 나돌 때 자녀를 양육하고 집안을 거둔 것은 대부분 여성이었다. 동서를 막론하고 상황이 어려울 때 가정을 이끈 것은 '억척어멈'들이었다.

프랑스 혁명이 과격화되는 분수령이 되었던 1792년 8월 10일 봉기

민중계급인 〈상퀼로트 ■ 여성〉, 1792년경.
작자 미상, 파리, 카르나발레 박물관 소장.

■ 민중계급들을 일컫는 말. 귀족들의 몸에 꼭 붙는 짧은 바지 즉 퀼로트를 입지 않는다고 해서 민중계급을 상퀼로트 Sans-culottes라고 불렀다.

에서도 도시와 농촌에서 온 여성들은 왕정타도를 위해 튈르리 궁을 공격한 수만의 파리 민중들과 함께했다. "그들(파리 하층계급 민중들)은 결의에 차 있었다. 그리고 자주 억압받고 굴욕을 당하던 여자들이 그들과 함께했고 심지어 그들을 끌어들이기까지 했다."[20]

1789년 10월의 베르사유 봉기는 식량 투쟁의 분수령이었다. 이후에 이와 같은 대규모 봉기는 없었지만 여성들의 식료품 투쟁은 계속되었다. 이제 귀족을 대신해서 민중의 삶을 고통스럽게 하는 사람은 은행가, 상인을 비롯한 부르주아 계급이었다. 1791년 5월에 한 여성은 파리 은행가들의 파렴치한 행위를 고발했다. 은행가들이 당시에 통용되던 화폐 가치를 조종하면서 서민들을 괴롭힌다고 자코뱅 클럽에 고발한 것이다.[21] 부르주아들의 탐욕은 특권계급인 귀족들 못지않게 민중의 삶을 피폐하게 만들었다.

1791년 가을부터 생필품값이 오르고 밀값이 다시 상승하자 도시와 농촌에서 소요가 재발했다. 11월부터 전국 곳곳에서 양곡 수송 행렬과 시장을 약탈하는 일이 벌어졌다. 1792~1793년에도 식량폭동은 이어졌으며 여기에서도 여성들은 여전히 중요한 역할을 했다.

여성들의 공정가격제 투쟁

약탈과 폭동이 일어나는 가운데에도 여성의 집단행동은 폭력적인 양상만 띤 것은 아니다. 1792년 9월 리옹의 폭동에서 여성들은 식료품 가게를 습격했지만, 이들은 약탈 대신 임시로 '여성법정'을 개설하고 식료품을 정한 가격에 팔도록 상점주에게 강요했다. 매점매석을 일삼으면서 비싼 가격에 생필품을 파는 상점주들의 횡포를 응징하면서도, 물건을 강탈하는 것이 아니라 합리적인 가격에 팔도록 한 것이다. 등시에 여성들은 선언서를 통해 자신들의 행동이 "민중주권과 생존권에 근거하고 있음"을 명백하게 밝혔다.[22] 여성들은 일종의 '가격통제'를 실시했으며 자신들의 행동이 정당하다는 자신감과 함께 이를 세상에 공표한 것이다. 이와 같은 여성들의 이성적이고 합리적인 행동을 두고 누가 민중여성을 무지하다고 할 수 있겠는가.

파리에서는 1793년 2월, 각 구의 대표단이 혁명 의회인 국민공회의 로비에 나타나 "빵이 없는 곳에는 법도, 자유도, 공화국도 더는 존재하지 않는다."라는 주장과 함께 공정가격제를 요구했다. 이에 지지 않고 여성들도 빵과 비누를 요구하고 매점자와 투기업자의 처형을 요구하는 청원서를 제출하기 위해 국민공회로 갔다. 기근의 시기에 자신들의 배만 불리는 악덕 상인과 부르주아들이 적지 않았던 것이다. 그러나 여성들은 의회에서 냉대받았다. 이튿날 파리의 식료잡화상이 많은 중심가에서 폭동이 발생했고, 수천 명의 여성들이 상점에 들어가 약탈하는 대신 설탕, 비누, 양초 등의 생필품을 자신들이 정한 싼 가격에 가져갔다.[23] 리옹의 여성들과 마찬가지로 여성들이 스스로 공정가격제를 시행한 것이다. 2월 25일에는 식민지 산물의 거래 중심지인 롱바르 Lombard 구역에서 폭동이 터져 연일 계속되었다. 역시 여성들이 앞장서고 남성들이 뒤따랐다. 여성들은 약탈하는 대신 생필품을 자신들이 정한 가격으로 강제로 넘기게 했다.[24]

오늘날에도 많은 나라에서 폭동이 일어나면 약탈이 뒤따르는 경우가 많다. 그런데 이 여성들은 매점매석하는 악덕 상인들에 맞서 폭동을 일으키면서도 약탈 대신 스스로 정한 가격에 물건을 가져가는 이성적인 태도를 보여주었다. 놀랍지 않은가. 이 민중여성들이 정치적 공적인 일을 감당할 자격이 없다고 누가 주장할 수 있겠는가. 빵과 설탕 부족으로 굶주리고 있는데 이를 독점하고 비싼 값에 팔고 있는 상인들은 여성들에게는 악덕 상인이고 매점꾼일 뿐이었다. 굶주린 대중들은 스스로 정한 공정 가격에 식료품을 가져갔으며, 이는 정당한 일이라고 믿었다. 공정가격제가 거부당했을 때 약탈을 행하는 것도 탐욕스러운 매점꾼에 대한 정당한 처벌이라고 생각했다. 그들은 식료품과 생활필수품만을 약탈했으며, 그 외의 다른 것은 약탈의 대상이 아니었다.

식료품이 부족할 때 민중은 계속 공정가격제를 요구해 왔다. 산악파(자코뱅파Jacobins)■ 인사들은 대부분 중간 계급 정도의 부르주아 출신이었지만, 그들이 지배하던 국민공회는 민중의 압박에 밀려 공정가격제를 시행할 수밖에 없었다. 그러나 산악파의 공포정치가 사라지고 부르주아 온건파가 정권을 잡자, 공정가격제도 사라졌다. 1795년 5월에 한 파리 시민은 "로베스피에르가 집권할 때는 피는 흘렸지만 빵은 부족하지 않았다. 그런데 오늘날 피는 더 흐르지 않지만 빵이 부족하다. 따라서 빵을 가지려면 피가 다시 흘러야 한다."[25]라고 외쳤다. 민중의 폭력은 일용할 빵과 불가분의 관계에 있었던 것이다. 그리고 이러한 빵 봉기에는 거의 언제나 여성들이 앞장섰다.

■ 국민공회는 급진적인 산악파와 온건파인 지롱드파가 경쟁했다. 로베스피에르, 마라, 당통 등이 중심이 된 산악파는 자코뱅파라고도 불린다.

민중 여성들의 투쟁과 소멸

경제적 폭동은 여성이 먼저 폭동을 선동하고 남성에게 합류하도록 압력을 가하는 것이었지만, 이후에는 대개 남성들이 주도권을 장악하고 여성들은 보조적인 역할에 머물렀다. 산악파는 민중의 폭력행위를 신생공화국을 약화시키는 행위라고 비난했지만 결국 민중의 요구에 동조하는 조치를 취했다. 반면에 부르주아 온건파인 지롱드파는 민중의 요구에 반대함으로써 민중운동과의 간격이 벌어졌다. 이런 과정에서 여성투사들은 자연스럽게 지롱드파에 대한 산악파의 투쟁을 적극적으로 지지하게 된다.[26] 이는 부르주아 계층 여성들이 지롱드파를 지지했던 것과 대비된다.

1794년 7월 테르미도르Thermidor 쿠데타▪로 산악파 정권이 몰락하고 로베스피에르를 비롯한 산악파 의원들이 처형당했다. 뒤이어 1795년 11월에 지롱드 온건파에 의한 총재정부가 성립되었다. 1794년 겨울의 혹한과 뒤를 이어 1795년 봄에 파리를 휩쓴 기근은 다시 상퀼로트민중계급들의 폭동을 불러왔다. 이때도 여성들이 앞장서서 남성들을 봉기에 참여하도록 부추겼다. '프레리알Prairial▪▪의 봉기'라고 부르는 1795년 5월의 폭동은 여성들의 집단적 운동의 절정이었다. 파리의 민중들, 특히 여성들이 단독으로 혹은 남성들이나 노동자들과 함께 봉기를 일으켰

▪ 혁명력으로 테르미도르 9일(1794년 7월 27일) 공포정치를 시행하던 로베스피에르에 반대하던 온건파에 의해 일어난 쿠데타. 테르미도르는 '뜨거운 달'이라는 뜻으로 프랑스 혁명정부가 시행한 혁명력의 11번째 달이다. 7월 19일부터 8월 18일에 해당한다.
▪▪ 혁명력의 9번째 달로 5월 20일부터 6월 18일에 해당한다.

다. 여성들은 아침부터 식량부족에 항의하기 위해 북을 치며 국민공회로 몰려갔다. 오후에 국민방위대가 행동을 개시했지만 같은 시간 몇몇 남성들의 지원을 받은 여성들이 국민공회 의사당 침입을 시도했다.

국민공회는 봉기를 일으킨 쌩탕투안느Saint-Antoine [■] 지역에 군대를 파견했다. 바스티유 가까운 외곽 지역인 쌩탕투안느는 파리의 거의 모든 민중 봉기에 적극적으로 나섰던 지역이다. 국민방위대 중에서도 민중의 편에 서서 봉기에 가담한 사람들이 상당수 있었다. 사나흘에 걸친 봉기에서 여성들은 끝까지 저항하려고 했으나 결국 항복했다. 국민공회는 빵을 확보하고 1793년의 헌법을 실시하라는 상퀼로트의 요구를 들어주겠다고 약속했지만 약속은 지켜지지 않았다. 민중은 기만을 당한 것이다. 권력자들이 민중을 기만하는 것은 어제오늘의 일이 아니지만, 민중운동의 마지막 기회는 이렇게 사라졌다.

정부군이 지역을 포위하고 봉기가 진압되었을 때 경찰은 여성들이 도처에서 떼지어 민중 편에 선 국민방위대에 지원했다고 보고했다. 이때 봉기의 실패로 여성들의 대중운동과 상퀼로트 운동은 완전히 위축되고, 여성들의 집단운동은 더 이상 존재하지 않게 되었다. 그뿐 아니라 혁명에 활력을 불어넣던 민중운동이 분쇄되면서 혁명은 종언을 고하게 된다.

■ 파리 외곽 지역으로 서민들이 많이 사는 동네

방데 반란과 농촌 여성들의 반혁명 운동

1793년 3월 오스트리아, 프로이센, 영국이 '제1차 대불동맹'을 결성하고 프랑스에 반격을 가하자, 혁명정부는 30만 명의 징집령을 내렸다. 그러자 수많은 폭동이 발생했다. 국민공회는 징집 과정을 감독하기 위해 각 도에 의원을 파견했는데, 가장 심각한 폭동은 서부 지방의 여러 도에서 발생했다. 농민들은 징집에 반대하는 시위를 벌였고, 징집이 시행되는 날 쇠스랑, 낫 등으로 무장한 농민들이 국민방위대를 쫓아버렸다. 방데 반란Guerres de Vendée이 시작된 것이다. 사실 방데를 비롯한 인근의 도에서는 성직자와 귀족들이 오래전부터 반란을 준비해 왔는데 30만 명 징집은 그 계기가 되었다.[27]

여성들은 혁명과 공화국을 지지하기 위한 활동에 적극적으로 나섰지만, 반대로 반혁명적인 폭동에 가담하는 경우도 있었다. 왕정을 지지하는 왕당파들은 국왕과 선서거부 사제의 수호자를 자처하면서 반혁명을 부추겼다. 혁명정부는 성직자들을 로마 교회가 아닌 프랑스 국가 체제에 편입시키기 위해 성직자 기본법을 제정하고 사제들에게 국가에 대한 충성을 선서하게 했다. 로마 교황은 당연히 이에 반대하고 사제들에게 선서를 거부하도록 종용했다. 그리하여 성직자들은 선서파와 선서거부파로 분열되었다. 선서거부 사제는 혁명정부가 보기에 국가보다 로마 교황을 따르는 반혁명적인 존재들이었다. 독실한 가톨릭 신자가 많은 농촌에는 선서거부 사제가 많았다. 이러한 종교적 위기는 신앙심이 깊은 서부 지방의 여러 도를 자극했으며, 선서거부파 사제는 농민들의 종교적 감정을 이용해 이들을 혁명에 저항하게 하려고 했다. 농민들은 사제들의 선동을 받기는 했지만 왕당파도, 구체제 옹호자도

아니었다. 다만 징집령에 의해 마을을 떠나 멀리 전쟁터로 가는 것을 거부했을 뿐이다.[28]

종교적인 저항운동을 일으킨 반혁명적 여성운동은 전통적 종교인 가톨릭에 대한 집착에서 비롯되었다. 특히 농촌에서 여성의 역할은 혁명파보다 현저하게 반혁명파로 기울었는데 그 주된 이유가 신앙심이었다. 가톨릭 사제에게 정신적으로 의지하던 농촌의 여성들은 반혁명 운동에 더욱 적극적으로 가담했으며, 남편을 부추겨 반란을 유발하는 데 영향을 끼쳤다. 그들은 선서거부 사제를 보호하고 비밀 미사를 드리면서 전통적 신앙을 지켜나갔다. 그 과정에서 많은 여성들이 희생되었다. 3월에 시작된 방데 반란이 6월이 되어 공화국 군대를 괴멸시키고 주변 지역을 점령하기도 했으나, 그해 12월에는 르망Le Mans에서 치열한 시가전을 펼친 끝에 괴멸되었다. 마침내 '방데 전쟁'이 막을 내린 것이다. 그 과정에서 수십만의 사망자를 낸 방데 전쟁은 혁명 중 가장 처참한 살육이 이루어진 사건으로 프랑스 혁명의 흑역사로 남아있다. 이 과정에서 남성은 물론 여성과 아이까지 전투의 희생양이 되었으며 남성들과 함께 처형대에 서게 되었다.

구체제에서 교회와 성직자는 특권계급이었다. 혁명파들은 당연히 교회를 타도의 대상으로 여겼다. 혁명기에 많은 성당이 파괴되고 막대한 교회 영지가 국유화된 것은 이런 까닭이다. 가톨릭교회에 대한 심각한 박해에도 불구하고 교회가 살아남은 데에는 신앙심 깊은 여성들의 역할이 컸다.[29] 농촌에서는 여성들이 남성들보다 훨씬 더 열광적으로 가톨릭 종교와 반혁명에 헌신하는 경향이 있었으며, 로베스피에르가 실각한 테르미도르 반동 이후 가톨릭의 부활을 위해 적극적으로 활동한 것도 여성들이었다.[30] 프랑스에서 여성 참정권이 유럽의 다른 나라들보다 유독 늦어지게 된 이유도 사제에게 의존하고 복종하는 여성들의 특성 때문이었다고 한다. 여성들에게 투표권을 주면 보수적인 사제들의 영향으로 반동적인 투표를 행사할 거라는 우려 때문에 오래도록 여성들에게 투표권을 주지 않았다는 것이다.

4. 혁명기 남성들의 여성관

공적인 영역에서 여성 배제하기

시민의 자유와 권리에 기초를 둔 공화주의적 이념으로 혁명을 주도했던 남성들은 여성이 공적인 영역에 나서는 일에 대해서는 극도의 거부감을 드러냈다. 혁명과 함께 여성들의 정치적 욕구도 뜨겁게 분출했지만 남성들은 이를 철저하게 무시했다. 여성들이 자신의 문제에 목소리를 내기 시작하자 대부분의 정치인과 언론은 이를 비웃고 희화화했으며, 때로는 더러운 스캔들로 응수했다. "혁명은 유대인과 흑인을 해방시켰지만, 여성에게는 같은 혜택을 주기를 거부했다. 여자들은 아이들이나 미치광이와 같은 부류로 취급받으면서 책임 있는 인간으로 인정받지 못했다."[31]

많은 여성이 여성의 권리를 헌법에 담기 위해 의회에 청원서를 보냈지만, 입헌군주제와 국민주권의 원리를 담고 있는 1791년 헌법은 여성의 시민권을 인정하지 않았다. 여성은 시민에 속하지 않았다. 프랑스 혁명으로 탄생한 공화체제는 여성들을 정치적, 공적 영역에서 배제하기 위해 온 힘을 기울였다.

마라는 의회의 연설에서 지극히 가부장적인 여성관을 발표했다. 모든 시민은 출생만으로 선거권을 지닌다고 하면서도 "여성과 아이들은 가장에 의해 대리되기 때문에 공적인 일에 참여해서는 안 된다."[32] 면서 여성을 아이와 동급 취급하고, 여성도 주체적인 한 인간이라는 사실을 인정하지 않았다. 그리고 여성의 정치참여에 분명한 선을 그었다. 그러나 여성들의 청원서 내용이나 베르사유 행진, 식량 봉기, 자발적인 공정가격제 실시 등에서 보여준 여성들의 생각과 행동이 아이들 같은 수준이라거나 주체적인 인간으로 볼 수 없다고는 누구도 말할 수 없을 것이다. 오히려 일반적인 남성들보다 더 높은 수준의 논리와 이성적인 행동을 보여주었다. 또한 한 여성이 청원서에서 주장한 것처럼 귀족이 평민을 대표할 수 없는 것과 마찬가지로 남성도 여성을 대표할 수 없는 것이다. 그들은 서로 이해관계가 다르기 때문이다.

"여성들이 모든 정치적 권리를 포기하는 순간 여성들은 자신의 시민적 권리가 확립되고 증가한다는 사실을 알아야 한다."[33]라면서 당근과 채찍을 제시한 정치인도 있었다. 여성이 정치적 권리를 포기할 때 얻을 수 있는 시민적 권리는 무엇일까? 거기에 대해서는 한 마디도 없었다. 이는 여성이 정치적 권리를 주장하면 그나마 있던 기본적인 권리조차 박탈당할 수 있다는 협박이었다. 그의 주장은 다른 혁명파 남성들과 다를 바 없었다.

이들의 주장에서 특히 남성과 경쟁하려고 하지 말라는 경고가 거듭된다. 남성들이 경쟁을 두려워할 만큼 여성들의 목소리가 커진 것이다. 실제로 이 시기에 자코뱅 클럽Club des jacobins이나 코르들리에 클럽Club des cordeliers 같은 정치클럽에 여성들의 출입이 증가했으며, 다수의 남녀 혼성 클럽이 만들어졌다. 여성들이 청원서나 의회 방청 등으로 목소리를 내면서 정치적 영역에 들어오려 하자 남성들은 상당한 위협을 느꼈던 것 같다.

자연은 남녀 모두에게 평등하고도 현명하게 안배할 줄 알았다. 집 바깥의 근심과 고역은 우리에게 맡기고 집안에서 조용히 가정을 지배하라. ……하지만 우리와 경쟁해서는 안 된다.[34]

여성은 집안일, 남성은 바깥일로 공적인 영역과 사적인 영역을 명확하게 구분해서 여성을 배제하려는 의도를 이 남성은 '자연의 안배'라는 억지 논리로 포장한다. 그러면서도 한편으로는 "우리와 경쟁해서는 안 된다."는 말로 여성을 경계하니 모순이 아닐 수 없다. 여성을 스스로 생각할 능력도 없는 사람처럼 취급하면서 동시에 여성이 경쟁자가 될까 봐 두려워하는 것이다. 이런 주장에 반론을 제기한 여성은 이 정치인에게 여성을 항상 어린애 같은 상태나 하찮은 사람으로 남겨두고 싶은가를 물었다. 동시에 어린애 같은 어머니가 가족들을 위험에 내몰 수 있다는 사실을 강조했다. "남편의 사망으로 복잡하고 상업적인 일들을 자신이 주관할 수밖에 없게 되었을 때 아무 교육도 받지 못한 어머니는 어떻게 되겠는가? …… 자애로운 어머니가 개개인이 알고 있어야 할 지식이 없어서 아픈 아이를 죽음에 이르도록 내버려 둘 때 이 아이는 어떻게 될 것인가?" 그녀는 여성이 노예상태에 머물러있다면 진정한 남성의 해방도 없을 것이라고 주장했다. 왜냐하면 어머니에게 맡겨진 유년기가 사람의 품성을 만들기 때문이다.[35] 무지한 노예상태의 어머니가 유년기의 자녀에게 좋은 품성을 길러주기는 어렵다는 것이다.

여성의 본분은 가사 돌보기이며 특히 여성의 행복은 정치적 권리나 역할을 멀리하는 데 있다. 남녀 사이의 권한이 나뉘어 있어야 조화를 이룬다. 성역할이 분명하게 구분되는 것이 자연이 부여한 속성이다.

인생의 동반자인 여성을 경쟁자로 만들지 말라, 여성들에게는 사건의 소란스러움에서 동떨어진 생활 속의 아름다운 몫이 남아있다 등의 그럴듯한 갈을 이 남성들은 앵무새처럼 반복했다. 광장이나 법정의 소란스러움은 남성들의 몫이며 여성에게 어울리지 않으니, 집안에서 가정의 평온함과 안락함을 지키라는 말은 여성을 보호해 주는 척하면서 사실은 여성들을 공적 영역에서 배제하기 위한 달콤한 허구였다. 이러한 주장에는 세상의 모든 가정이 아무 문제가 없는 행복한 가정이라는 전제가 깔려 있다. 그러나 현실은 그렇지 않다는 사실을 우리 모두 알고 있다. 남편의 폭력이나 횡포 등 여러 가지 이유로 고통받는 여성들이 많았다는 사실은 나중에 이혼법이 통과됐을 때 여성들의 이혼 신청이 압도적으로 많았다는 사실로도 증명된다. 마찬가지로 가장의 무능력이나 부재로 인해 생활전선에 뛰어들어야 하는 여성들, 생계를 위해 일해야 하는 여성들에게도 전혀 해당되지 않는 주장이었다.

로베스피에르의 측근으로 공포정치의 한 축을 담당했던 젊은 혁명가 쌩 쥐스트Saint-Just는 한발 더 나아가 여성의 역할은 국가적인 행사를 장식하는 것이어야 한다고 주장했다. 살아있는 장식품, 그것이 남성들이 바라는 여성의 역할이었다.

저명한 정치가이며 국민의회 대표도 지냈던 미라보Mirabeau 역시 "가내 활동을 위해 운명 지어진 여성들은 부친의 집 밖으로 나가서는 안 된다."라는 내용의 의회 연설을 했다. 그 근거로 남성의 강한 체력과 대담함, 용기 등은 사회적 활동에 적합하며, 여성의 섬세하고 연약한 신체는 출산과 육아, 가사에 적합하다는 기이한 생물학적인 이유를 댔다. 여성은 집안에서 군림해야 하며 공적 회합에 적합하지 않으니 아예 공적 모임을 금지해야 한다는 주장까지 했다.

남성 정치인들이 국가적인 대사를 논하는 의회라는 중요한 자리에서 왜 여성의 역할에 대해 거듭 강조했을까. 이는 그만큼 여성의 목소리가 커졌으며 남자들이 이에 위협을 느꼈다는 사실을 반증한다. 거리에서, 클럽에서, 민중회합에서, 의회의 방청석에서 만나는 여성들을 집으로 돌려보내기 위해 그들은 안간힘을 썼다.

혁명파 중에서도 특히 더 급진적이었던 산악파(자코뱅파) 남성들이 여성에 대해 더 보수적인 태도를 취하고 여성의 정치적 활동을 경계했다. 그것은 구체제에서 상류층 여성들이 막후에서 정치적 영향력을 행사하거나, 자신이 주관하는 살롱에 모인 남성 지식인이나 정치인에게 상당한 영향력을 행사했던 사실에 대한 반감이 작용한 것으로 보인다.

여성들의 대외적 활동에 대한 남성들의 격렬한 반감에도 불구하고 1789년부터 1793년 사이에 50여 개의 여성클럽이 생겼다는 사실에서 여성들의 발언 욕구와 정치적 욕구가 얼마나 강했는지를 알 수 있다. 특히 1793년 5월에 설립된 '혁명적 공화주의 여성시민 클럽'은 여성들의 정치 활동의 중심이 되었다. 하지만 공화주의 여성협회는 혁명기에 여성들의 정치 교육과 정치 활동의 장으로 많은 역할을 했음에도 남성들의 적대감 앞에서 버티지 못하고 얼마 가지 않아 강제로 해체되었다.

'공화국의 어머니' 신화

여성을 공적인 영역에서 쫓아내고 집안에 가둬두기 위해 이들은 여성의 본분은 오로지 가정을 지키는 데 있으며 조국을 위해 덕성 있는 시민을 길러내는 것이 여성의 역할이라고 강조했다. 여성의 역할은 가사와 육아에 전념하면서 훌륭한 공화국의 시민을 길러내는 일명 '공화국의 어머니'라는 것이다. 그럴듯한 포장은 여성을 가정이라는 사적 영역에 묶어두려는 음모에 다름 아니었다. 이는 대부분의 혁명파 지도자들이 반복적으로 주장했던 테마였다.

신문 발행인이자 정치인이었던 프뤼돔Louis Marie Prudhomme은 1791년 2월 5일 자신의 신문 〈파리 혁명Révolutions de Paris〉지에 '여성에 대한 대혁명의 영향에 대하여'라는 논설을 실어 반페미니즘의 포화를 열었다. 이 글에서 그는 여성은 집안에 갇혀 지내야 할 운명을 타고났으며, 가정의 어머니는 오직 가사와 집안의 청결, 안락함과 평온함을 유지하도록 힘써야 한다고 주장했다. 어머니와 가정주부의 역할은 자연이 준 임무라는 것이다. '제2의 성'인 여성에게 정치나 법정의 소란은 어울리지 않으며, 집 밖에서 일어나는 모든 일은 자신의 부모나 남편이 알려주고 판단한 것에 대해서만 알면 된다는 그의 주장은, 여성이 생각할 능력도 아무런 판단력도 없다는 것을 전제로 한다. 스스로 생각할 능력도 판단할 능력도 없는 여성이 어떻게 훌륭한 공화국의 시민을 길러낼 수 있다는 것인지 그 모순에 대해서는 입을 다문다. '공화국의 어머니' 신화는 조금만 생각해도 허구임이 드러나지만, 남자들은 아랑곳하지 않았다.

프뤼돔의 주장으로는 여성의 유일한 정치적 권리는 적과 싸우는 남편을 도와주는 일이다. 그러니 여성은 집에 남아서 용감한 애국자들의 보금자리를 보살피라는 명령을 마지막으로 기사는 끝난다. 전형적인 '공화국의 어머니' 신화였다. '적과 싸우는 남편'을 도와주고, '용감한 애국자들의 보금자리를 보살펴 주는' 어머니이자 아내의 모습, 일견 아름답게 보이지만 이는 여성을 집안에 묶어두기 위한 술책일 뿐이었다. 프뤼돔은 혁명기의 거의 유일한 페미니스트였던 콩도르세Nicolas de Condorcet가 여성의 권리를 위해 제시한 모든 주장을 반박하고, 여성이 정치에 끼어들면 항상 해로운 결과를 낳는다고 강변했다.

여성은 가정의 수호자이며 아내, 어머니, 주부로서 가사와 자녀 양육이 여성의 본분이라는 혁명파 남성들의 주장은 지극히 부르주아적인 여성관이며 구체제의 전통적인 여성관과 다를 바 없었다. '섬세하고 연약한 여성'이란 이미지는 상류계층의 여성에게만 해당할 뿐이다. 하층계급 여성들은 남성들이 주장하는 여성의 타고난 본성인 '섬세함과 연약함'을 유지하기 어려웠으며, 가정을 떠나 바깥일에 종사하지 않을 수 없었다. 여성들이 직접 생활전선에 뛰어들고 생계를 위해 싸워야 했기 때문이다. 가족의 생계를 위해 온갖 궂은일을 하는 민중여성들에게 "여성의 연약한 신체에 힘든 일을 강요하거나 무거운 짐을 부담지우는 것은 가장 비열하고 야만적이며 자연을 모독하는 일"이라는 미라보의 말이 가당키나 한 것인가. 여성의 본성이나 본분에 대해 언급한 남성 혁명가들이나 18세기 계몽 사상가들은 상류계층 여성만을 대상으로 삼았을 뿐 민중계층 여성들의 생활이나 경제문제에는 전혀 관심이 없었으니, 이들의 담론은 여성의 실상과는 거리가 멀었다.

콩도르세는 자유주의 사상을 지닌 귀족 출신으로서 당시의 대표적인 진보적 지식인이었다. 수학자이자 볼테르와 교유하던 철학자였던 그는 학문적, 사상적, 정치적인 면에서 탁월한 능력을 지닌 당대의 저명인사였다. 혁명이 시작되자 행동하는 지식인으로서 정치에 뛰어들었던 그는 모든 차별을 반대하고 흑인 노예제 폐지와 유대인과 신교도들의 시민권 획득 등 약자들의 권리를 위해 투쟁했다. "종교나 피부색,

성별이 무엇이든 타인의 권리에 반대표를 던지는 사람은 그 순간부터 자신의 권리를 포기한 것이다."[36]라고 주장했던 콩도르세는 따뜻한 가슴과 함께 냉철한 논리를 구사하는 지식인이었다. 신교도나 흑인, 여성에 대한 억압과 차별이 모두 약자 차별이라는 같은 기제에서 나온 것이라는 사실을 간파한 사람이었다.

공격적인 반페미니즘이 지배적이었던 혁명기에 콩도르세는 여성들의 시민적 권리와 남녀평등을 외친 거의 유일한 지도자였다. 그는 여성의 능력이나 자질이 결코 남성에게 뒤지지 않는다고 확신했다. '자연이 부여한' 따위의 비논리적인 성차별 주장을 되풀이하는 반페미니즘이 횡행하던 시기에 이 지식인은 여성을 남성과 같은 지성과 판단력을 지닌 인류의 절반으로 인정하고, 여성의 평등한 권리를 인정해야 한다는 주장을 논리적인 근거를 들어서 설파했다. 그의 논리 앞에서 '공화국의 어머니' 같은 거짓 선전은 설 자리가 없었다. 그러나 보수적 여성관이 지배하던 당시에 페미니스트 진영은 절대적인 열세였으며, 그들의 주장도 별 영향력을 갖지 못했다. 그럼에도 불구하고 이 남성의 여성 권리에 관한 주장은 페미니즘 역사에 중요한 의미가 있다.

지롱드파 의원이었던 콩도르세는 국민공회에서 지롱드파가 몰락하고 산악파가 권력을 잡으면서 위험에 처하게 된다. 로베스피에르의 공포정치가 시작되었던 것이다. 그는 몸을 피했지만 결국 체포 투옥되었고, 이틀이 지난 1793년 8월 8일 단두대에서 처형되기 전에 감옥에서 자살로 생을 마감했다.

5. 민중협회와 여성클럽

대혁명과 민중협회의 탄생

대혁명으로 분출된 프랑스 민중의 기대와 열망은 이들을 거리와 의회의 방청석으로 불러냈다. 대혁명은 정치클럽, 민중협회 등으로 불리는 수많은 협회와 클럽을 낳았는데, 거리의 토론에 만족하지 못한 시민들은 민중협회에 드나들며 온갖 정치적 주제를 놓고 토론했다. 민중협회는 프랑스 전국으로 퍼져나갔으며, 이는 혁명 정신을 전파하는 매우 유용한 수단이 되었다.

지식인이나 부르주아만이 정치에 관심을 가진 것이 아니다. 공장의 직공이나 가게의 점원 등 온갖 직종의 사람들, 날품팔이 등의 하층민도 정치에 관심 두고 나름의 방식으로 혁명에 참여했다. 이 시절의 분위기를 전하는 재미있는 기록이 있다. "그 시절 대부분의 사람은 공적인 생활에 몰두했다. 이를테면 사람들은 거의 집 밖에서, 대중 모임에서 살다시피 했던 것이다. 하루하루가 국민공회 방청석에서, 언제나 시위가 벌어지고 있는 거리에서, 클럽에서, 혹은 팔레 루아얄의 정원이나 카페에서 흘러갔다. 사람들은 오직 잠을 자기 위해서만 집으로 돌아갔다."[37] 이런 분위기에서 수많은 민중클럽이 생겨났다. 특히 의회 의원들이 참여한 파리의 클럽과 살롱들은 의회 내 여러 집단의 견해를 반영했고, 정치 투쟁의 강도를 높이는 데 기여했다. 이 가운데 혁명 내내 큰 영향력을 발휘했던 중요한 클럽으로 자코뱅 클럽과 코르들리에 클럽이 있다.

여성들이 주도한 1789년 10월 베르사유 봉기 이후 혁명을 지지하는 애국파 의원들이 '헌법의 벗 협회Société des Amis de la Constitution'라는 이름으로 파리 쎙 토노레 가에 있는 자코뱅 수도원에 자리 잡았다. 때문에 이 협회는 '자코뱅 클럽'이라는 이름으로 불렸다. 자코뱅 클럽은 혁명 과정에서 신념과 정책에 따라 몇 갈래로 분화되면서 온건파인 지롱드파가 탈퇴하고 마지막에 급진공화파인 산악파가 남아 주도권을 쥐게 된다. 그리하여 자코뱅은 곧 산악파를 의미하게 되었으며 여기서는 특히 로베스피에르의 영향력이 컸다.

초기에 의회 의원들에 의해 만들어진 자코뱅 클럽은 곧 문호를 개방해 일반인의 참여도 가능해졌다. 클럽 회원들은 사회적 주제를 놓고 논쟁하고 시사 문제에 대한 의견을 교환하며 특히 의회에서 제정한 법률을 토론했다. 그 뒤에 파리와 각 지방에 생긴 온갖 정치클럽, 민중협

회 등은 파리의 자코뱅 클럽을 모델로 삼았으며, 자코뱅 클럽은 지방 주요 도시의 클럽과 교류하면서 영향력을 행사하고 부르주아 혁명가들을 키웠다. 1791년 2월 14일 자 신문에서 언론인이자 국민공회 의원인 카미유 데물랭Camille Desmoulins은 "전국 도처에서 조직되고 있는 모든 애국파의 클럽이나 집회 또는 교회들은 발족과 동시에 자코뱅 클럽에 서신으로 연락을 보내 일체감을 표시해 왔다."라고 썼다.[38] 1793년 조르주 쿠통Georges Couthon▪은 "혁명이 준비된 곳이 바로 이곳자코뱅 클럽이었다. 혁명이 이루어지고 모든 중요한 사건이 준비된 곳이 바로 이 클럽이었다."라고 말했다.

전국에서 보낸 청원서들은 의회에 도달하기 전에 먼저 자코뱅 클럽에서 처리되었으며, 민중들에게 경각심을 일깨우기 위해 끊임없는 토론이 전개되었다. 애초에 의회에서 토론할 주제들을 미리 준비하기 위해 시작된 클럽의 토론이 나중에는 의회의 토론 못지않게 중요해진다. 하지만 프랑스 혁명에 지대한 영향력을 발휘했던 자코뱅 클럽은 1794년 7월 로베스피에르의 몰락과 처형, 공포정치의 종말과 함께 그 역할이 끝난다.

자코뱅 클럽에 버금가는 중요한 클럽으로서 1790년 4월에 발족한 코르들리에 클럽이 있다. 좀 더 민중적인 인사들로 구성된 '인권의 벗 협회Société des amis des Droits de l'homme'가 파리의 코르들리에 수도원에 자리 잡으면서 코르들리에 클럽으로 불리게 되었는데, 이 클럽은 의회에 대한 비판적인 시선을 견지하면서 충실한 감시자 역할을 했다. 클

▪ 열렬한 로베스피에르파이며 입법의회와 국민공회 의원을 지냈다. 온건파들이 주도한 테르미도르 반동 때 로베스피에르와 함께 처형되었다.

럽은 "명실상부한 투사들의 결집체로서 특권파 인사들을 감시하고 행정을 감독하며 집단행동이 필요한 경우에는 여론조사, 서명운동, 청원, 시위운동을 조직하며 여러 운동을 이끌었다."[39] 마라는 자신의 신문 〈인민의 벗〉을 통해 이러한 운동을 고무했다.

코르들리에 클럽은 가난한 자들을 돕는 역할도 마다하지 않았다. 자코뱅 클럽과 달리 누구나 자유롭게 드나들 수 있었으며, 따로 회비를 내지 않아도 되었다. 자코뱅 클럽보다 민중계급에 더 가까웠던 코르들리에 클럽의 회원들은 입법의회와 국민공회의 지배 기간에 일어났던 민중 봉기에 적극적으로 가담했다. 이 클럽은 파리 변두리의 노동자 민중들에게 상당한 영향력을 발휘했다. 파리의 민중계급은 또한 각 구區에 있는 구민협회를 통해서도 정치에 적극적으로 참여할 수 있었다. 민중클럽은 수가 점점 확대되어 1792년 9월 공화국이 선포됐을 때는 전국에 대략 3,000개의 클럽이 있었다.

여성클럽의 탄생

혁명에 큰 희망을 품었던 여성들은 투표권도, 아무런 정치적 권리도 없는 상황에서 어떻게 대응했을까. 그들은 수도 파리와 지방을 막론하고 의회나 클럽의 토론에 참여하거나 직접 여성클럽을 창설함으로써 최소한의 시민권을 행사했다. 그뿐 아니라 모든 혁명 모임, 거리의 집회나 의회 혹은 혁명법정의 토론 등에 열성적으로 참여함으로써 존재감을 드러내고 자신들의 정치적 권리를 실현하기 위해 노력했다. 남성들의 집요한 억압에도 불구하고 이처럼 열성적으로 자신을 드러내고 권리를 찾고자 목소리를 드높인 여성들의 존재는 이채로우면서도 아름답다.

거리와 시장의 모임과 클럽에 참여하면서 정치의식을 키운 여성들은 계층을 막론하고 대혁명의 이념을 열렬하게 옹호했다. 민중계급 여성들은 특히 노동과 임금에 관심이 많았다. 남편의 수입만으로는 가족을 부양하기 어려워 자신의 노동으로 생계의 일정 부분을 책임졌기 때문에 그들에게 임금과 노동은 생계와 직결된 초미의 관심사였다. 이들은 좀 더 나은 임금을 위해 거리의 모임에 적극적으로 참여하고 토론했다. 이 밖에도 각 계층의 여성들은 저마다의 요구가 있었으며, 민중계급만이 아니라 다양한 계층의 여성들도 혁명운동에 동참했다.

여성들의 적극적인 의지에도 불구하고 현실은 녹록지 않았다. 프랑스 각 지방에 수많은 민중협회가 생기고 그 활동도 활발해지면서 여성들도 협회에 가입하여 활동하기를 원했다. 그러나 이를 가로막는 벽은 견고했다. 혁명 과정에서 있었던 여성들의 중요한 역할에도 불구하고 협회의 남성들은 여성을 받아들이는 데 강하게 저항했다. 여성들의 회의 참관이나 발언을 허용하고 여성이 훌륭한 제안을 하면 이를 환영하고 찬사도 보냈지만, 그 여성이 클럽 가입을 희망하면 거부했다. 이러한 남성들의 이중성은 대단히 기만적이었으며 여성들의 정치적 활동에 큰 장애가 되었다.

이런 와중에 최초로 여성에게 문호를 개방한 클럽이 생겼다. 1790년 2월에 교사 당사르Dansart가 설립한 '남녀 애국자 우애협회Société fraternelle de l'un et l'autre sexes'이다. 우애협회는 자코뱅 클럽 도서관에 있었는데, 이를 따라 파리와 지방에 자코뱅 클럽과 연계를 맺은 여러 우애협회가 생겼다. 곳곳에 많은 우애협회가 설립되면서 여성들에게도 점차 문호가 개방되었다. 당사르가 설립한 우애협회에는 혁명기의 저명한 여성운동가인 루이즈 로베르-케랄리오,■ 롤랑 부인, 테루아뉴 드 메리쿠르 등이 참여했다.

　여성은 단지 참관인으로 회의에 참여할 뿐 의결권은 주지 않는 협회도 있었지만, 여성의 의결권도 조금씩 확대되었다. '자코뱅 우애협회'는 여성들도 남성과 동등하게 토론과 선거에 참여하고 직책을 맡고 협회의 중요한 결정에도 참여할 수 있는 권리를 주었으니 상당한 진전을 이룬 셈기다. 우애협회의 여성들은 대담하게 행동함으로써 민중혁명을 준비하고 뒷받침하는 역할을 맡았다. 1792년 오스트리아와 혁명전쟁을 개시할 것인가 하는 문제가 대두되었을 때 우애협회의 여성들은 의회 난간에 서서 무기를 달라고 요구했다. 형제들이 전제군주와 반혁명주의자들과 싸우러 나가 있는 동안 여성들이 파리의 경찰 역할을 맡겠다는 것이었다.

　드디어 1793년 여름부터 대부분의 협회가 여성들을 회원으로 받아들였다. 그만큼 협회에 나오는 여성의 수가 많아졌으며 그들의 요구도 거셌다. 파리의 '자유인간 협회'는 여성들을 받아들이면서 여성은 의장의 왼쪽에, 남성들은 오른쪽에 자리 잡게 했다. '뢱상부르 애국협회'는 남자와 똑같은 기준으로 14살 이상의 여성을 회원으로 받아들였으나 여성의 수가 전체 회원의 5분의 1이 넘지 않게 했다. 하지만 협회의 사무직 이외 다른 직책에는 여성도 남성과 같은 비율로 뽑힐 수 있었다.[40]

　남성들이 만든 민중클럽에 가입해서 활동하는 것도 혁명에 참여하는 방식이었지만, 활동에 제약이 많은 민중클럽보다 스스로 여성클럽을 만들어 활동하고 싶어 하는 여성들이 많아졌다. 그리하여 대부분의 주

■ 대혁명 시기에 활동하던 여성 혁명가이자 언론인.

요 도시에서 여성클럽이 급속히 증가했다. 전체 민중클럽의 수에 비하면 미미하지만, 1789년부터 1793년 사이에 50여 개로 증가한 여성클럽은 대개 같은 도시의 남성클럽과 긴밀한 관계를 맺고 활동했다.

파리보다 지방에서 먼저 여성클럽이 생겼다. '디종Dijon 여성클럽'처럼 1789년에 이미 생긴 여성클럽도 있었지만, 대부분의 여성클럽은 1790년 대혁명 1주년 기념 축제를 계기로 발족했다. 디종 외에도 보르도, 오를레앙 등 여러 지방도시에서 여성클럽들이 생겼다. 그러자 이

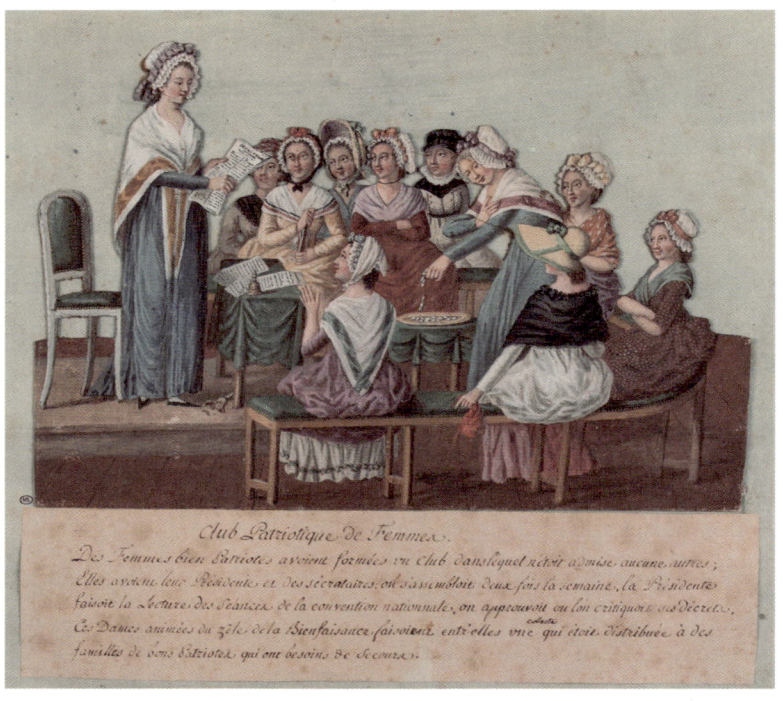

장–바티스트 르죄르, 〈여성들의 애국 클럽〉, 1791, 파리, 카르나발레 박물관 소장.

에 대한 반발로 귀족과 군인들이 결탁하여 여성들이 내건 깃발에 대항하기도 했다. 지방에서 여성클럽을 만들고 참여한 여성들은 주로 부르주아 계층이었으며, 남성클럽 회원의 아내이거나 딸인 경우가 많았다. 그리고 당시로 볼 때 어느 정도 교육을 받은 여성들이었다. 왼쪽 아래 그림에서 보는 것처럼 정숙하게 옷을 차려입은 애국적인 부르주아 여성들이 여성클럽의 주요 멤버였다.

파리에서는 지방보다 늦게 1791년에 처음 여성클럽이 생겼다. 자코뱅 클럽과 코르들리에 클럽에 자주 드나들던 네덜란드 출신 여성 에타 팜이 설립한 '여성 진리동지 애국자선 협회'인데, 이는 파리에서 여성만으로 구성된 최초의 협회였다. 협회는 이름 그대로 직접 정치를 내세우기보다 자선을 목적으로 했지만 크게 성공하지는 못했다. 여성 혁명가로 유명한 테루아뉴 드 메리쿠르도 '법의 친구 협회Société des Amies de la Loi'를 창설했지만 역시 오래 가지 못했다. 여성들의 정치의식이 높아가고 있었지만, 조직을 결성해본 경험이 없는 여성들이 만든 협회들은 대부분 제대로 성장하지 못하고 일찍 사라져 버렸다. 그 이유는 여성들의 경험 부족도 있지만, 클럽을 주도한 사람이 여성이라는 사실 때문에 호응이 적었고, 여성들이 공적인 영역에 들어오려고 하는 것에 대한 남성들의 반감도 컸기 때문이었다.

여성클럽의 역할과 변화

초기에 지방 여성클럽의 역할은 주로 국가적 축제에 참가하는 일이었다. 들꽃으로 만든 부케와 함께 삼색휘장이나 리본으로 장식한 여성들이 병사들의 에스코트를 받으며 행진하는 모습은 새로운 구경거리였다. 한 신문은 '샹드마르스Champs-de-Mars▪의 학살'에 희생된 이들의 장례식을 재현한 행사에 참석한 여성들의 모습을 자세하게 묘사했다. 여성들의 틀어올린 머리와 삼색 리본이 달린 흰색의 베일, 흰색의 유니폼과 치마의 모양과 색깔, 허리띠 대신 묶은 삼색의 리본 등을 상세히 묘사한 것을 볼 때 수백 명 여성들의 행진은 상당한 구경거리였던 것 같다. 1791년 여름까지 여성클럽들은 무해하고 장식적인 것으로 여겨졌으며, 남자들은 축제의 한 부분을 담당한 여성들을 박수갈채로 맞았다.

그러나 여성들이 자신의 목소리를 내기 시작하면서 상황은 달라진다. 국가적 축제의 장식적인 역할을 담당하던 지방의 여성클럽들은 1791년 가을이 되자 변하기 시작했다. 1791년 8월 오스트리아와 프로이센이 프랑스 혁명 반대 선언을 함으로써 전쟁의 가능성이 높아졌으며, 이는 프랑스 국민에게 직접적인 위협으로 다가왔다. 이런 상황에서 여성클럽들은 시민 축제를 빛나게 하는 역할에 만족할 수 없었다. 이들은 폭군과 귀족들에게 대항하는 전쟁에서 역할을 맡기를 원했다. 지방 협회의 한 여성은 앞으로는 여성들도 남편의 곁에서, 입법자들 옆에서 조국의 수호를 맡겠다고 선언하면서 같은 여성들의 동참을 호소했다. 1792년에 행동하는 페미니즘이 태동한 것이다. 전쟁의 기운이 무르익은 1792년 3월 폴린 레옹은 의회 방청석에서 여성들도 총과 칼로 무장하고 훈

▪ 1791년 7월 17일 국왕 퇴위를 요구하는 시민들이 샹드마르스 광장에서 시위를 벌였는데 라파예트가 국민방위대에 발포를 명령하여 수많은 사상자를 냈다. 현재 에펠탑 앞의 넓은 잔디밭. 에펠탑이 생기기 전에 샹 드 마르스는 국가적인 행사나 축제가 벌어지는 장소였다.

련을 받게 해달라는 청원서를 낭독했다. 테루아뉴 드 메리쿠르Théroigne de Méricourt가 총검으로 무장한 여성부대인 '아마존 전투부대'■ 조직을 제안한 것도 이런 분위기에서 나왔다. 그러나 의회에 제출된 청원서는 거부당했다. 두 여성의 노력에도 불구하고 파리에는 아마존 군단이 생기지 않았지만, 지방에는 소박하게나마 실제로 생긴 곳도 있었다.

여성협회의 활동은 다양했다. 여전히 시민축제에도 참여했지만, 여성들이 담당한 역할 가운데 교육, 특히 청소년에 대한 교육을 빼놓을 수 없다. 많은 여성클럽이 소년·소녀들을 위한 클럽을 만들었다. '헌법의 젊은 벗 협회'가 그 한 예이다. 여성들은 특히 젊은이들의 애국시민 교육에 중점을 두었다. 〈인권선언문〉을 가르치거나, 대혁명 시기에 널리 불렸으며 지금은 프랑스 국가가 된 〈라 마르세예즈La Marseillaise〉를 같이 부르는 것이 그런 활동의 하나였다. 남성들에 의해 가정 내에 국한되었던 '공화국의 어머니' 역할이 여성들 스스로에 의해 집 밖에서, 공적인 영역에서 조직적으로 이루어진 것이다. 소년·소녀들은 모금활동이나 자선활동에 필요한 물품을 만드는 일에 기여하기도 했다. 그 밖에도 이웃 도시의 여성클럽 창설에 참여하는 일, 특히 생필품의 감시, 젊은 여성들의 교육, 환자와 수감자, 징집된 의용병과 병사들의 부인 돌보기 등이 여성클럽 회원들이 맡은 일이었다. 지방의 여성클럽들은 혁명 이전에 종교 단체나 귀족들이 맡았던 자선단체를 대신했다. 종교인들이 떠난 병원의 환자를 돌보았으며, 디종Dijon의 여성클럽은 죄수들의 속옷을 세탁해 주는 일을 계속했다. 후에 이 클럽은 일종의 작업장으

■ 그리스 신화에 나오는 활과 창을 잘 다루는 여성 전사 집단으로, '아마존 전사'는 프랑스 혁명에 적극적으로 참여했던 테루아뉴와 같은 여성들을 지칭하는 별칭이기도 하다.

로 발전한다. 1792년 4월 20일 혁명전쟁이 선포되자 여성클럽들은 모금한 돈으로 전장에 나간 군인들에게 옷과 신발 등을 보냈다.

그뿐 아니라 실제로 군대에 자원해서 참전한 여성들도 있었다. 남편이나 형제를 따라 참전한 경우가 종종 있었으니, 의회의 보고서에 의하면 30여 명의 여성들이 합법적으로 전투에 참전했다고 한다. 자신도 공화국에 기여하고 싶다며 두 아이를 할머니에게 맡기고 남장을 한 채 남편의 군대에 합류한 여성도 있었다. 1793년 3월부터 8월까지 복무한 여성은 돌아와서 다시 아이를 돌보았다고 한다.[41] 전쟁에 나간 남편 때문에 생계가 막막해진 가족들은 아내와 아이들까지 일가족이 모두 부대를 따라가는 경우도 있었다. 한 부대를 방문한 당국의 책임자는 "여성으로 가득 찬 부대"를 보고 놀랐다. 여성 중에는 군인의 애인이나 가족도 있고 부대를 따라다니는 매춘부들도 있었다. 혁명전쟁을 치르는 와중에 군대 체제가 제대로 자리 잡지 못한 결과였다.

그러나 실제로 참전한 여성들은 용맹성과 정확하고 조심스러운 임무 수행으로 찬사를 받았다. 의회는 이 여성들 가운데 몇 사람에게 그들의 열정과 용맹성, 훌륭한 품성 등을 이유로 금전적인 보상을 결정했다. 그러나 나중에는 부대에 여성들이 너무 많으며 행진에 방해가 된다거나 군기를 흐트러뜨린다는 불평이 나오면서 의회는 세탁 등의 꼭 필요한 인원을 제외하고 여성들을 군대에서 내보내는 결정을 한다. 하지만 이러한 결정 이후에도 공식, 비공식으로 각 부대에 속해 계속 참전하는 여성들이 있었으며, 그들은 전투에서 용맹성을 보였다.

여성협회들은 보통 여성의 일이라고 여겨지는 자선단체의 역할과 함께 혁명의 이념을 전파하는 역할을 했지만, 여성 자신의 정치적 권리는 주장하지 않았다. 이 점에서 지방 도시 디종에 설립된 여성협회는 시사하는 바가 크다. 1791년 5월 남성들의 협회인 '헌법의 벗 협회 Société des Amis de la Constitution', 곧 자코뱅 클럽의 후원을 받는 '여성 헌법의 벗 협회'가 창설됐다. 남성협회 의장은 여성협회의 회원들이 반혁명적인 종교적 맹신에 빠지는 잘못을 저지르지 않았음을 치하했다. 그는 창립기념 행사에서 아이들에게 조국과 자유에 대한 헌신을 가르치라고 권고하면서 여성의 가정에서의 역할과 교육적 역할을 강조했다. 뒤이은 여성회장의 연설에는 여성의 역할에 대한 당시 여성의 인식 한 부분이 나타난다. "공화국에서 각각의 개인은 전체를 완성하는 부분이며 개인은 공공의 안녕을 위해 일해야 한다. 따라서 여성도 당연히 할 수 있는 한 전체의 안녕을 위해 기여해야 한다."[42] 여성도 남성과 마찬가지로 국가의 한 부분이며, 공공의 안녕을 위해 일해야 하는 것은 남성이나 여성의 구별이 없다는 것이다. 그런데 여성도 남성과 똑같은 의무를 지고 있다고 하면서 의무만 강조할 뿐 권리에 대한 언급은 없었다. 현명하게도(?) 다종의 여성들은 혁명과 조국을 위해 봉사하는 것 이외의 권리, 즉 정치적 권리는 요구하지 않았던 것이다. 그렇게 해서 그들은 남성클럽의 동료들과 좋은 관계를 유지했다. 혁명에 참여한 여성들이 남성들의 비난과 공격을 피하기 위해서는 여성의 정치적 권리를 요구하지 않는 것이 중요했다.

프랑스 각지에서 여성들의 민중클럽이 등장하고 이들이 사안마다 적극적으로 참여했다는 것은 여성들의 혁명 열기가 남성 못지않게 뜨거웠다는 사실을 증명한다. 혁명의 열망을 증폭시켰던 수많은 식량폭동에서도 여성들이 주도권을 잡았으며, 이러한 폭동에 지방의 여성클럽이 직접 연관된 경우가 적지 않았다.

한편으로는 민중협회와 여성클럽이 발전하면서 클럽들 사이에 성적 평등을 둘러싼 페미니즘 논쟁이 격화되었다. 프뤼돔이나 쇼메트 Chaumette 같은 정치인들의 격렬한 반페미니즘 언설들도 이때 등장한 것이다. 프뤼돔이 〈여성에 대한 대혁명의 영향에 대하여〉라는 제목의 논설을 실어 반페미니즘의 포화를 연 것도 이 무렵이었다. 논설에서 그는 여성의 유일한 정치적 권리는 적과 싸우는 남편을 도와주는 것이니 여성은 집에 남아서 용감한 애국자들의 보금자리를 보살피라고 했지만, 여성들은 이에 만족하지 않고 여성클럽을 통해 활발한 활동을 추구했다.

6. 혁명적 공화주의 여성시민협회

협회의 창설과 초기 역할

1793년은 수많은 클럽과 민중협회 등이 활동하면서 혁명정부에 상당한 영향력을 행사하던 민중운동의 도약기였다. 이전까지의 페미니즘은 올랭프 드 구즈나 테루아뉴 드 메리쿠르, 롤랑 부인 등 유명한 여성들이 주도했다. 그런데 여성 상퀼로트들이 무대에 등장하면서 여성운동의 형태가 달라졌다. 이들은 더 이상 유명한 여성 페미니스트들처럼 이론적인 텍스트를 만들어 내지 않았고 정치적인 평등도 주장하지 않았다. 1793년 1월 21일 루이 16세가 단두대에서 사라진 후 여성들은 새로운 요구를 내세웠다.

1792년부터 활발하게 혁명활동을 벌인 클레르 라콩브Claire Lacombe와 폴린 레옹이 힘을 합쳐 1793년 5월에 오로지 여성으로만 이루어진 클럽을 창설했다. 바로 '혁명적 공화주의 여성시민협회Société des citoyennes républicaines révolutionnaires'였다. 당시에는 이미 많은 민중클럽이 여성에게도 문호를 개방했지만, 여성만의 클럽을 원하는 사람들이 있었다. '혁명적 공화주의 협회'로 불리기도 했던 이 클럽은 여성클럽 가운데 정치적 활동이나 반향이라는 측면에서 가장 중요한 협회로서 여성들의 정치활동의 중심지가 되었다.

창설자 두 사람은 민중계급에 가까운 소부르주아 출신이었다. 이들의 활동은 혁명의 정치적 흐름에 영향을 받아 처음에는 온건파인 지롱드파에 반대하고 급진적인 산악파를 지지했다. 협회는 산악파의 부르주아들과 상퀼로트 여성이라는 상반된 두 계급과 동시에 연합을 꾀했다. 그러나 민중의 권력을 원치 않던 산악파는 이들을 억압했다. 그러자 혁명적 공화주의 여성들은 산악파에 대항하여 더 급진적인 격앙파를 지지했으며 산악파는 결국 이들을 해산시켰다.

협회의 창설자인 폴린 레옹은 파리의 초콜릿 제조업자의 딸로, 이미 1792년 3월에 여성 일군의 대표로서 국민방위대 편입과 여성의 무장권을 요청하는 청원서를 입법의회에 제출한 적이 있었다. 이처럼 이미 알려진 폴린 레옹이 '혁명적 공화주의 협회'의 첫 번째 회장이 되었다.

여성의 무장 청원은 받아들여지지 않았지만, 이들은 청원서에서 "우리는 주권을 지닌 여성 시민이다."라고 강조함으로써 무장 요구가 여성의 시민권을 확보하려는 의지였음을 분명히 밝혔다. 당시에는 능동적 시민인 남성 곧 투표권이 있는 남성만이 국민방위대에 복무할 권리가 있었다. 여성의 무장이 곧 여성 국민방위대를 뜻하는 것은 아니었지만, 여성 군단의 창설은 여성의 시민권을 인정하는 것과 진배없었다. 이를 잘 아는 남성 혁명가들이 여성 군단의 창설을 허용할 리 없었다. 민중운동이 활발해지고 민중의 힘이 커지면서 능동적 시민과 수동적 시민의 구분이 없어지고 모든 성인 남성이 국민방위대에 복무할 권리와 함께 투표권도 갖게 되었지만, 여성들은 끝내 능동적 시민이 되지 못했다. 그러나 실제로 공화국 군대에 입대해서 남편이나 부친과 함께 출정하거나 혹은 남장하고 출정한 여성들도 있었다. 처음에 남성 지도자들은 이러한 활동을 북돋았으며 입법의회와 국민공회는 무공을 세운 여성 전사들에게 찬사를 보냈지만, 한편으론 여성의 본성에 어긋

난다고 지적했다.

 '혁명적 공화주의 협회'의 회원 자격은 18세 이상의 여성으로 제한했다. 여성들은 입회할 때 "혁명을 위해 살고 혁명을 위해 죽는다."라는 맹세와 함께 협회의 규칙을 충실히 지키겠다는 약속을 했다. 최소한 170명의 여성이 입회했으며, 회원들은 누구나 자기 생각을 발표할 수 있었다.

 회원들은 거리와 의회 앞에서 활동하면서 사회문제와 함께 페미니즘의 타당성을 시위하듯이 보여주었다. 협회는 창설 후 7월에 강령을 만들고 이를 출판했다. 강령에는 크게 세 가지 요소가 포함되어 있었는데 상호 교육, 공화국의 헌법과 법률에 관한 공부, 무고하게 희생된 모든 개인에 대한 옹호 등이다.

 의회에서는 온건파인 지롱드파와 급진파인 산악파 사이의 대립이 시작되었다. 1792년 9월 입법의회의 뒤를 이어 발족한 국민공회를 지배한 세력은 지롱드파였다. 지롱드파는 소유권과 경제적 자유를 중시하는 상층 부르주아의 이익을 대변했다. 반면에 산악파는 주요 인사들이 부르주아 출신이기는 했지만, 민중의 지지 없이는 프랑스의 위기 상황을 타개할 수 없다는 인식으로 어느 정도는 중간계층이나 민중계급의 이익을 대변했다.

 1792년 8월 10일 봉기■로 민중이 승리를 거둔 이후 지방정부는 식

■ 국왕 루이 16세가 적과 협상하려고 하자 분노한 수만의 파리 민중들이 8월 10일 봉기를 일으키고 왕이 있는 파리의 튈르리 궁을 습격했다. 이를 계기로 왕권은 몰락하고 루이 16세와 마리 앙투아네트는 탕플 탑에 유폐되었다. 이날의 봉기 이후 프랑스 혁명은 과격화되며 입헌군주제에서 왕정폐지와 공화정 수립으로 넘어가게 된다. 이때 파리 코뮌도 결성되는데 이는 1871년의 파리 코뮌과는 다른 것으로 파리 시의 자치 조직이다.

량 문제를 해결하기 위한 근본적인 해결책으로 식료품의 공정가격제를 실시했다. 그러나 의회는 이를 거부했다. 의회는 결국 대세를 거스를 수 없어서 점차 민중이 요구하는 통제경제로 들어섰지만, 부르주아를 대표하는 지롱드파는 기본적으로 이를 반대했다. 지롱드파와 산악파 사이의 대립이 분명해진 것이다. 1792년 4월 오스트리아와의 전쟁이 시작되면서 두 파의 대립은 더욱 뚜렷해졌다.

'혁명적 공화주의 협회'는 여성 민중클럽으로서 지롱드파의 몰락과 산악파의 공포정치 수행에서 중요한 역할을 했다. 협회의 여성들은 지

셰리외, 〈교회의 여성 애국자 클럽〉, 1793, 파리, 프랑스 국립도서관 소장.
여성들이 저마다 언성을 높여 자기주장을 하는 모습이 적나라하다.
왼쪽 상단의 삼색기 끝에 자유를 상징하는 프리지언 보닛이 걸려있다.

롱드파에 반대하는 거리시위, 선전활동과 함께 의회에 청원서 등을 보내면서 적극적으로 정치활동에 개입했다. 의회 앞에 모여 지롱드파에 반대하는 봉기를 부추기고 의회의 방청석에서 산악파 의원들에게는 박수갈채를, 지롱드파 의원들에게는 야유를 보냈다. 여성들이 의회 방청석에 앉아 회의를 참관하고 발언하는 것은 정치에 개입하는 중요한 수단의 하나였다.

혁명적 공화주의 여성들은 급진적인 태도를 보였다. 1793년 5월 26일 지롱드파에 의해 체포된 에베르의 석방을 요구하는 시위도 벌였는데, 에베르Jacques-René Hébert는 과격파 신문 〈뒤센느 신부Père Duchesne〉의 발행인으로서 코르들리에 클럽과 연계된 급진적 혁명주의자였다. 협회 여성들이 지롱드파에 반대하는 소요의 전파자 역할을 한 것도 코르들리에 클럽과 긴밀히 연계되어 있었다.

5월 31일 협회의 대표단이 파리 시의회에 나타나 자신들도 혁명위원회와 함께 토의에 참여하게 해달라고 요청했을 때 시의회의 대답은 주목할 만하다. 시의회는 일단 여성 시민들의 뜨거운 공화주의적 열정을 찬미한 다음, 남성들로 구성된 위원회에 여성대표단을 받아들일 수 없어 대단히 유감스럽다고 말했다. 혁명위원회는 클럽에 모인 여성협회 같은 것이 아니고 파리의 48개 구의 대표들로 이루어진 공적인 조직임을 강조하면서 여성대표들을 회의에 참관하도록 초청했다. 위원회의 심의에 받아들이지는 않았지만, 시의회의 태도는 여성대표단에게 상당히 호의적이었다. 그러나 공적인 조직에는 여성을 받아들일 수 없다는 점도 분명히 했다.

이날은 무장한 상퀼로트들이 의회가 있는 튈르리 궁으로 침입하여 국민공회의 지롱드파 의원들을 추방하고 곡물가격 인하, 군대에서 구족 추방, 노인과 병자의 구제 등을 요구한 날이다. 협회의 여성들이 민중들 사이에서 부르주아 중심의 지롱드파에 반대하는 소요를 부추기면서 많은 역할을 했던 것이 파리 시의회의 호의적인 반응을 끌어냈다. 이틀 후인 6월 2일 국민공회는 지롱드파 의원 29명의 체포를 결정하면서 지롱드파는 몰락하고 산악파가 권력을 잡게 된다.

의회에서 지롱드파와 대립하던 산악파는 상퀼로트들의 민중 봉기 덕분에 승리를 거두었지만 민중의 요구에 굴복할 생각은 없었다. 산악파는 폭증하는 민중운동을 진정시키려고 했으며, 부르주아와 타협하는 온건한 정책을 내세웠다. '혁명적 공화주의 협회'는 민중 봉기에서 여성들 사이에 반 지롱드파 운동의 구심점 역할을 했다. 그러나 산악파는 민중운동을 억누르던 것과 마찬가지로 공화주의 여성협회가 급진적 민중운동 세력인 격앙파와 가까워지고 선동을 계속하자 이 여성들에게도 재갈을 물리기로 결정한다. 산악파 정치인들은 여성 혁명가들을 진지하게 대한 적이 없었다. 그들에게 여성은 언제나 이용의 대상일 뿐이었다. 적을 무너트리기 위해 여성들을 이용하고, 목적을 달성하면 여성들을 지워버렸다.

혁명적 공화주의 여성시민협회와 격앙파

격앙파Enragés는 '격분한, 미칠 듯이 분노한 사람들'이라는 이름의 뜻그대로 민중의 현실을 외면하고 부르주아의 이익을 대변하는 혁명정부와 사회 현실에 분노한 사람들이다. 코르들리에 클럽에서 갈라져 나온 분파인 격앙파는 상퀼로트를 대변하면서 반당통, 반로베스피에르를 표방했다. 격앙파는 민중운동과 함께 하면서 사회혁명을 주장했으며 산악파보다 더 급진적이었다.

이들의 가장 중요한 목표는 식료품의 공정가격제, 곡물의 징발, 부자들에 대한 과세 등으로 정치적 평등만이 아닌 사회적 평등을 지향하는 것이었다. 1789년 10월의 베르사유 봉기를 비롯하여 혁명 초기부터 식량부족으로 인한 민중소요가 끊이지 않았던 현실을 생각하면, 이들이 누구의 편에 섰는지 분명해진다. 게다가 부유한 상인들에 의한 매점매석 행위가 공공연히 행해지고 있었으니 민중의 분노는 당연했다. 식량폭동이 급증하던 1792~1793년 리옹이나 롱바르 등의 몇몇 지방 도시에서 여성들이 상점을 습격하여 물건을 약탈하는 대신 공정한 가격으로 설탕이나 비누 등 생활필수품을 가져간 일이 있었다. 이는 '혁명적 공화주의 협회'가 격앙파와 가까워지면서 가격통제를 시행한 것과 무관하지 않았다.

격앙파는 곡물거래의 자유, 절대적인 시장경제를 요구하는 부르주아를 대변하는 지롱드파와는 양립할 수 없었다. 옛날이나 지금이나 약자를 위한 보호 장치가 없는 절대적인 자유 시장 경제는 힘 있는 자들, 다시 말해 돈 많은 부르주아 자본가를 위한 제도이다. 돈 없는 사람들이 이들과 대등하게 경쟁할 수 없는 것은 자명한 사실이다. 개인적으로는 선의를 가진 지식인으로서 약자의 편에 선 의원들도 적지 않았지만, 지롱드파의 경제정책은 부르주아를 대변하는 자유시장 경제였다. 지롱드파에 비해 비교적 민중에 가까웠던 산악파도 경제적 통제를 주장하는 격앙파를 위협으로 느꼈다. 하지만 물가나 생필품 문제 등 격앙파의 경제문제에 대한 요구에 파리의 민중들은 환호했으며, 특히 하루하루의 가족생계를 짊어진 여성들의 폭넓은 공감을 끌어냈다. 이들은 부르주아가 아닌 민중을 위한 혁명을 원했던 것이다. 권력을 잡은 지롱드파는 민중을 외면했고, 산악파는 권력을 잡은 뒤에 필요에 의해 민중의 요구를 어느 정도 반영했지만, 진심으로 민중의 편은 아니었다. 격앙파만이 진정 민중에게 필요한 것이 무엇인지를 알고 이를 실천했다. 그러나 격앙파는 정치적 힘이 없었다.

국민공회 내에 설치한 공안위원회는 권한이 커지면서 실제로 강력한 정치권력을 행사하는 기구가 되었다. 로베스피에르는 공안위원회의 위원이 되었다. 새 공안위원회는 민중운동, 특히 격앙파의 선전에 끌려가지 않을 생각이었다. 산악파는 격앙파가 제기한 공정가격제와 통제경제에 적대적이라는 점에서 지롱드파와 다를 바 없었지만, 그들은 결국 민중의 압력에 굴복할 수밖에 없었다.

'혁명적 공화주의 협회' 여성들은 물가고와 식량문제 등 경제 문제와 여성의 시민권 문제로 산악파와 갈등이 생겼다. 1793년 6월의 새 헌법이 재산 유무와 관계없이 투표권을 갖는 보통선거를 채택했으나 이는 남성에게만 해당하였다. '혁명적 공화주의 협회'를 비롯한 여러 여성단체가 이에 항의하고 청원서를 발표하자 국민공회 의장은 문제를 고려해 보겠다고 신중한 대답을 했지만, 그뿐이었다.

공화주의 협회 여성들이 산악파와 로베스피에르에게 적대적이 된 것은 격앙파의 쟈크 루Jacques Roux와 르클레르Théophile Leclerc의 영향이 컸다. 이 두 격앙파 지도자는 이념의 선전에 여성들의 역할을 강조하면서 이들을 활용했다. 사회경제적 문제의 자각과 이를 행동으로 이행하는 데 있어서 여성들에게 전위적인 역할을 맡겼던 것이다. 르클레르와 가까웠던 라콩브를 통해 공화주의 협회 여성들이 격앙파의 영향을 받는 것이 분명해졌다. 협회의 여성들은 산악파에 대립하는 격앙파의 전략에 가장 중요한 위치를 차지하게 되었다. 공화주의 여성들은 거리로 나와 투쟁했다. 다른 여성들에게 삼색휘장을 달라고 강요하고 많은 민중 여성을 정치로 끌어들였다. 그들의 활발하고 전투적인 활동 때문에 반대파들은 그들을 '암호랑이', '바쿠스의 여사제술주정뱅이를 의미함', '메두사의 머리' 등으로 불렀다. 일종의 괴물 취급을 한 것이다.[43]

지롱드파와 투쟁할 때 산악파는 '혁명적 공화주의 협회' 여성들의 도움을 받아들였지만, 지롱드파가 몰락한 후 산악파의 로베스피에르, 마라 등은 이 전위부대에 족쇄를 채우기로 결심했다. "이에 저항하는 여성들이 그들에게 위험한 존재가 되고 특히 이 여성들이 격앙파와 함께 아직은 막연하지만 사회주의, 일종의 공산주의를 전파하자 '고전적인' 혁명가들인 산악파는 이들을 압살해"[44] 버리려고 했다. 상퀼로트를 위한 정치 사회적 평등을 추구한 격앙파와 이에 동조한 혁명적 공화주의 여성협회는 일종의 사회주의를 지향했던 것이다.

6월 25일 쟈크 루가 국민공회 난간에서 새 헌법에는 투기와 매점매석을 막기 위한 조항이 없다고 격렬하게 비판하자, 로베스피에르를 비롯한 산악파들은 그에게 달려들어 제압해 버렸다. 산악파는 민중이 아닌 부르주아를 위한 혁명을 원했기 때문이다.

르클레르가 자신의 신문 〈민중의 벗〉에 쓴 글을 보면 그의 사회주의적 이념이 좀 더 분명하게 드러난다. "귀족 명부에 있는 귀족들과 성직자 귀족의 뒤를 이은 것은 부르주아이며 탐욕스러운 상인 귀족이다. 첫 번째 계급귀족과 민중 사이의 중간자적 카스트를 형성하고 있는 이 계급은 그들의 부 덕분에 상층계급만큼의 수요와 함께 결과적으로 그만큼의 악덕을 획득했다. …… 그들의 막대한 부는 생필품과 가장 필요한 상품들을 독점할 수 있게 했다." 생활에 꼭 필요한 상품은 모든 사람이 구입할 수 있는 적당한 가격에 세금을 매기고, 매점매석하는 자는 사형에 처해야 한다. 나아가 "모든 인간은 생필품과 땅이 생산하는 모든 것, 생존에 필수불가결한 모든 것에 대하여 동일한 권리를 갖고 있다."는 것이다.[45]

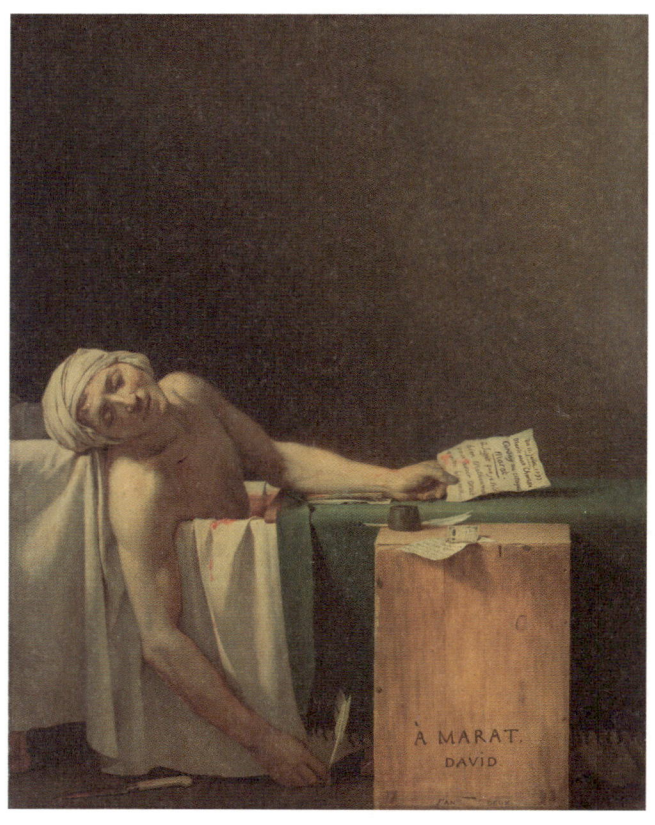

자크 루이 다비드, 〈암살당한 마라〉, 1793.
브뤼셀, 벨기에 왕립미술관 소장

그러므로 국가가 모든 곡물을 독점하고, 생존에 첫째로 필요한 것들은 누구나 국가에만 팔 수 있어야 한다고 주장했다. 한마디로 요약하면 국가가 모든 식량과 생필품을 관리해야 한다는 사회주의 이념을 주장한 것이다.

카톨릭 사제인 자크 루Jacques Roux도 토지의 생산물은 다른 것들과 마찬가지로 모든 사람에게 속한 것이라는 주장과 함께 부자들이 땅이나 부동산의 소유권을 갖지 못하게 할 것을 요구했다. 그들이 전적으로 개인의 '소유'를 부정한 것은 아니다. 다만 부의 분배를 통해 시민들 사이의 소유 평등이 이루어질 수 있는 사회개혁을 주장했다. 그리고 '혁명적 공화주의 협회'의 여성들, 특히 라콩브는 이에 동조하는 활동을 했다.

프랑스 혁명이 부르주아 혁명임은 잘 알려진 사실이다. 격앙파가 주장한 민중을 위한 혁명은 이루어지지 않았다. 격앙파의 두 주요 인물은 민중을 위한 혁명을 주장했지만, 아쉽게도 이를 뒷받침할 만한 실질적인 힘이 없었으며 사회주의의 철학적 이론을 세우지도 못했다.

암살, 순교자가 된 마라

1793년 7월 13일 마라가 지롱드파와 가까웠던 샤를로트 코르데 Charlotte Corday라는 여성에게 암살당했다. 여기서도 우리는 부르주아 여성과 민중 여성 사이의 극명한 대립을 볼 수 있다. 로베스피에르와 함께 공포정치의 상징적인 인물이었던 마라에 대한 역사적인 평가는 사람마다 다를 수 있다. 그에 대한 평가가 어떠하든 당시에 마라를 암살한 것은 지롱드파의 여성이었지만, '혁명적 공화주의 협회'의 여성들은 마라를 지지하고 그의 암살에 분노했다. 산악파와 그 추종자들이 '자유의 순교자'라고 불렀던 마라는 죽은 후에 상퀼로트 여성들에게 우상이 되었다. 당시 혁명정부가 내세우는 '공식화가'였던 신고전주의 화가 다비드는 마라의 죽음을 "대의명분을 위해 죽은 순교자의 모습"[46]으로 그렸다. 욕조■에서 칼에 찔린 모습이 품위 있거나 웅장한 그림이 되기는 어려웠지만 다비드는 "실제 현장에 충실하면서도 영웅적으로 보이는 그림을 만드는 데 성공"했다.

그의 죽음을 기리는 장례식은 일종의 스펙터클처럼 진행되었으며, 공화주의 협회 여성들은 여기서 중요한 역할을 담당했다. 그들은 밤을 새워 마라의 시신을 지켰다. 다음날 장례행렬에서 마라가 암살당했던 욕조를 실은 들것은 남성들이 운반하고, 그가 쓰던 책상과 의자, 펜과 종이 등을 실은 들것은 여성들이 운반했다. 세 번째 들것에는 그의 흉상이 실렸다. 마라의 머리에 불멸의 관을 씌우고, 그의 관이 코르들리에 클럽으로 옮겨질 때 여성들은 가까이에서 이를 수호했다.

협회의 여성들이 마라를 기념하는 오벨리스크를 세우자고 제안하자 파리 시의회는 임시로 나무로 된 오벨리스크를 세우도록 결정했다. 마라의 추한 외모와 피부병, 그의 극단적인 언사들은 마라를 공포의 대상으로 만들었으나, 그는 죽음을 통해 거의 종교적인 경지로 끌어올려지고 상퀼로트들의 우상이 되었다.

■ 마라는 심한 피부병을 앓고 있어 자주 목욕을 했으며, 욕조 안에서 사무를 보기도 했다. 그를 암살한 샤를로트 코르데는 마라에게 청원할 것이 있다는 핑계로 집안으로 들어가 숨겼던 칼을 꺼내 욕조에 있는 마라를 찔렀다.

협회의 대표 라콩브는 연설을 통해 마라가 지지한 것은 바로 상퀼로트들이었으며, 그의 영광을 기리고자 하는 사람들도 상퀼로트라고 단언했다. 격앙파는 마라의 죽음을 종교적 경지까지 끌어올려 그를 신성한 순교자로 만드는 것이 자신들의 주의주장을 전파하는 데 효과적이라고 여겼다. 민중의 상상력에 그것은 하나의 상징으로 작용하여 마라가 간행했던 신문의 이름처럼 '민중의 벗' 마라가 되는 것이다. 격앙파 지도자 르클레르는 마라의 죽음 이후에도 같은 이름의 신문을 계속 간행했다.

산악파와 격앙파의 대립,
상퀼로트 여성들의 생필품 투쟁

그러나 '혁명적 공화주의 협회'가 격앙파와 가깝다는 것이 명백히 드러났고, 라콩브의 거만한 연설 태도에 반감을 가진 산악파는 이때 이미 여성협회를 나쁘게 보기 시작했다. 산악파는 먼저 격앙파의 쟈르루와 르클레르를 공격했다. 로베스피에르는 8월 10일의 축제**■**를 위해 파리에 모여드는 대표자들이 격앙파의 영향 아래 놓일 것을 두려워했다. 격앙파를 제거하고자 했던 산악파는 1793년 9월 5일 민중을 선동했다는 혐의로 자크 루를 체포했다. 르클레르는 자신의 신문 〈민중의 벗〉에서 반정부적인 선전활동을 강행했지만 자코뱅 클럽의 고발로 신

■ 프랑스 혁명에서 중요한 분기점이 되었던 1792년 8월 10일의 봉기를 기념하는 축제.

문발행을 일시 중단하기도 했다.

1793년 2월에 생필품의 위기가 닥쳤다. 지난해의 추수가 나쁘지 않았음에도 불구하고 생필품인 밀과 설탕, 양초 등의 가격이 올랐다. 월말이 되자 소요가 일어나고 세탁부들이 국민공회 방청석에 나가 비누값에 대해 성토했다. 물건이 없어서가 아니라 매점매석 때문에 가격이 오르고 있으니, 이 매점매석꾼들을 사형에 처해달라고 요구했다. 이틀후에는 식료품 가게를 습격한 여성들은 자신들이 정한 가격에 물건을 가져갔다.

10월 들어 클레르 라콩브와 폴린 레옹이 생필품 투쟁을 이끌었다. 상퀼로트 여성들은 상인들의 매점매석과 고물가에 항의하는 활동을 멈추지 않았으며, 라콩브가 이끄는 여성대표들은 위원회에 나타나 생필품 가격통제에 관한 헌법 조항을 실행하라고 요구했다.

산악파는 여성협회의 지도자들을 '모사가'라고 비난하면서 라콩브가 귀족들을 위해 음모를 꾸몄다고 고발했다. 라콩브는 체포당해 감시를 받았다. 이런 상황에서도 여성들은 기죽지 않았다. 그들은 매점매석하는 자들과 반혁명분자들에 대한 투쟁을 계속했으며, 나아가 귀족의 정부 노릇을 하는 여자들을 체포하라고 요구했다.

한편 공화주의 협회 여성들은 매춘을 옹호하지는 않았지만 매춘부에 대해 관심을 가졌다. 이 불행한 여성들은 타락한 여성이 아니라 가난의 희생자라고 생각했다. 협회의 여성들은 매춘부를 국가시설에 수용해서 유용한 일에 종사하게 해주고 애국적 독서를 통해 좋은 품행으로 인도하라고 요구했다. 그들의 주장은 실현되어 위원회는 이러한 여성들을 시설에 가두고 공공노동에 투입했다.

공화주의 협회 여성들이 격앙파의 영향을 받기는 했지만, 민중과 약자들을 위해 활동한 것은 분명했다. 권력을 쥔 산악파가 협회 여성들을 탄압했지만, 단순히 격앙파와 가깝다는 이유에서만은 아니다. 산악파는 민중의 힘을 위험하게 생각한 것과 마찬가지로 협회 여성들도 위험하게 생각했으며 이들을 칠 기회를 노렸다.

'혁명적 공화주의 여성시민협회'와 중앙시장 여성들의 갈등, 여성클럽의 해체

모든 여성들이 '혁명적 공화주의 여성시민협회'의 여성들에게 동조한 것은 아니었다. 이들의 과격한 행동은 다른 여성들의 반감을 사기도 했다. 특히 파리 중앙시장 여성들의 반감이 컸다. 여성상인들은 협회의 여성들이 매점매석을 막기 위해 상인들 집을 조사해야 한다고 주장했을 때부터 이들에 대해 상당한 적대감을 가지기 시작했다. 바로 자신들이 조사의 대상이 될 수 있기 때문이었다. 게다가 중앙시장 여성들의 공화정에 대한 생각도 분명치 않았다. 군주정 하에서 특권을 누리던 중앙시장의 여성들 중에는 왕당파가 적지 않았다고 한다. 군주제 몰락에 유감을 품은 여성상인들이 혁명 이후 그들의 수익이 현저히 줄어든 것을 부당하게도 공화주의 여성협회의 탓으로 돌리고 그들을 원망했다는 것이다.

공화주의 협회 여성들은 혁명의 상징이며 공화국 시민임을 나타내는 삼색모장을 모든 여성이 의무적으로 착용하도록 법률로 정할 것을 산악파 정부에 요구했다. 이는 여성을 완전한 시민으로 공식 인정해달라는 정치투쟁에 다름 아니었다.[47] 요구는 받아들여지지 않았지만 이들은 거리의 다른 여성들에게도 삼색모장을 착용할 것을 요구했다. 10월 28일 아침 붉은 혁명모와 바지 차림에 옆구리에 권총까지 찬 괴상한 옷차림의 협회 여성들과 중앙시장 여성들 사이에 폭력적 충돌이 일어났다. 공화주의 협회 여성들 무리 때문에 장사가 안 된다고 생각한 중앙시장의 여성상인들이 협회의 여성들이 그들과 같은 복장을 강요한다고 고발한 것이다. 이들의 충돌은 저녁까지 이어졌다. 6,000명이 넘는 여성들이 무리를 지어 모여들면서 상황은 더욱 폭력적이 되었다. 여기서 승리한 중앙시장의 여성들은 협회 여성들의 볼기를 때렸고, 특히 협회 의장인 라콩브를 심한 태형과 함께 진흙 범벅으로 만들었다. 치마를 걷어 올리고 볼기를 때리는 것은 혁명기에 여성들에게 흔히 사용되던 일종의 징벌이었으며, 특히 중앙시장의 극성스러운 여성들이 즐겨 쓰던 징벌 방식이었다. 라콩브와 동료들은 몇 달 전 자신들이 테루아뉴에게 가했던 일을 똑같이 당한 것이다. ▪

협회 여성들에 대한 중앙시장 여성들의 반발과 그로 인한 다툼이 거세지자 로베스피에르를 비롯한 산악파는 이를 좋은 기회로 여겼다. 로베스피에르는 이미 격앙파의 쟈크 루, 르클레르 등과 투쟁하면서 이들과 연계한 '혁명적 공화주의 여성협회'를 없애야겠다고 마음먹고 있었다. 산악파 의원 데글랑틴은 "혁명모를 쓴 말썽꾸러기들", "거리의 무질서를 조장하는 자들"을 고발하면서 공안위원회에 모든 여성클럽에 대한 보고서를 요구했다.

1793년 10월 30일 공안위원회 위원 아마르Amar는 국민공회에서 〈여

▪ 테루아뉴를 지롱드파인 브리소파라고 공격하면서 같은 태형을 가했다. 자세한 내용은 뒤에 나올 메리쿠르 드 테루아뉴에서 설명하겠다.

성들에 대한 보고서〉를 발표했다. 이 글에서 그는 여성들이 정치적 권리를 행사하는 것과 공적인 일에 적극적으로 개입하는 것을 문제 삼았다. 여성들이 이러한 권리를 행사하기에는 정신적 육체적으로 나약하다는 것이다. 그러므로 여성들은 관습과 자연이 그들에게 부여해준 역할대로 가사와 육아, 남편의 뒷바라지에 전념해야 한다는 결론을 내렸다. 자연이 정한 성별 역할분담이라는 주장의 되풀이였다. 짧은 토론 끝에 의회는 아마르의 주장대로 모든 여성 민중협회를 금지한다는 결정을 내렸다. 여성들 사이의 갈등을 과장하고 비난하면서, 여성은 공적인 생활에는 맞지 않으니 그들의 본성에 맞게 집안에 있으라는 것이었다. 공화주의 협회 여성들은 이에 저항했지만 아무런 성과도 없었다. 협회의 대표단은 국민공회에서 야유를 받았으며, 구민회와 시의회는 아예 여성대표단을 출입금지시켰다. 이렇게 해서 여성을 공적인 영역에서 추방하려는 음모는 계속되었다.

국민공회에서 공화주의 협회 여성들과 여성협회를 옹호한 사람은 샤를리에 의원밖에 없었다. 그는 여성의 정치적 권리를 옹호하면서 "여성이 인간이라는 종의 한 부분임을 부인하지 않는다면 모든 생각하는 존재에게 공통된 권리를 그들에게서 빼앗을 수 있는가?"[48]라고 반문했다. 그러나 그의 주장은 빈 메아리로 끝났다. 국민공회는 이들을 위험한 여성 격앙파로 몰면서 투표를 통해 그들의 입에 재갈을 물렸다.

'여성의 정치적 권리'는 당시에 커다란 사회적 이슈였다. 하지만 반페미니스트였던 산악파는 여성클럽을 금지함으로써 공포정치를 시행하던 국민공회의 독재를 비판하고 사회 혁명을 하고자 했던 남녀 혼성 정당. 즉 격앙파의 목을 조른 것이다. 이로써 남성들의 이기주의에 대한 저항은 압살 당했고 혁명정신의 정상적인 발전은 끝났다. 격앙파와 공화주의 여성들이 지향했던 사회주의도 더 이상 발전할 수 없었다.

신문도 여성들에게 우호적이지 않았다. 같은 격앙파의 쟈크 루 홀로 여성들을 옹호했다. 자유를 위해 그렇게 헌신한 협회에 대한 고발과 "공화국의 기둥들"에 대한 모욕과 위협, "바스티유 함락과 베르사유에서 폭군의 허수아비들이 일으키는 먼지를 삼키면서 왕좌를 전복시키기 위해 모든 위험을 무릅썼으며, 모든 혁명에 앞장섰던 자유 수호의 문지기"인 여성 영웅들에 대한 역겨운 음모에 분노하는 글을 신문에 게재했다.[49] 그러나 공화주의 여성들과 한편이었던 격앙파 역시 로베스피에르의 표적이었으니 그들의 옹호가 효과가 있을 리 없었다.

의회는 그때까지 인권선언과 헌법에서 말하는 '시민'이 누구를 지칭하는가 하는 근본적인 문제를 회피해왔다. 다만 1792년 봄 혁명전쟁이 시작되자 의회의 의장은 조국이 패배할 경우 여성과 아이를 포함한 모든 시민들이 남자와 똑같이 동원될 수 있다고 선언했을 뿐이다. 그러나 공포정치를 실시하던 산악파의 국민공회는 여성들 사이의 다툼을 기화로 1793년 10월 30일 공화주의 여성협회를 비롯한 모든 여성단체들을 해산시켰다. 이들은 모든 여성클럽의 회원들을 반혁명주의자들과 같이 취급했다.

그리고 공안위원회는 마침내 격앙파를 숙청했다. 자크 루의 체포와 르클레르에 대한 체포 위협, 공화주의 여성협회의 해산과 모든 여성클럽의 폐쇄 등의 과정을 통해 공안위원회는 민중에 대한 통제권을 장악해갔다. 이렇게 모든 여성클럽을 해산시키고 민중여성들의 페미니즘 운동을 완전히 제압한 후 이어서 세 여성이 차례로 단두대에서 사라졌다. 마리 앙투아네트, 올랭프 드 구즈, 롤랑 부인. 서로 전혀 다르고 상퀼로트와는 거리가 먼 여성들이지만 이들의 죽음과 함께 혁명기의 페미니즘은 숨을 죽이게 된다.

급진파와 온건파의 갈등, 산악파의 몰락

1789년 이후 혁명 과정에서 급진파와 온건파 사이에 늘 갈등이 있었다. 온건파인 지롱드파가 몰락하고 국민공회를 장악한 산악파는 혁명정부와 민중운동 사이에서 균형을 맞추려고 시도하면서 코르들리에파와 산악파의 대립이 심화되었다. 산악파가 장악한 공안위원회는 1794년 3월에 과격파인 에베르와 코르들리에 클럽의 주요 인물들을 처형했다. 다음에는 관용파의 숙청이 이어져 4월에는 산악파 내의 관용파인 당통Georges Danton과 그와 친분이 깊었던 동료 데물랭Camille Desmoulins이 처형되었다. 4월 초에 클레르 라콩브와 폴린 레옹, 레옹의 남편 르클레르가 체포되었다. 격앙파를 제거하고 상퀼로트들의 희망을 대변하던 에베르와 코르들리에파를 제거한 산악파의 혁명정부는 점차적으로 민중 조직을 장악해 가면서 더 이상 민중을 위한 혁명은 불가능하게 되었다.

클럽과 민중협회들은 혁명정부를 감시하고 민중의 요구를 수행하도록 압박했다. 그러나 전국에 지부를 가진 자코뱅 클럽의 주요 인사들은 중류 부르주아가 다수였기 때문에 민중들의 요구에 소극적이었다. 그들이 민중과 손을 잡는 경우는 귀족을 비롯한 특권파나 온건파에 맞서 자신들의 이익을 지켜야 할 때였다.

반면에 코르들리에 클럽이나 다양한 종류의 우애협회에는 민중적인 인사들과 상퀼로트가 집결했다. 또한 파리 여러 구의 '구민협회'가 파리 민중운동의 기본 조직이 되었다. 민중운동의 투사들은 구민협회를 통해 정치활동에 관여하고 정부 당국에 압력을 가했다. 그러나 정부 정책을 강하게 지지하는 자코뱅 클럽과 민중운동의 자율성을 대변하는 구민협회 사이에 대립이 생기고, 정부의 압력으로 파리의 구민협회들이 강제 해산에 직면하게 되면서 민중운동의 기반이 무너졌다.[50] 산악파는 안정된 독재의 틀을 마련했지만, 민중의 지지라는 기반이 약화되면서 결국 부르주아 중심의 온건파에 의한 테르미도르의 쿠데타를 맞게 된다.

1794년 7월 27일 테르미도르의 쿠데타와 함께 로베스피에르와 그 일파 22명이 체포되고, 다음날 모두 처형되면서 공포정치가 막을 내렸다. 덕분에 폴린 레옹과 남편 르클레르는 8월에 석방되었다. 하지만 클레르 라콩브는 비록 혁명정부와 로베스피에르가 자신들을 적대시하고 체포 구금했지만, 쿠데타 주역들의 비위를 맞추기 위해 이들을 고발하는 것을 거절했기 때문에 이듬해인 1795년 8월까지 감옥에 있었다.

쿠데타를 주도한 부르주아들은 혁명정부를 해체하고 통제경제를 폐기하면서 부르주아를 위한 경제적 자유, 다시 말해 마음껏 이윤을 취할 수 있는 자유라는 토대 위에 부와 소유의 특권을 재확립했다. 귀족의 태생적 특권이 부르주아의 부의 특권으로 대체된 것이다. 1795년 5월, 기근으로 심각한 타격을 입은 민중계급은 굶주림에 지쳤으나 정부는 전반적인 배급할당제 실시를 거부했다. 민중들은 공포정치 시절 피는 흘렸지만 빵이 부족하지는 않았다며 그 시절을 그리워했다.[51]

'혁명적 공화주의 여성시민 협회'에 대한 남성들의 비판

'혁명적 공화주의 여성시민협회' 여성들은 급진적인 격앙파와 함께하면서 민중을 위한 혁명, 사회주의 혁명을 꿈꿨다. 대부분 부르주아 남성이었던 혁명의 주도 세력이 이 여성들을 곱게 볼 리 없었다. 남성들은 공화주의 여성들에 대한 비판을 쏟아냈다. 특히 공화주의 여성들이 거리에 나와 민중 여성들을 선동하고 행동에 앞장섰기 때문에 '가정을 지키고 보듬는 여성'이라는 신화를 신봉하는 부르주아 남성들은 더욱 반감을 품을 수밖에 없었다. 그들의 비판은 편견과 악의에 가득 차 있었다.

《지롱드파의 역사》를 쓴 시인이자 역사가인 라마르틴Alphonse de Lamartine. 1790~1869은 "공화주의 협회는 정신 나간 여성들, 모험이나 즐기는 여성으로 구성돼 있었다. 이들은 사악한 무리들, 가난뱅이들의 누추한 구석방, 정신병자들의 감금실에서 모집된 여성들이다."라면서 대단히 악의적으로 비판했다. 그의 비판은 지롱드파 의원 뷔조Buzot의 주장을 따른 것이다. "파리의 진흙 구덩이에서 모여든 이 정신 나간 여성들은 음란할 뿐 아니라 파렴치한 여자들이다. 이 여자 괴물들은 연약함에서 오는 잔인함과 여성들의 모든 악덕을 지니고 있다."[52] 두 부르주아 남성이 이런 지독한 모욕을 거리낌이 없이 표출한 것은 협회의 여성들이 민중계층이었기 때문에 가능했다. '혁명적 공화주의 여성시민협회'는 지롱드파의 타도를 제일의 목표로 삼았으니, 권력다툼에서 패배한 지롱드파 남성들이 증오에 가득 찬 편견으로 협회의 여성들을 창녀 취급했던 것이다. 라마르틴은 그들의 악의적인 비난을 그대로 답습했다. 분노에 가득 찬 부르주아들의 경멸은 왕당파들이 베르사유 행진에 나선 파리 여성들을 비난할 때 쓰던 말들과 비슷하다. 산악파인 쇼메트도 여성 투사들을 "비뚤어지고 남성 같은 여성들"이라고 하면서 "혁명모를 쓰고 거리로 달려 나온 부녀자들은 살림에 전념하지 않고 그 대신 공화국을 통치하려는 자들이다."라고 비난했다.[53] 공화주의 여성들에 대한 비난은 지롱드파와 산악파를 가리지 않았다.

그러나 시위에 적극 참여했던 여성들은 가정의 충실한 어머니로서 그 중에는 4명의 자녀를 양육하면서 다섯 번째 아이를 양자로 삼아 부양하는 여성도 있었으며, 협회의 구성원은 젊은 여성들보다 주부들이 더 많았다. 상호 교육, 공화국의 헌법과 법률에 관한 공부, 무고하게 희생된 모든 개인에 대한 옹호 등을 강조하는 협회의 강령을 볼 때도 남성들의 이런 비난은 터무니없는 것이었다. 여성 시민들은 정치적 요구만이 아니라 〈인간과 시민의 권리〉가 선언한 대로 교육기관의 설립과 국민교육을 요구했다. 강령에서도 강조한 것처럼 이들은 교육을 중요하게 생각했다.

협회의 여성들은 국민공회에 보내는 청원서에서 매춘부들을 수용해서 유익한 작업을 하게 하고 애국적인 독서를 통해 좋은 품성을 갖게 하라고 요구했다. 이 불행한 여성들은 대개 좋은 심성을 가지고 있지만 빈곤이 이들을 비참한 상태로 몰아갔다는 것이다. 지롱드파 남성들의 주장대로 협회의 여성들이 사악하고 타락한 여성들이었다면 이런 청원서를 발표하지 않았을 것이다. 협회는 강령에서도 "품성과 원칙이 없이는 자유도 없다."라든가 "좋은 품성과 태도를 가진 여성만을 회원으로 받아들인다." 등의 조항을 두어 품성을 특히 강조했다.

10월 30일 모든 여성협회의 해산이라는 결정에도 불구하고 국민공회는 11월 5일에 여성대표가 국민공회 난간에서 발표할 기회를 주었다. 여성대표는 10월 30일 법령에 항의하면서 '혁명적 공화주의 여성 시민협회'는 대다수가 가정의 어머니들로 구성되었다고 주장했다. 타락하고 불량한 젊은 여성들이 대부분이라고 규탄하던 남성들의 비난을 정면으로 부인한 것이다.

또한 1793년 12월 20일에 국민공회는 리옹 시 대표단과 대규모 여성대표단의 요구에 따라 감금된 자들을 조사하여 잘못 투옥된 죄수들을 석방하는 관인위원회를 구성하기로 결정했다. 이를 보면 여성클럽의 해체라는 결정에도 불구하고 여성들의 집단활동이 완전히 끝난 것은 아니라는 사실을 알 수 있다. 그러나 관인위원회는 며칠 후 폐지되었다.

7. 여성운동의 소멸

민중협회에 대한 탄압과 여성운동의 소멸

여러 여성클럽을 통해 하나의 정치세력으로 성장한 여성들은 1793년에 괄목할 만한 역할을 하였으며, 민중협회 안에서 여성의 위상도 커졌다. 여성클럽의 구성원들도 다양해졌다. 부르주아와 여성상인, 상점주도 있었지만, 가정부와 이혼녀가 만든 클럽도 있었다. 여성클럽이 성장하면서 시민축제 참여나 혁명적 활동 외에도 전통적인 자선 행위도 중요한 역할이 되었다.

그러나 공포정치가 시작된 후 산악파가 지배하던 국민공회는 반대파의 지도자들을 체포하면서 동시에 자신들을 지지하던 여성운동가들까지 체포했다. 그리고 '혁명적 공화주의 여성시민 협회'를 포함한 모든 여성클럽을 금지했다. 여성운동에 대한 배신이었다. 1793년 11월 3일에는 문필활동을 통해 정치적 주장뿐 아니라 누구보다 열렬하게 페미니즘의 주장을 펼쳤던 올랭프 드 구즈가 단두대에서 처형되었고, 닷새 뒤에는 지롱드파에 상당한 영향력을 행사했던 롤랑 부인이 뒤를 따랐다. 이들의 처형은 클레르 라콩브를 비롯한 다른 여성운동가들에 대한 협박이고 경고였다.

탄압에도 불구하고 여성들은 1793년 봄부터 가을까지 강도 높게 이루어졌던 활동을 통해 사회적으로 소외된 여성의 지위에 대해 자각했

다. 이들은 식량문제 해결뿐 아니라 여성의 투표권과 참정권 등 정치
적 평등을 요구했다. 투표권도 없는 여성들이 선거에 개입하기 위해
모든 수단을 동원한 것을 보면 눈물겨울 정도다. 선거가 진행 중인 장
소의 입구나 방청석에 많은 여성이 집결하여 온갖 방법으로 자신들의
의사를 알리고 투표의 방향을 유도하려고 시도했다. 1793년 새 헌법
을 제정할 때도 국민공회에 수많은 편지와 청원서를 보냈으나 새 헌법
은 투표권을 비롯한 여성의 정치참여를 허용하지 않았다. 시민권을 얻
기 위한 여성들의 적극적인 투쟁에도 불구하고 남성들은 여성들의 정
치참여의 길을 끝까지 막아버렸다.

　1793년 10월 모든 여성클럽이 폐쇄됐지만 여성들은 이에 굴하지 않

피에르-앙투안느 드마쉬, 〈혁명광장의 사형집행〉, 1793년경.
파리, 카르나발레 박물관 소장.

고 남녀혼성 클럽에 드나들고 각 구의 구민협회에 참석했다. 여성 투사들은 민중협회에서 구역의 정치활동을 감독하고 새로운 혁명적 사회의 수립에 참여했다. 아무리 작은 기회라도 놓치지 않았으며, 어떻게 해서든 자신들의 의사를 관철하기 위해 모든 노력을 기울였다. 온갖 탄압에도 불구하고 여성들의 정치사회적 참여 욕구는 그만큼 강했다.

여성협회의 해체를 결정한 국민공회는 여성의 참여를 허용한 민중협회보다 훨씬 더 보수적이라는 사실이 명확하게 드러났다. 이전부터 말단조직이라 할 수 있는 파리 각 구의 정치조직에 여성들이 깊이 개입되어 있었다. 남성들도 여성들이 구의 정치활동에 능동적으로 참여하는 것을 인정하고 있었다. 여성의 정치참여를 극구 봉쇄했던 중앙정부의 국민공회 의원들과는 달랐다. 주로 부르주아 계층에 속했던 국민공회의 산악파 의원들의 의식과 민중협회나 구민협회에 속한 민중들의 생각은 그만큼 거리가 있었다. 여성클럽이 금지된 이후에도 민중협회나 파리 각 구의 구민협회에 많은 여성이 참관한 것은 이러한 배경에서 나왔다.

하지만 모든 혁명세력의 중앙집권화를 꾀했던 혁명정부는 민중협회와 구민협회를 약화시키고, 궁극적으로는 이를 폐지하거나 정부기관의 테두리 안에 넣어 통제하고 싶어 했다. 이에 발맞춰서 일부 인사들은 여성클럽이 금지된 상황에서 여성들이 여전히 이들 협회에 활발하게 참여하고 있는 것을 비난했다. 그러자 남성만으로 이루어진 몇몇 협회들은 여성 참여 문제로 비난의 대상이 된 협회에 등을 돌렸다. 여성의 활동이 활발했던 민중협회 가운데는 외부의 공격 때문에 내부 분열이 일어나는 현상도 나타났다.

혁명정부는 정부의 통제를 거부하는 민중조직을 장악하기 위해 민중협회에 여러 가지 타격을 가했다. 구민협회를 상위조직에 가맹하도록 강제했으며, 이를 따르지 않는 협회를 공격했다. 혁명정부의 공격은 많은 구민협회의 해체를 가져왔으며, 민중운동은 점차 약화되었다.

혁명정부의 집요한 탄압으로 민중협회는 결국 자신의 존속과 여성의 배제 사이에서 양자택일을 해야 하는 상황에 놓이게 되었다. 1794년 5월 국민공회는 여성들의 구민회의 참여까지 금지했다. 여성들의 정치사회적 활동을 원천봉쇄한 것이다. 격앙파와 함께 민중운동을 벌이던 공화주의 여성협회에 대한 반감이 모든 여성운동에 대한 탄압으로 이어진 것이다. 국민공회의 공안위원회는 이미 클레르 라콩브와 폴린 레옹, 르클레르의 체포영장을 발급했다.

모든 권력의 중앙집중화를 꾀했던 국민공회가 여성운동과 민중운동을 탄압하면서, 민중운동의 구심점이었던 구민협회도 점차 사라져갔다. 그러나 민중의 지지를 받지 못하는 권력은 취약했다. 민중운동을 탄압하던 국민공회는 내부에서 온건파와 급진파 사이에 투쟁과 숙청이 이어져 각 파의 지도자들이 번갈아가며 단두대에 오르는 일이 계속되었다. 마침내 1794년 7월 27일 온건파에 의한 테르미도르 쿠데타가 일어나고, 공포정치를 이끌던 로베스피에르의 체포와 처형, 자코뱅 클럽의 폐쇄 등이 이어진다.

1793년 말부터 1794년 초까지 이어진 탄압으로 거의 소멸되었던 여성들의 정치적 활동은 1795년 4월과 5월에 발생한 최후의 민중봉기 때 다시 부활했다. 1795년 봄에 파리를 휩쓴 기근으로 민중들의 삶은 피폐해졌다. 이런 가운데 상퀼로트들에게 적대적인 정부에 대해 쌓인 불만으로 새로운 폭동이 발발한 것이다. 여성들은 다시 이에 앞장섰다. 그러나 정부는 더욱 가혹한 탄압으로 맞섰다. 5월에 여성들이 주도한 폭동이 진압된 후 국민공회는 여성들이 다시는 봉기에 참여하지 못하도록 모든 수단을 동원했다. 여성의 정치 집회 참석을 금지했으며, 집안에서 은둔하라는 명령과 함께 5명 이상 모일 경우 체포한다는 무지막지한 법령을 발표한 것이다.[54] 이때의 국민공회는 로베스피에르의 몰락 이후 다시 부르주아적 온건파였던 지롱드파가 잡고 있었다.

이제 여성들의 정치참여의 길은 완전히 막혔다. 조직을 만들고 시위에 참여할 권리까지 모두 박탈당했다. 국민공회는 이전까지 자유롭게 이루어졌던 여성들의 의회방청도 금지했다. 모든 정치적 모임의 참여를 금지했고 여성모임의 강제해산을 법제화했다. 그들이 이렇게까지 한 것은 여성을 집안에 가두려는 음모와 함께 강력한 여성 대중운동에 대한 두려움도 한몫했다. 동시에 여성운동에 대한 탄압을 민중운동을 억압하는 첫 단추로 활용했다. 여성운동은 전체 민중운동에 비해 수적으로 적었고, 정치적으로도 다른 조직화된 세력의 지원을 거의 받지 못하는 고립된 처지로서 민중운동의 가장 취약한 고리였기 때문이다. 공화주의 여성협회가 함께 했던 격앙파의 남성지도자들도 정치적 선전이나 자신들의 혁명활동에 공화주의 여성들을 활용했지만, 이들을 보조적 역할 정도로만 생각했을 뿐 여성의 정치적 권리에 대해서는 별 관심이 없었다.

대혁명 기간에 여성운동은 민중운동과 결합하여 한때 뜨겁게 타올랐다. 그러나 이러한 과정을 거쳐서 결국은 실패와 소멸의 길을 걸어갔다. 여성들의 뜨거운 열기에도 불구하고 그것이 성공했다면 오히려 이상할 정도로 전체 운동에 비해 여성운동은 사실 주변적이고 전위적이었다. 혁명기의 여성운동의 실패와 반페미니즘에 대해 여러 가지 견해가 있다. 미슐레는 "이 거대한 운동은 우연에 의해 질식해 버리고 말았다."라고 했지만, '거대한 운동'이라고 하기에는 혁명기의 페미니즘은 너무 짧았고 실제로 강력한 힘을 갖지도 못했다. 하지만 지금까지의 전개과정을 볼 때 과연 그것이 여성들 사이의 다툼이라는 우연에 의해 질식해 버렸다고 할 수 있을까. 여성운동을 이용했지만 페미니즘에 더해 적대적인 남성들이 장악한 국민공회는 애초부터 여성의 정치적 권리를 인정할 생각이 없었다. 공화주의 협회 여성들과 중앙시장 여성상인들 사이에 있었던 거리의 소동은 하나의 핑계였을 뿐, 국민공회는 여성운등의 탄압을 민중운동을 탄압하는 데 이용했다.

혁명운동과 반페미니즘

혁명기의 여성에 대한 지배적 이데올로기는 오직 아내와 어머니, 자녀교육의 담당자라는 역할뿐이었다. 그것을 벗어나고자 하는 것은 자연을 거스르는 잘못된 행동이며 타락이라고 남성들은 여성들에게 끊임없이 주입시켰다. 구민협회의 의장이며 대학교수였던 한 남성은 "젊은 여성들은 우리의 젊은 영웅들에게 용기를 북돋아 주고 그들에게 면류관을 준비하고 조국의 행복을 위해 자신들의 매력을 십분 발휘하라."는 주문까지 했다. 부르주아 남성들에게 있어서 여성은 애국심으로 남성들을 유혹하여 그들의 용기를 북돋아 주는, 남성의 하위에 속하는 부수적인 존재일 뿐이었다.[55]

혁명 초기에 여성들의 적극적인 참여를 부추겼던 남성 지도자들, 부르주아로 구성된 의회 세력은 결국 페미니즘을 거부했다. 바스티유 함락과 베르사유 행진, 1792년 8월의 튈르리 궁 공격 등 중요한 혁명적 대사건에서 민중과 여성의 힘을 빌려 군주정을 몰락시켰던 부르주아와 의회 세력은 절대왕정에 대한 적대감을 넘어 민중적 민주주의에도 경계심을 갖게 되었다. 여성운동에 대한 탄압은 민중운동을 탄압하기 위한 빌미였다. 혁명정부는 중앙집권화와 사회질서 회복이라는 핑계로 민중운동을 탄압하는 과정에서 가장 약한 고리인 여성운동을 먼저 탄압했다.[56]

혁명과 반혁명이 엎치락뒤치락하면서 여성의 권리는 더욱 쪼그라들었다. 나폴레옹 1세와, 그의 실각 이후 왕정복고로 등장한 부르봉 왕정은 여성의 권리를 더욱 약화시켰다. 나폴레옹은 여성을 남편의 지배하에 두는 가부장제를 법률적으로 보장하고 이혼법을 변질시켰다. 부르봉 왕정은 1816년에 이혼법을 아예 폐지했다. 여성들은 아무리 불행한 결혼생활을 하더라도 남편의 굴레를 벗어날 수 없게 되었다. 프랑스 여성들이 이혼의 권리를 되찾기 위해서는 1884년까지 기다려야 했다.

대혁명이 여성에게 아무것도 가져다주지 않은 것은 아니다. 정치적 권리를 제외한 사적인 권리 분야에서 봉건적 권리들이 소멸되면서 여성들도 상속권을 갖게 되었으며, 이는 다소나마 여성들의 경제적 독립에 도움이 되었다.

02부

혁명기의 여성 운동가들

　프랑스 혁명 과정에 집단으로 참여한 여성들은 성적 평등이나 여성의 권리를 찾겠다는 구체적인 생각으로 앞장선 것은 아니었다. 여성들은 혁명이 구체제의 특권을 폐지하고 신분적 불평등을 해소함으로써 새로운 사회를 건설할 것이라는 희망으로 참여했다. 여성에 대한 남성의 우월적 권리는 혁명이라는 대명제에 비하면 부차적인 것이라고 생각하거나, 혹은 혁명이 이루어지면 여성의 열악한 지위와 성적 불평등도 해결되리라고 믿었다. 그러나 전제적인 왕정이 사라지고 혁명정부가 들어서도 여성의 성적 불평등은 달라지지 않았다. 반면에 여성들은 집단봉기를 통해 혹은 민중협회나 여성클럽에 참가하면서 정치의식이 높아졌고, 여성의 권리에 대한 요구도 높아졌다.

　민중계급의 여성들이 기근의 시대에 빵 문제로 수차례 봉기에 앞장섰지만, 이들이 식량문제에만 관심을 가졌던 것은 아니다. 거리에서뿐만 아니라 의회 방청석이나 혁명법정 혹은 민중협회에서도 여성들을 종종 볼 수 있었다. 이들은 회의를 참관하고 때로는 큰 소리로 고함을 치면서 자신들의 요구를 알렸고 적극적으로 혁명에 가담했다. 여성들이 의회 방청석에 앉아 뜨개질하면서 참관했다고 하여 이들을 "뜨개질하는 여성들"이라고 부르게 되었다. 부르주아 남성들은 민중계급 여성들이 고함을 지르거나 거친 태도를 보인다고 해서 이들을 동물에 가까운 비이성적인 존재라고 깎아내렸다.

Les Tricoteuses Jacobines, ou de Robespierre.
Elles étaient un grand nombre à qui l'on donnait
40 Sols par jour pour aller dans la tribune des Jacobins
applaudir les motions révolutionnaires.
An 2.

장–바티스트 르죄르,
〈뜨개질하는 여성들〉, 1793년.
파리, 카르나발레 박물관 소장.

　일종의 식량투쟁이었던 민중여성들의 집단적 행동과 달리 좀 더 지적인 여성들은 본격적으로 여성의 시민적 정치적 권리, 남성과 여성의 평등한 권리라는 페미니즘의 목적을 위해 투쟁했다. 이들은 글이나 연설 등의 수단을 동원해 자신의 주장을 발표하고, 협회에 참가하여 다른 여성을 지도하거나 여성클럽을 조직하여 활동했다. 하지만 이 부류의 페미니스트들도 양성평등을 위한 투쟁을 보편적 사회변혁이라는 혁명의 대의명분과 연결시켰다. 이 여성들은 항상 소수였으며, 이들의 투쟁은 대부분의 혁명적 애국파 남성들에게 인정받지 못했다. 특히 지롱드파보다 산악파 남성들의 거부감이 더욱 심했다.

　혁명기 여성의 조직화와 정치적 활동은 1789년에서 1793년 사이에 혁명이 급진화하면서 정치적 활동공간이 전례 없이 개방된 시기에 나타났다. 이는 일정 부분 혁명의 성과라 할 수 있다. 민중협회 혹은 여성클럽을 중심으로 행동했던 여성들, 문필활동을 통해 개별적으로 운동을 전개했던 여성들이 모두 이 시기에 나타났다.

이 부류의 페미니스트 중에는 이름이 알려지지 않은 무명의 여성들도 있었다. 이들은 글로써 여성의 권리를 주장하고 목소리를 냈다. 1789년 7월 바스티유 함락 이후 의회가 헌법을 새로 제정하려는 움직임을 보이자, 이들은 여성이 처한 삶의 조건과 여성의 권리에 대해 의회의 주의를 끌고자 노력하면서 소책자를 발간했다. 이 책에서 한 여성은 여성의 행복 조건이 남성에게 달린 것인가, 구체제에서 특권적 지위를 누렸던 수도원은 없애버려야 할 악덕인가 등의 질문을 던졌고, 여성 이혼의 권리를 주장하기도 했다.

지도자적 위상을 가지게 된 소수의 여성은 민중계층은 아니지만 그렇다고 부르주아나 상류계층이라고 하기도 어려운 애매한 처지의 여성들이었으며, 대부분 가정주부나 어머니가 아닌 자유로운 조건의 여성들이었다. 여성은 신체적으로나 지적으로나 열등하고 의존적인 존재라는 폄하에 '가정을 수호하는 것이 여성의 미덕'이라는 주장까지 가세해 주부이자 어머니인 여성들을 어떠한 형태의 정치적 행동도 하기 어렵게 만들었다. 그러다 보니 정치적 행동에 나선 여성들은 사회적으로 고립된, 그래서 좋은 평판을 듣기 어려운 사회의 주변인적인 여성들이었다. 이러한 조건 때문에 이들은 더욱더 남자들의 극심한 공격의 대상이 되었다. 특권을 타파하고 평등한 세상을 만들겠다고 혁명에 앞장선 남자들도 계급에 대한 편견을 버리지 못했으며, 여성에 대한 편견은 더욱 심했다. 테루아뉴 드 메리쿠르, 클레르 라콩브, 올랭프 드 구즈 등의 여성 혁명가들이 이 부류에 속한다.

이 여성들과 달리 부르주아나 귀족 출신의 상류계층 여성들은 혁명에 동조한다고 해도 자신을 드러내지 않고 익명으로 활동하거나, 남편의 뒤에서 남편을 통해 혁명에 가담했다. 콩도르세 부인 소피Sophie de Condorcet나 롤랑 장관의 부인 마농 롤랑 같은 이가 대표적인 사례이다. 이는 여성의 정치 사회적 활동에 극심한 적대감을 가졌던 남성들의 공격을 피하는 방편이었다. 그럼에도 불구하고 남성들은 여성의 정치적 시민적 권리를 끝까지 부정했으며, 혁명이 가장 급진화했던 1793년에 페미니즘에 특히 적대적이었던 산악파는 여성들을 공적 무대에서 추방했다.

혁명의 소용돌이에 몸을 던지고 공화국의 대의를 위해, 혹은 혁명 후에도 긍적으로 전혀 인정받지 못했던 여성의 권리를 위해 투쟁했던 여성들 가운데 우리가 반드시 기억해야 할 여성들이 있다. 여성 문필가인 올랭프 드 구즈, 무명의 가수이자 배우였던 테루아뉴 드 메리쿠르와 클레르 라콩브, 지롱드파의 여신이라고 불렸던 롤랑 부인 등이다. 이 여성들의 투쟁은 당시에도 이해받지 못했지만, 오늘날에도 다른 의미르 이해받지 못하는 경향이 있다. 왜냐하면 그들이 인정받고자 투쟁했던 권리들은 오늘날 우리에게는 너무도 당연한 일상의 한 부분이기 때문에 당시의 투쟁이 잘 상상이 되지 않기 때문이다.

I. 혁명의 여전사, 테루아뉴 드 메리쿠르

'혁명의 여전사', '자유의 여신'이라고 불린 테루아뉴 드 메리쿠르
Théroigne de Méricourt, 1762~1817는 생전에 이미 프랑스 혁명의 전설이 된
여성이다. 깃털이 달린 모자와 붉은색 프록코트, 옆구리에 칼을 찬 아
름다운 아마존 여전사의 이미지에 몸을 사리지 않는 열정적인 혁명 활
동은 군중을 사로잡았으며, 자유와 평등을 위해 혁명에 투신한 사람들
의 가슴을 설레게 하는 혁명의 상징이었다. 사실과 전설이 뒤섞여 혁
명의 고비마다 중요한 사건에서 이름이 거론되었으며, 자신이 하지 않
았던 활동까지 덤터기 쓰면서 그녀의 역할은 과장되어 전해졌다. 여
기에 넘어간 반혁명 귀족 세력이 그녀를 납치해 오스트리아로 끌고 가
는 바람에 파리로 귀환했을 때는 혁명의 영웅이 되었다. 열정적인 혁
명 활동과 남다른 활기와 대담성, 납치와 귀환, 광증과 감금, 정신병원
에서 생을 마감하기까지 극적이고 굴곡진 생애가 더해지면서 전설은
더욱 풍부해졌다. 여러 역사가들, 왕당파 등의 반대파들조차도 인정한
그녀의 매력적인 미모도 테루아뉴의 전설을 형성하는 데 한몫했다.

"19세기 내내 테루아뉴의 삶은 프랑스와 고향인 벨기에인들의 상상
력 속에서 지혜와 무용武勇의 여신 미네르바, 아킬레우스를 사랑한 아
마존의 여왕 펜테질레이아, 아테네의 여사제 피티아, 국왕 살해자, 목
걸이 절도범으로 변주되었다."[1] 역사가들 역시 이러한 전승과 상상에
서 벗어날 수 없어 혁명기에 널리 퍼진 소문을 사실로 기술하는 사람

도 있었다. 승마복에 총과 칼로 무장한 용맹한 여성 투사의 이미지에
다가 그녀의 정신이상 선고까지 더해져 이는 혁명에 투신한 여성들의
행위를 일종의 광기로 모는 하나의 증거로 작용했다.▪ 대혁명 이후 50
년 정도 지난 뒤에 출간된 책에서 테루아뉴는 "그녀처럼 다양한 면모
와 함께 영롱하게 빛나는, 카멜레온처럼 변하는 존재는 어디에도 없었
다."[2]라고 묘사되기도 했지만, 19세기의 역사가들은 그녀를 때로는 매
춘부 취급하고 때로는 혁명의 영웅으로, 순교자로 묘사했다.

〈테루아뉴 드 메리쿠르의 초상화〉, 1816.
오귀스트 라페의 그림을 새긴 판화.

▪ 반여성주의적 혁명가들이나 역사가들은 테루아뉴는 물론 올랭프 드 구즈도 매춘부, 히스
테리 환자 등으로 취급했다.

19세기의 시인들은 그녀의 아름다움과 용맹함, 대담성 등을 칭찬하면서 테루아뉴를 '골Gaule족의 여사제'라 칭하기도 했다. 후대에는 프랑스 혁명의 전설이 된 테루아뉴에 관한 영화, 연극 등이 등장했다.

대혁명 이전의 테루아뉴

테루아뉴는 1762년 8월 13일 프랑스가 아닌 벨기에 리에주Liège 근처 마르쿠르라는 시골 마을에서 태어났다. 나중에 '아름다운 리에주 아가씨'라는 별명을 얻은 것은 이 때문이다. 부유한 농민의 딸로 태어난 테루아뉴 드 메리쿠르의 본명은 안 조제프 테르와뉴Anne Joséph Terwagne였다. 메리쿠르라는 이름은 고향 마르쿠르를 약간 변형시킨 것이다. 일찍 어머니를 여읜 테루아뉴는 친척집과 수녀원을 전전하다가 결국 재혼한 부친 집으로 돌아갔다. 모성애에 굶주린 테루아뉴는 계모에게 애정을 기대했지만, 계모는 그녀를 함부로 취급했다. 결국 테루아뉴는 이듬해에 집을 나와 남의집살이를 하게 된다. 그 사이에 부친은 소송에서 패하고 집안은 점차 경제적으로 몰락한다.

소를 치거나 부잣집 하녀 등으로 고달픈 생활을 하던 테루아뉴에게 새로운 기회가 찾아왔다. 열여섯 살에 콜버트 부인이라는 영국계 여성의 집에 하녀 겸 딸들의 친구로 들어간 것이다. 부인은 처음으로 테루아뉴를 애정으로 감싸준 여성이었다. 그녀는 테루아뉴를 자기 딸들과 함께 노래와 음악을 배울 수 있게 해주었다. 수도원에서 기초적인 교육을 받았지만, 이 시기에 좀 더 문화적인 교양을 갖추게 된다.

4년 후인 스무 살에 부인의 가족을 따라 영국으로 간 테루아뉴는 부유한 젊은 남자와 사랑에 빠져 1년 만에 청년을 따라 가출했고, 애인을 따라 파리로 왔다. 그러나 애인은 방탕한 생활에 빠졌고, 테루아뉴는 그를 포기하고 헤어졌다. 다행히 그는 그녀에게 거액의 돈을 남겨주었고, 테루아뉴는 이를 보석과 연금으로 바꾸어 이후의 생활에 대비했다.

테루아뉴는 유명한 테너 가수와 사랑에 빠지고, 그 즈음인지 혹은 뒤에 이탈리아에서인지 분명치 않지만 아이도 낳았다. 천연두에 걸린 아이는 곧 세상을 떠났으며, 아이의 아버지는 누구인지 불분명하다. 가수가 되고 싶었던 테루아뉴는 다른 가수와 이탈리아에서 가수 활동을 위한 계약을 했다. 이탈리아로 떠나기 전에 아버지의 죽음을 알게 된 테루아뉴는 두 남동생과 계모가 낳은 동생까지 데려와 뒤를 봐주고 공부를 시켰다. 자신의 음악 공부와 동생들의 공부를 위해서 이탈리아를 택한 것이다. 그녀의 재정담당자인 페르장 후작은 테루아뉴가 "음악에 대한 열정과 야망"에 사로잡혀 있다고 말했다. 후작은 나이 50이 넘었으며 그가 테루아뉴를 만났을 때 그녀의 나이는 26세였다. 왕당파 언론들은 이를 빌미로 혁명의 여전사가 가수와 후작, 두 남자와 모호한 관계를 맺었다고 떠들어댔다. 후작은 생동감 넘치고 아름다운 테루아뉴를 진심으로 사랑한 것 같다. 페르장 후작에게 보낸 편지에서 그녀는 매정한 채권자 역할을 하면서 그와의 관계를 끊었고, 이후 "실패한 가수". "화류계 여성"이라는 말을 듣던 생활도 떠나게 된다.

이탈리아에서 1년을 머물던 테루아뉴는 프랑스 혁명에 관한 소문과 함께 의회가 열리고 모든 사람이 참관할 수 있다는 말을 들었다. 이 중대한 사건의 증인이 되기 위해 테루아뉴는 파리로 돌아가기로 결심한다.

파리에 자리 잡은 뒤에도 끝까지 동생들을 보살피고 동생들의 앞길을 열어주기 위해 애쓰면서 거의 어머니 역할을 했다. 새로운 재정담당자인 페레고에게 남긴 편지를 보면, 동생들에게 돈을 얼마 보내라든가 동생들을 잘 보살펴달라고 부탁하는 내용이 반복된다. 유명한 은행가인 페레고는 그녀의 부탁을 충실하게 이행했다.

여기까지만 봐도 테루아뉴의 삶은 18세기 농촌 출신 여성들의 일반적인 삶과는 상당히 다르다. 불안정한 삶과 애정 결핍으로 고통받았고, 그래서 쉽게 연애사건에 휘말리기도 했지만, 모험을 두려워하지 않았으며 여러 나라를 여행하고 여러 사건을 겪었다. 고아나 다름없었던 고달픈 어린 시절과 젊은 날의 연애 사건, 실패한 가수의 꿈, 반화류계 생활이라고 할 수 있는 이탈리아에서의 방탕한 생활 등은 이탈리아를 떠나면서 모두 버리고, 이후 테루아뉴는 완전히 새로운 인생을 살게 된다. 프랑스 혁명의 소문을 듣고 파리로 달려온 가수 지망생 젊은 여성의 삶은 앞으로 어떻게 전개될 것인가.

19세기에 테루아뉴를 노래한 여러 편의 시에서 그녀는 대포 위에 올라서서 군중을 이끄는 위엄에 가득 찬 영웅, 아름다운 암사자, 해방의 천사 등으로 묘사되었다.[3] 사실과 전설이 뒤섞인 아름다운 젊은 여성, 혁명의 여전사는 후대에 연극과 영화의 좋은 소재가 되었다.

혁명의 여전사가 되기까지

테루아뉴가 마침내 파리로 돌아온 1789년 5월, 프랑스의 수도는 금방이라도 폭발할 것 같은 혁명의 뜨거운 열기에 휩싸여 있었다. 거처를 정한 테루아뉴는 신문을 열심히 구독하면서 사태를 이해하고자 노력했다. 매일 시내를 산책하면서 군중 속에 섞이기도 하고 호기심 가득한 눈으로 상황의 추이를 관찰했다.

혁명의 여전사라는 테루아뉴의 이미지가 워낙 강력해서 그녀가 이미 바스티유에서도 맹활약했다는 주장도 있지만 그것은 사실이 아니다. "7월 14일 아침 테루아뉴는 군중을 이끌고 무기를 찾으러 앵발리드Invalide로 갔다가 이어서 바스티유 공격에 나섰다. …… 테루아뉴는 그 공으로 1790년 6월 19일 법령에 따라 명예의 검을 받았다."[4] 라는 기록도 있지만 이는 잘못된 주장이다.

그즈음 테루아뉴는 새로 시작한 파리 생활에 호기심 가득한 눈으로 거리를 산책했다. 7월 14일 바스티유가 함락될 때도 파리의 팔레 루아얄 근처를 산책하면서 사람들의 동향을 알려고 했다. 사람들은 무기를 찾고 있었으며, 거리에는 무장한 사람들이 많았다. 거리에서 만나는 병사들에게 제3계급을 지지하느냐고 물어보는 테루아뉴의 행동은 좀 엉뚱해 보였겠지만, 호기심과 함께 혁명을 이해하려는 그녀의 의지를 보여주는 일화이다.

그녀는 납치당했을 때 쓴 진술서에서 "이 무렵 거리는 이기심이 사라지고 계층의 차이도 사라져 부자도 빈자도 모두 팔꿈치를 맞대고 가족처럼 대화했다. 사람들의 얼굴은 달라졌으며, 각자 공개적으로 자신의 성격과 능력을 드러내고 발전시켰다. 사람들은 영웅적인 태도를 보였으며 이러한 광경을 무관심하게 보는 것은 불가능했다."[5]라고 썼다. 파리 시민들의 혁명에 대한 기대와 희망이 눈에 보이는 듯하다. 시민들은 너그럽고 우애에 넘치는 모습이었으며, 이기주의는 사라지고 부풀어 오르는 혁명의 분위기에서 부자와 빈자의 구별 없이 서로 대등하게 대화를 나누었다. 누구를 무시하는 모습도 없었다. 이런 분위기에 감명 받은 테루아뉴는 의회의 토론을 더 잘 관찰하기 위해 의회가 있는 베르사유로 떠날 결심을 한다.

고아나 하녀와 다름없었던 어린 시절의 고달픈 생활, 실패한 연애, 실패한 가수의 꿈, 아버지를 알 수 없는 아이의 출산과 성병 등 고통과 수치로 점철된 이때까지의 삶이 프랑스 혁명이라는 대사건을 맞아 새롭게 태어난 것이다. 파리 시민들이 계층의 차이 없이, 부자와 빈자가 자유롭게 대화하고 우애를 나누는 분위기는 혁명이 자기 삶도 변화시킬 수 있으리라 기대하게 했다. 그리고 그녀는 이 변화에 적극적으로 뛰어들었다.

테루아뉴가 베르사유로 간 1789년 8월에 의회는 마침 프랑스 인권 선언을 토의하고 있었다. 테루아뉴는 매일 의회의 방청석에 나가 아침부터 저녁까지 의원들의 논의를 지켜보았다. 혁명을 이해하고 배우기 위해서였다. 그때 의회 방청석에서 참관하고 있는 여성은 테루아뉴가 유일했다. 파리에서 민중의 동요를 몸으로 체감하고 바스티유 함락을 지켜본 그녀가 베르사유까지 가서 매일 의회에 드나들며 의원들의 논의를 가까이에서 지켜본 것은 민중운동에 공감하고 상황을 이해하고자 하는 욕구가 강했기 때문이다. 10월 5일 파리 여성들이 베르사유로 행진할 때 테루아뉴는 이미 베르사유로 거처를 옮겨 의회의 논의를 방청하고 있었다.

팔레 루아얄의 거리가 첫 번째 학교였다면, 베르사유의 의회는 그녀에게 두 번째 학교가 되었다. 이러한 과정을 통해 테루아뉴는 혁명에 절대적으로 공감하고, 열정적으로 혁명에 뛰어들었으며, 민중의 운동을 따랐다. 특권계급에 맞서는 민중이라는 존재를 명확히 깨닫게 되었으며, 의원들에 대해서도 잘 알게 되어 귀족이나 의원에 대해 거친 비판을 할 수 있었다. 활기 넘치는 파리의 혁명 분위기와 의회 의원들의 불꽃 튀는 토론을 보며 자유를 향한 열정에 매혹된 테루아뉴는 이전의 가수 꿈이나 화류계 생활과는 완전히 다른 새로운 삶을 살게 된다.

> 의회는 내게 아름답고 대단한 광경이었으며 그 장엄함이 나를 감동하게 했다. 나도 위대한 감정을 느꼈으며 내 영혼은 새롭게 도약했다. 처음에는 모든 토론에서 많은 것을 이해하지 못했지만 나도 모르게 조금씩 깨우치게 되었으며, 마침내 민중과 특권계급의 입장을 알게 되었다. 그리고 정의와 올바른 권리가 민중 편이라는 깨달음을 얻을수록 나의 애국심도 높아져 갔다.[6]

10월 5~6일의 베르사유 봉기에서도 테루아뉴의 활약을 강조하는 역사가들이 있다. 미슐레는 테루아뉴가 베르사유 봉기 때 붉은색 프로코트를 입은 아마존 여전사의 복장으로 옆구리에 칼을 찬 채 다른 여성들보다 뒤늦게 도착했으며, 왕궁을 지키는 플랑드르 연대를 설득하여 그들을 무력하게 만들었다고 했다. 생기발랄하고 열정이 넘치는 테루아뉴는 여성들을 위협하는 병사들 사이를 다니면서 웅변을 토하고 그들을 달랬는데, 병사들은 처음에는 그녀를 비웃었지만 격렬하면서도 매력적인 그녀에게 지고 말았다는 것이다.[7] 그러나 테루아뉴는 10월 봉기 이전에 이미 베르사유에 와 있었으니, 이것은 사실이 아니다. 하지만 "혁명 초기에 그녀의 아름다움이 혁명을 열광케 했다."라고 한 미슐레의 말이 틀린 것은 아니었다.

테루아뉴가 아마존 여전사의 복장으로 군중을 지휘했다든가 베르사유 궁을 지키는 병사들에게 소요를 일으킨 민중들을 공격하지 않도록 돈을 나눠줬다는 주장도 있다. 그 여성이 테루아뉴인지는 분명치 않지만, 일부 여성들이 병사들에게 잠입해 군중들에게 발포하지 않도록 그들을 설득한 것은 사실이다. 그리하여 여성들은 큰 희생을 치르지 않고 궁에 들어가 국왕을 만날 수 있었다. 봉기에 나선 여성들과 왕궁을 지키는 병사들 사이에 일종의 우애, 혹은 신분을 초월한 동지적인 연대가 형성된 것이다. 프랑스 혁명의 이념인 자유·평등·우애의 정신은 이렇게 혁명의 장에서 실현되었다. 2024년 우리나라에서 일어난 12·3 친위쿠데타에서 국회의사당을 접수하러 온 군인들이 자신이 가진 압도적인 무력에도 불구하고 이를 막는 시민들에게 밀려주었던 것과 비슷한 일이 1789년 10월 베르사유 궁에서도 일어났던 것이다.

비슷한 증언은 여러 곳에서 나온다. 깃털이 달린 모자, 붉은색 아마존 전사의 복장과 옆구리에 찬 두 개의 권총, 칼을 든 모습은 테루아뉴의 초상에 자주 등장하여 전설이 된 모습이다. 국왕 일가가 파리 여성들에 의해 강제로 끌려온 10월 5~6일의 봉기에 특권층은 분노했고, 왕당파 신문들은 테루아뉴를 봉기의 주역으로 몰아세웠다. 사람들은 그가 베르사유 봉기를 조직하고 주도했다고 주장하면서 테루아뉴의 전설을 만들어 갔다.

민중봉기와 테루아뉴의 역할

이러한 전설을 사실로 만든 결정적인 사건이 샤틀레Chatelet 법정의 소송 과정■이었다. 그때까지 루이 16세는 여전히 왕위에 있었으며, 귀족들의 특권도 아직 사라지지 않았다. 귀족의 법정인 샤틀레 법정은 10월 봉기를 미라보와 오를레앙 공Duc d'Orléans이 왕비를 암살하고 루이 16세의 왕위를 찬탈하려는 음모의 결과라는 결론을 미리 만들어 놓고, 이러한 결과에 이르려는 은밀한 목적을 가지고 있었다. 특히 왕비 마리 앙투아네트에게 위해를 가하려고 했던 주범을 밝혀내는 것이 법정의 주요 목적이었다. 이 음모에 테루아뉴를 엮으려고 했지만, 테루아뉴는 오를레앙 공을 알지 못했고 미라보도 좋아하지 않았다.

법정어 제출된 400건이 넘는 진술 가운데 테루아뉴에 대한 언급은 서너 건게 불과했다. 붉은색의 아마존 전사 복장을 한 여성을 봤다는 사람, 곧은색 아마존 복장의 여성을 봤다는 증언, 이 여성이 말을 타고 군인들 혹은 무리 사이를 돌아다녔는데 사람들이 그를 테루아뉴 혹은 그 비슷한 이름으로 불렀다든가 혹은 병사들에게 작은 꾸러미를 나눠 주었다는 증언 등이다.

샤틀케 법정의 소송은 마리 앙투아네트 왕비를 위협한 자를 찾는 반국가적 범죄에 대한 재판이었기 때문에 누군가 혐의자를 찾아내야 했고, 증언자들은 서로 자기의 혐의를 벗어나려고 했다. 테루아뉴는 끝까지 부인했지만 1790년 여름에 파리 샤틀레 법정은 결국 그녀를 봉기의 주동자로 판결했다. 몇몇 증인들의 주장은 의심스럽고 전후 맥락이 맞지 않았지만, 이미 혁명의 전설이 된 그녀에게 모든 혐의를 씌운 것이다. 왕당파 언론들이 끊임없이 떠들어댄 것도 증인들이 무의식적으로 테루아뉴가 베르사유 봉기에서 앞장섰다고 믿게 만든 원인이었다.

후에 반혁명 귀족 세력이 그녀를 오스트리아로 납치하는데, 그때 심

■ 1789년 12월 11일부터 1790년 7월 29일까지 계속된 소송과정.

문받은 내용을 그녀는 기록으로 남겼다. '베르사유에서 왕궁의 철책 문을 닫게 했던 말을 탄 여성이 당신이냐'는 질문에 그녀는 이를 부인했다. 심문관이 1789년에 파리나 베르사유에서 말을 탄 적이 있냐고 묻자 "그 시절에 내가 단 한 번이라도 말을 탔다고 사람들이 증명한다면 그들이 원하는 대로 내게 무슨 짓을 하든 동의하겠다."[8]라고 대답했다.

테루아뉴가 오스트리아에서 진술한 내용에 따르면 파리 여성들이 베르사유에 도착했을 때 그녀는 의회를 나와 집으로 가는 중이었으며, 집에 도착했을 때 파리에서 온 굶주린 여성들을 보고 집에서 빵을 가져와 나눠주었다고 한다. 다음날인 10월 6일 시민들이 국왕의 가족을 파리로 데려갈 때도 자신은 따라가지 않았으며, 베르사유에 더 머물러 있다가 의회가 떠난 뒤에 자신도 파리로 갔다고 진술했다. 그러면서 파리 여성들의 봉기는 빵 부족 때문이었다며 수도의 식량을 책임진 자들의 잘못을 주장했다. 다시 말해 테루아뉴는 10월 5~6일에 베르사유에 있었지만, 그날의 봉기에 적극 가담한 것은 아니며, 앞장서서 무리를 지휘했다는 것은 더더욱 말이 되지 않았다.

테루아뉴가 실제로 맹활약을 한 것은 베르사유 봉기가 아니라 1792년 8월 10일에 있었던 튈르리궁 습격 사건이었다. 이날의 봉기에서 테루아뉴의 용맹성을 인정한 파리 시민들은 클레르 라콩브와 함께 테루아뉴에게 시민의 영관을 수여했다. 이날의 활약으로 테루아뉴에게 호전적인 아마존 투사라는 이미지가 더욱 굳어졌다.

1789년 10월 19일 의회가 국왕을 따라 베르사유에서 파리로 떠날 때 테루아뉴도 의회를 따라 파리에 와서 정착했다. 의회는 경마장에 자리 잡았다. 파리에서도 아침마다 의회에 나가 토론을 경청했으며, 마침내 의원들은 그녀를 '아름다운 리에주 아가씨'라고 부르게 되었다.

오스트리아에 납치되었을 때, 베르사유 폭동의 원인에 대해 무엇을 알고 있냐는 심문관의 질문에 테루아뉴가 말한 대답은 주목할 만하다. "민중은 그들의 권리로 알고 있는 자유에 대한 사랑과 극도의 열정에 취해 있었다. 또한 오랜 노예 상태에 한이 많다는 걸 알 수 있었다. …… 귀족들은 마치 우리가 11세기에 살고 있는 것처럼 행동하기를 고집했으며, 그들의 특권을 위해 확립된 모든 악습은 어떤 자원도 남겨놓지 않을 정도로 국가를 파멸 지경에 빠트렸다."[9] 그녀는 폭동의 진정한 원인을 정확하게 이해했다. 민중을 노예 취급하는 귀족들이 자신의 특권을 지키려는 아집으로 국가를 파멸로 이끌고 있다는 것이다. 가난한 민중들은 각자의 재산이나 토지에 대해 세금을 내는데, 부유한 귀족들은 온갖 사치를 누리면서도 세금을 내지 않았다. 이는 민중의 분노를 사기에 충분한 일이었다. 재정적으로 국가가 심히 어려운 상황에서도 귀족을 비롯한 특권계급은 조금도 양보할 생각이 없었다. 혁명의 거리에서 시민들의 동향을 관찰하고 의회의 토론을 지켜보면서, 어느덧 상당한 정신적 성장을 이룬 테루아뉴는 혁명을 이해하고 민중의 분노와 염원에 공감하면서 귀족들의 문제점을 정확하게 파악하고 비판했다.

테루아뉴의 살롱과 클럽 활동

의회를 따라 파리에 정착한 테루아뉴는 여전히 아침저녁으로 의회에 나갔으며, 그런 과정에서 많은 사람을 알게 되었다. 의회 의원이나 언론 출판계 인사들이 주변에 모여들기 시작했다. 그녀가 거처하는 그르노블 호텔은 의원들이 의회의 토론이 끝나면 모여드는 살롱이 되었다. 반혁명적 언론인 샹스네가 그녀를 '민주주의의 여신뮤즈'이라고 비웃듯이 말했지만, 그녀는 실제로 뮤즈가 되어 여러 혁명파 인사들의 중심이 되었다. 그녀의 살롱에 모이는 사람들은 테루아뉴를 '남다른 활기'와 '미묘한 상상력'을 가진 여성이라고 칭찬했다.

테루아뉴는 새로운 지식으로 자신을 채워나갔다. 민중클럽에서 활력이 넘치는 웅변을 토하고 여러 민중 집회에 참석하다가, 저녁에는 그를 기다리고 있는 저명한 의회 의원이나 언론인들과 시사문제에 관한 토론을 했다. 때로는 프랑스어와 플랑드르어를 섞어가며 혁명적 감정을 고양하는 시를 낭송하기도 했는데, 이는 사람들을 웃게 만들고 그녀의 사랑스러움을 배가시켰다. 분노한 여전사의 이미지와 달리 살롱에서 그녀는 정치적 문학적 열정을 지닌 매력적이고 사랑스러운 여성이었다. 그녀의 열정과 매력은 주위에 사람들이 모이게 했다. 그와 교류하던 정치인으로는 시에예스Sieyès, 페티옹Pétion, 브리소Brissot, 카미유 데물랭, 바르나브Barnave 등 주로 지롱드파의 인사들이었다. 수학자이며 국민공회 의원인 롬므Romme와는 특히 가까운 사이였다.

테루아뉴는 롬므와 함께 1790년 1월에 '법의 친구들Amis de la Loi'을 창설하고 자신의 집에서 일주일에 두세 번씩 회합했다. 이때는 자코뱅 클럽이 막 자리 잡은 때였으며 민중협회들이 발아하던 시기였고, 본격적인 여성클럽은 아직 생기기 전이었다. 롬므는 클럽의 목표를 설정하기 위한 많은 대화에서 테루아뉴가 얼마나 중요한 역할을 했는가를 증언했다. '법의 친구들'은 각 지역의 민중 위원회들과 연합을 모색했다. 그 목적은 민중이 그들의 권리의 존엄성을 알게 하는 것이었다.

테루아뉴는 혁명의 지속을 위한 중요한 조건으로 대중 교육을 주장했다. 세상 문제에 무지했던 젊은 여성 테루아뉴 자신도 거리의 토론에서, 의회에서 스스로 깨치면서 혁명을 이해했기 때문에 대중 교육의 중요성을 누구보다 잘 알고 있었다. 이처럼 일부 지도자들에 의한 혁명이 아니라 대중과 함께 가는 혁명을 중시했다는 점에서 상당한 통찰력을 보여준다. 그녀 자신이 기층 민중 출신이었기 때문에 민중이 원하는 것, 그들에게 필요한 것을 잘 알았기에 이러한 통찰력이 가능했다. 민중을 멀리했을 때 혁명은 실패할 수밖에 없다는 걸 그녀는 알았다.

협회의 20여 명 회원 가운데 테루아뉴는 유일한 여성이었다. 당시의 헌법은 일정한 금액 이상의 세금을 내는 '능동적 시민'에게만 투표권을 주었으며, 여성과 흑인, 유대인은 제외되었다. 그러나 협회는 재산에 따른 투표권 부여와 유대인 차별을 반대하면서 이 불공정한 법을 바꿔야 한다고 주장했다. 테루아뉴는 클럽에서 여성의 권리에도 힘썼다. 1월 말에 열린 회합에서 한 회원이 "아내에 대한 남자의 권리는 자녀에 대한 아버지의 권리와 마찬가지로 피보호자에 대한 보호자의 권리이다."[10]라고 했을 때 이에 항의한 사람은 테루아뉴 한 사람밖에 없었다. 페미니스트였던 롬므조차 이날은 입을 다물었다.

1월 말부터 협회 내부에서 문제들이 발생했다. 온건파와 혁명파 사이의 갈등이 터져 나왔고, 사람들은 점차 회합에 나오지 않게 되었다. 결국 1790년 3월 내부의 갈등으로 인해 회원들이 떠나고, 협회는 '코르들리에 클럽'에 합쳐졌다.

테루아뉴는 혁명 과정에서 자신이 여성이기 때문에 외톨이가 될 수밖에 없는 외로운 현실을 인식했지만, 그래도 자유를 위한 투쟁을 덤출 수 없었다. 클럽이 실패한 원인을 그녀는 "충분한 재능도 경험도 없었고, 또 내가 여성이기 때문이었다. 그것은 다른 성남성의 눈에는 커다 란 결함이었다."[11]라고 말했다. 그러나 대부분의 애국적 의원은 그녀를 평가해 주었다.

1790년 2월 말은 그녀의 경력에서 가장 큰 성공을 거둔 시기였다. '법의 친구들'이 잘 안되자, 테루아뉴는 코르들리에 클럽에 일종의 자 문 자격으로 받아들여지기를 희망하면서 연설 기회를 얻었다. 고전에 서 빌려온 화려한 수사와 유창한 언변으로 바스티유 자리에 의회를 세 우라는 연설은 좌중을 사로잡았다.

코르들리에 클럽에 나타난 테루아뉴를 회원들은 여왕처럼 맞아들 였다. 그녀가 가장 빛나던 순간이었다. 카미유 데물랭은 그의 신문에 서 이 장면을 생생하게 보여주었다. 테루아뉴가 나타나자 입구에서 웅성거리는 소리가 들리고 연설하던 사람은 말을 멈췄다. 붉은색 자 켓을 입은 아름다운 아마존 여전사가 나타난 것이다. 그녀의 등장에 열광한 한 멤버가 "시바의 여왕이 지역의 솔로몬들을 보러 왔다!"라고 외쳤다. 테루아뉴는 그 말을 받아 당신들이 솔로몬임을 증명해달라고 응답했다. 그러면서 비어 있는 바스티유 자리에 의회 건물을 세울 것 을 화려한 수사와 웅변적인 연설로 제안했다. "국민의회가 머리 둘 데 없는 노아의 비둘기처럼 때로는 천막 아래, 때로는 정구장에, 때로는 경마장으로 거처를 옮기는 것을 아직도 더 봐야 하는가?"[12]라고, 질 타하면서 바스티유 자리에 국민의회 건물을 세우는 것이 그대들이 할 일이라고 강조했다. 그의 수사학적인 아름다운 연설을 보면 테루아뉴 가 상당한 문학적 교양을 지녔음을 알 수 있다. 〈프랑스어에 관한 에 세이〉라는 테루아뉴의 글을 보면 그녀가 수사학 개론 같은 책을 통해 서 혹은 유명한 글귀나 연설의 한 부분들을 베끼면서 글쓰기와 말하는

법을 배웠다는 내용이 나온다.[13] 늦은 나이에 글을 배웠지만 쉬지 않고
노력했다.

> 레바논의 삼나무와 (크레타의) 이다 산의 전나무를 베어내시오. 아! 만으
> 에 돌들이 스스로 움직인다면 그것은 테베의 벽을 세우려는 것이 아니라
> 자유의 신전을 건설하려는 것입니다. …… 진정한 불멸의 신전은 인권선
> 언이 선포되었던 바로 그 신전입니다. 국민의회 안에서 인간과 시민의 권
> 리를 요구하는 프랑스인들, 최고의 존재(신을 의미함)는 이 광경을 만족스럽
> 게 내려다볼 것입니다.[14]

반면에 테루아뉴의 빛나는 연설을 비난하는 언론도 있었다. 민중의
비참함과 불평등을 외면하고 쓸데없이 거대하고 호화로운 계획을 제
안했다는 것이다. 옛 수녀가 만든 잡지 〈여성 관찰자〉는 테루아뉴를
헐뜯으면서, 그녀의 목적은 단지 주목받기 위한 것으로 코르들리에를
놀라게 하고 파리를 웃게 했으며 자신이 대단한 저명인사라도 되는 듯
이 행동했다고 비난했다.[15] 혁명에 적대적이었던 가톨릭을 대변하는
듯한 글이었다. 당시 여성들이 모두 테루아뉴가 될 수는 없었다. 왕당
파 신문이나 가톨릭의 영향을 받은 여성들은 반혁명적이었으며, 혁명
의 여전사 테루아뉴를 괴물 취급했다. 그러나 카미유 데물랭은 계속해
서 그리스 시인 핀다로스 이야기의 이미지가 뒤섞인 활기찬 테루아뉴
의 연설이 상당한 효과를 거두었음을 강조했다. 열렬한 박수갈채에 뒤
이어 의원들은 그의 제안을 검토하고 테루아뉴에게 선각자라는 칭찬
과 함께 파리와 프랑스 전체에 이를 알리는 글을 보내기로 했다.
테루아뉴의 제안은 의회에 전해졌으나 바스티유 자리에 의회를 건설

하는 일은 실현되지 않았다. 그녀의 발의에 감사를 표했지만, 의회의 주장은 이상했다. 여성도 남성처럼 영혼과 이성을 갖고 있으며, 이를 잘 사용하는 것을 막을 수는 없다, 그리고 모든 여성은 조국에 이로운 것을 언제라도 제안할 수 있다, 그러나 국가적 문제는 다르다면서 테루아뉴가 구區의 클럽에서 단순히 의견을 제시할 수는 있지만, 의회에서 그녀의 제안을 논의할 필요는 없다는 것이었다. 논리적 모순과 위선은 물론 '여성의 제안 따위'를 남성들의 전당인 국민공회에서 논의할 이유가 없다는 의원들의 오만함, 국가적 대사에서 여성을 배제하려는 의도가 적나라하게 드러나는 주장이다.

연설을 마친 후 테루아뉴는 코르들리에 클럽에 가입하기를 원했다. 그러나 그녀의 등장과 연설을 열렬한 박수로 환영했던 클럽의 남성들은 테루아뉴의 가입을 허락하지 않았다. 열렬한 환영과 연설에 대한 칭찬, 회원 가입 거절이라는 이 모순된 태도는 설명 불가능한 남성들의 반페미니즘적 특권의식과 다름없다. 여성이 아무리 뛰어난 활약을 보여줘도 금단의 벽은 견고했다. 여성은 남성과 동등한 시민으로 인정할 수 없다는 것이다. 여성들에 대한 남성들의 이율배반적이고 위선적인 태도와 주장은 혁명 과정 곳곳에서 드러난다.

그래도 테루아뉴는 실망하지 않고 새로운 클럽을 만들고자 했다. 우애와 정의, 시민들 자신의 권리를 자각하도록 하는 것을 목표로 하는 일종의 인권 클럽을 만들려고 했지만 역시 실패했다.

테루아뉴에 대한 악의적 보도,
왕당파 언론의 소설 쓰기

새로운 의회 건설이라는 테루아뉴의 제안이 국민공회에 전해지자 왕당파들은 격렬하게 분노했다. 특히 반혁명파의 주요한 언론이며 왕당파 신문이었던 〈사도행전〉은 집요하고 신랄하게 테루아뉴를 모욕하고 공격했다. 반혁명주의자들, 왕당파, 귀족들은 10월의 베르사유 봉기 이후 여성들, 특히 여성 집단에 대해 분노와 증오심을 느꼈다. 감히 군주의 자리를 뒤흔들었기 때문이다. 그러나 집단을 대상으로 증오를 표현하는 것은 사람들의 분노를 일으키기에 적합지 않았다. 분명한 대상이 필요했던 것이다. 이들은 〈사도행전〉을 중심으로 모여 테루아뉴를 공격의 표적으로 삼았다. 테루아뉴의 유명세, 그녀의 미모, 주위에 모여든 저명인사 등이 공격의 표적으로 적당했기 때문이다.

그들은 테루아뉴를 "사악한 삶, 초라하고 불건전하며 방탕한 생활로 망가진" 여자라고 혹평했다. 포퓔뤼스Populus, 미라보와 모든 미천한 자들이 돈주머니를 들고 테루아뉴의 집에 드나들고 있으며, 테루아뉴는 남자 같은 용기와 애국심, 열정적인 웅변으로 그가 여성이라는 사실을 잊게 만든다고 비난했다. 남자 같으면 칭찬받아 마땅한 장점들이 여성에게는 비난의 이유가 되는 것이다. '여성다움'이라는 이데올로기에 사로잡힌 남자들의 편견이 적나라하게 드러난다.

사실 테루아뉴는 자신이 한 일보다 더 유명해져서 많은 적을 갖게 되었다. 때문에 반혁명주의자들과 왕당파 신문의 공격 표적이 되었으며, 그들의 집요한 공격이 그녀의 유명세를 더욱 높였다. 그들은 테루아뉴를 깎아내리기 위해 기묘한 여전사의 이미지를 덧씌우고, 여러 남성

의원과 엮어서 온갖 해괴한 이야기를 만들어냈다. 국민공회 의원 포퓔뤼스가 그들의 희생양이 되었다.

왕당파인 샹스네는 테루아뉴를 민주주의의 뮤즈(여신), 혹은 공적 권리에 대한 가르침을 주는 비너스라고 비꼬면서 그녀의 매력과 자유에 대한 열정을 한껏 칭찬했다. "그녀의 사교계는 하나의 학교이며 …… 그의 학생으로는 시에예스 신부, 빌르뇌브의 페티옹, 바르나브, 행운아 포퓔뤼스가 있다. 그녀는 곧 그에게 결혼이라는 마르지 않는 사랑의 면류관을 씌워줄 것이며, 그것은 내 인생의 불행이 될 것이다. 그들이 국민공회에서 한 연설 가운데 가장 박수를 받고 가장 우아하며 가장 애국적이었던 부분들은 테루아뉴가 쓴 것이거나 그에게서 영감을 받은 것들이다. 그가 거처하는 블루아 거리의 그르노블 호텔은 소생하는 프랑스의 중심이 되었다."[16]라고 하여 그녀를 칭찬하는 건지 비꼬는 건지 모를 주장을 펼쳤다.

샹스네는 포퓔리스와 테루아뉴가 곧 결혼할 것처럼 썼지만 포퓔뤼스는 그녀를 알지도 못했다. 다만 그의 이름 포퓔뤼스Populus가 대중 혹은 인민을 의미하는 푀플peuple을 연상시킨다는 이유로 테루아뉴를 비난하는 데 그가 선택된 것이다.

〈사도행전〉은 테루아뉴와 포퓔뤼스의 결혼식을 요란스럽게 보도하면서 온갖 가짜 뉴스를 양산해 냈다. 있지도 않은 결혼식에 참석한 혁명 인사들의 실명을 거론하면서 깎아내리고, 갑작스럽게 왕당파의 음모가 알려지면서 소동이 벌어지고 결혼식 파티는 엉망이 된다. 사람들은 도망가기 바빴는데 테루아뉴도 포퓔뤼스를 버리고 혼자 도망갔다는 것이다.

〈사도행전〉은 심지어 '테루아뉴와 포퓔뤼스, 혹은 민주주의의 승리'

라는 제목의 드라마를 싣기도 했다. 거기서 포퓔뤼스는 테루아뉴를 사이에 두고 데물랭 혹은 미라보와 경쟁하는 사이로 그려진다. 주인공 테루아뉴는 하루 이십 명의 의원들이 꺼지지 않는 사랑의 불꽃을 고백하며 내 칼밑에 엎드린다고 노래한다. 왕당파 독자의 요구에 부응하는 황당하기 이를 데 없는 내용들이 〈사도행전〉 여러 호에 걸쳐 게재되었다. 여러 저명인사를 테루아뉴의 애인으로 만들어 그녀의 경박함, 문란함 등을 강조하려는 악의가 노골적으로 드러난다. 반면에 미슐레는 "테루아뉴는 매일 국민공회에 가서 한 마디도 놓치지 않고 들었다. 왕당파 신문 〈사도행전〉은 그녀를 의원 포퓔뤼스와 결혼시키지만, 그는 테루아뉴를 알지도 못한다."라고 사실을 밝혔다.[17] 실제로 엉터리 기사를 쓴 필자도 30년 후에 자기 기사가 거짓이었음을 고백했다.

〈사도행전〉은 테루아뉴를 끝까지 놓아주지 않았다. 그들은 테루아뉴의 편지라고 주장하는 글들을 출간했다. 어느 신부의 이름을 거론하면서 테루아뉴가 동거 중인 남자를 두고 바람피우는 듯이 암시하는 편지글은 요즘 같으면 명예훼손으로 고발될 만한 내용이었다. 그 밖에도 이 신문은 테루아뉴와 다른 남자의 관계를 폭로하거나 포퓔뤼스가 혁명의 적들과 교류한다는 식의 마타도어를 계속했다.

같은 시기에 창간된 〈경마장 연대기〉라는 신문은 한술 더 떠서 '테루아뉴의 출산'이라는 제하의 만평을 실었다. 테루아뉴는 바람둥이며 남자에 미친 여자인데, 의원들은 모두 그녀가 낳은 아이의 아버지라고 주장할 수 있다는 것이다. 그녀가 의회 연단에서 바르나브, 미라보 등의 여러 의원을 아버지로 가진 아이를 출산했다는 내용이다. 〈사도행전〉에 실린 내용들을 뒤섞어 만들어낸 것인데, 반혁명주의자들이 여성 혁명가를 다루는 저열한 방식이 차마 눈 뜨고 보기 어려울 정도이다. 테루아뉴를 방탕한 여자로 몰아가는 왕당파 신문들의 협력 작업은 1791년에 절정에 이르러 그녀는 위험하고 방탕한 여자라는 명성이 자리 잡게 되었다.

〈지롱드파의 역사〉를 쓴 라마르틴은 테루아뉴가 먼저 저명한 혁명가들에게 달라붙어 그들의 힘을 이용하고, 자신의 매력에 비싼 값을 지불하는 돈 많은 호색한들에게 접근했다는 식으로 대단히 모욕적이고 악의적인 평가를 했다. 하지만 롬므의 자필 기록에 의하면 이것이 얼마나 터무니없는 모함인지 알 수 있다.

왕당파들의 언어에서 혁명은 방탕으로 연결되었으며, 자유는 성적인 방종과 동의어가 되었다. 그러나 18세기 말의 귀족 사회의 풍속도를 생각하면 아이러니를 느끼게 된다. 혁명 직전인 1782년에 출간되어 여러 차례 영화화가 된 라클로Laclos의 소설 《위험한 관계》는 당시 사교계의 허영과 성적 욕망, 방종을 적나라하게 보여주는 작품이다. 공공연하게 정부를 두고 있는 귀족 남녀들, 여성의 정조를 두고 내기를 거는 타락한 남녀들이 등장하는 이 소설은 1789년 대혁명 발발 직전의 프랑스 귀족 사회를 사실적으로 묘사했다는 평가를 받는다. 그런 왕당파 귀족들이 소설 쓰듯이 혁명가들의 성적 방종을 지어내어 덮어씌우는 수법은 저급하다 못해 참담한 수준이다. 그들은 특히 사회적 계층이 낮은 여성 혁명가들을 성적으로 문란한 여성으로 만들어 모욕하기를 서슴지 않았다. 이 여성들은 출신 계층에 따른 차별과 여성이라는 성적 차별의 이중고를 겪을 수밖에 없었다.

테루아뉴의 납치

샤틀레 법정은 테루아뉴를 베르사유 봉기에서 왕비 앙투아네트를 위협한 여성들의 우두머리로 지목했다. 체포될 위험에 처한 테루아뉴는 파리를 떠나 고향 벨기에의 리에주로 갈 결심을 했다. 저지르지도 않은 죄로 감옥에 갈 수는 없었기 때문이다. 그녀의 고백에 의하면 파리를 떠나는 데 큰 유감은 없었다고 한다. 의회의 방청석에서 종종 불쾌한 일을 당했기 때문이다. 테루아뉴의 열성과 솔직함이 마음에 들지 않았던 귀족 출신 의원들은 그녀를 비웃었고 때로는 함정에 빠트렸다. 애국파 의원들도 도와주기는커녕 자신을 웃음거리로 만들었다는 것이다. 게다가 자신을 10월 봉기의 주역으로 샤틀레 법정에 세우는 데 분노하여 별 미련없이 프랑스 혁명을 떠났다고 주장했다.[18]

테루아뉴가 고향인 벨기에의 리에주로 떠날 무렵 벨기에의 상황은 평온하지 않았다. 18세기 초 이래 벨기에는 오스트리아의 지배를 받고 있었다. 그러나 프랑스 혁명의 영향을 받은 벨기에인의 반란으로 1789년 10월 쫓겨났던 오스트리아군은 이듬해 1월 다시 리에주를 점령했다. 이 때문에 테루아뉴가 리에주에서 봉기를 일으키기 위한 사명을 띠고 갔다고 주장한 사람도 있었다. 그러나 테루아뉴는 파리의 혁명 열기에서 벗어나 리에주 가까운 고향 마르쿠르에서 조용하고 평화로운 전원생활을 즐기고 있었다. 고향집에 돌아간 기쁨으로 파리의 혁명도 거의 잊고 어린 시절 친구들을 만나 즐기기에 바빴다고 한다. 혁명 사상을 얘기하기도 했지만, 봉기를 일으키기 위한 비밀요원으로 파견됐다는 말은 터무니없는 과장이었다.

그러나 브뤼셀에 있던 프랑스 망명 귀족 아르장토 백작은 리에주에 있는 그녀의 존재를 알고 납치 계획을 세웠다. 마리 앙투아네트의 측근이던 백작은 테루아뉴가 10월의 베르사유 봉기에서 왕비를 위협한 무리의 우두머리라고 믿었기 때문이다. 1791년 2월 15일 망명 귀족들은 왕비의 복수를 위해 테루아뉴를 납치했다. 그들은 테루아뉴를 마리 앙투아네트의 오빠 레오폴드 2세Leopold II가 통치하는 오스트리아로 보낼 생각이었다. 한밤중에 테루아뉴의 거처를 찾아간 납치자들은 잠든 그녀를 깨우면서 피에 굶주린 왕당파들이 당신을 쫓고 있는데, 우리는 그들의 손에서 당신을 구하기 위해 왔다고 속였다. 속임수는 효과가 있었다. 그들이 늘어놓는 장광설 앞에서 테루아뉴는 혼란과 불신, 불안과 함께 한편으론 고마움을 느끼면서 서두르는 그들을 따라 마차에 올랐다.

어딘지 모르는 먼 길을 가는 동안 납치자 가운데 한 사람이 프랑스 인권선언을 비꼬는 듯한 말을 했다. 테루아뉴는 이들의 정체를 의심하면서도 뺨이 발갛게 되도록 열띤 어조로 새로운 시대가 왔음을 알렸다. 그들이 누구이든 간에 새로운 진리인 인권선언을 가르치고 이해시키고 싶었다. 마침내 이야기가 10월의 베르사유 봉기에 이르렀다. 민중이 국왕에게서 인권선언의 인정을 받아낸 일, 민중과 병사들 사이에 이루어진 연대와 우애 등을 말하면서 그날의 일들을 떠올렸는지 그녀는 눈물을 흘렸다. 봉기에 나선 여성들에게 발포하지 않도록 병사들을 설득한 사람이 테루아뉴는 아니었지만, 왕궁에 들어가려는 여성들과 이를 막아야 할 병사들 사이의 신분을 뛰어넘는 동지적인 우애와 연대는 그녀에게 깊은 인상을 남겼다.

2024년 겨울, 양곡법에 대한 자신들의 요구를 세상에 알리기 위해 멀리 경상도와 전라도에서 트랙터를 몰고 올라온 농민들이 서울의 관

문인 남태령 고개에서 경찰에 막혔던 사실을 우리는 모두 알고 있다. 그때 20.30대 여성들이 남태령으로 달려가 농민들과 함께 하면서 세대와 신분을 뛰어넘는 뜨거운 우애와 연대의 모습을 보여주었다. 이 젊은 여성들이 농촌과 농민의 현실에 대해 깊이 알지 못하더라도, 중요한 것은 농민이라는 힘없는 약자를 위해 그 추운 밤에 달려와 그들과 함께 하는 아름다운 연대를 보여주었다는 사실이다. 찬바람 부는 고개에서 밤을 지새는 농민과 젊은 여성들이 몸을 녹일 수 있도록 난방버스를 보내준 시민들, 먹거리를 배달시키고 음식차를 보내준 사람들, 그날 밤 남태령은 농민과 여성들, 뜻을 같이 하는 의로운 시민들의 마음이 모인 따뜻한 연대의 장으로 우리 모두에게 깊은 감동을 주었다. 테루아뉴가 베르사유 봉기에서 병사들과 여성들의 연대에 눈물을 흘릴 정도로 감동한 것도 같은 마음이었을 것이다.

납치자들은 처음에는 친절하고 정직한 척했지만 계속해서 프랑스 혁명의 사건들에 대해 질문을 던졌다. 나중에는 가면을 벗고 집요하게 애국자들에 대한 적대감을 보였다. 그들의 가장 큰 관심사는 프랑스에서 일어난 사건들에 그녀가 어떻게 연루되었는가 하는 사실이었다. 목적지까지 가는 동안 이들은 계속 테루아뉴를 심문했다. 나중에 쿠프슈타인 요새에 갇혔을 때, 테루아뉴는 심문관의 질문에 답하면서 그대한 대답은 과장되거나 거짓이었으며, 납치자들이 자신을 속인 것을 알고 그들을 비웃기 위해 거짓말을 했다고 고백했다.

납치자들은 오스트리아에 잘 보일 생각으로 테루아뉴를 혁명의 와중에 있었던 온갖 사건의 주인공으로 만들어 강압적으로 그녀에게서 답을 끌어냈다. 그리고 그 내용을 기록하여 〈진술과 자백〉이라고 이름을 붙였다.

오스트리아 당국은 테루아뉴의 납치를 절대 비밀에 부치기를 원했다. 그녀에게 가명을 붙여주고 세상에 알려지지 않게 조심했으나 파리의 왕당파 신문들은 이를 알아내고 떠들어대기 시작했다. 신문들은 그녀가 혁명의 사명을 띠고 리에주로 갔다고 주장했다. 익명의 팸플릿은 이를 더욱 발전시켜 그녀가 자코뱅의 지령을 받고 4~5명의 열성적 애국파들과 함께 갔으며, 불행히도 오스트리아 장군에게 붙잡혀 교수형에 처해졌다고 주장했다. 테루아뉴가 교수형에 처해졌다는 엉터리 소문은 파리 전역에 퍼졌다.

같은 해 4월에 〈모니퇴르〉가 비교적 사실에 맞는 기사를 실었다. 테루아뉴가 납치되어 비엔나로 보내졌다는 사실과, 이런 야만스러운 일에 황제가 연루되었다는 의심을 받는 것만으로도 치욕스러운 일이라고 했다. 테루아뉴는 실제로는 비엔나가 아닌 티롤 지방의 쿠프슈타인 요새로 보내졌다.

감금과 심문,
쿠프슈타인 요새에 갇힌 테루아뉴

테루아뉴를 납치한 프랑스 망명귀족과 오스트리아 황제의 가신들 사이에 주고받은 편지를 보면 그들이 테루아뉴를 매우 중요한 인물로 여기고 있음을 알 수 있다. 이들은 테루아뉴가 프랑스 혁명의 주동자들로부터 리에주와 오스트리아령 네덜란드에서 소요를 일으키라는 밀명을 받고 파견된 첩자라고 진심으로 믿었다. 그래서 그녀에게서 프랑스의 국가적 기밀과 국왕 가족이 처한 상황 및 자코뱅 클럽의 활동에 대한 정보를 얻어내려고 했다. 특히 베르사유 사건에서 그녀가 한 역할을 상세하게 알아내는 것이 무엇보다 중요했다. 왕비 마리 앙투아네트의 안위와 관련해 그녀가 어떤 역할을 했는지 알아야 했기 때문이다. 그뿐 아니라 파리의 혁명 지도자들의 역할과 성격, 그들의 목적 등을 비롯해 누가 가장 대중에게 영향력을 가졌는지까지 알고 싶어 했다. 특히 프랑스 왕가의 개개인에 대한 대중의 여론, 혁명 지도자들 각자가 국왕 가족에 대해 가지고 있는 생각 등을 알아내라고 심문관에게 요구했다.[19] 오스트리아 황제와 당국의 가장 큰 관심은 황제의 누이 마리 앙투아네트의 안전에 관한 일이었다.

테루아뉴는 빈에 가서 황제를 만나면 자신의 진실을 알아줄 거라는 믿음을 가졌지만, 그녀의 희망과 달리 티롤 지방의 쿠프슈타인 성채에 감금되었다. 감금되는 동안 그녀는 남동생들에게 여러 통의 편지를 보내 자신의 상황을 알렸다. 남동생은 테루아뉴의 재정담당자인 페레고에게 사실을 알리고, 누나가 풀려날 수 있도록 도와달라고 간청했다.

테루아뉴에 대한 심문은 판사 드 블랑에게 맡겨졌다. 심문관 드 블랑을 대하는 테루아뉴의 태도는 명확했다. 의견의 자유는 누구도 막을 수 없으며 그것은 범죄가 아니라고 주장하는 그녀는 귀족과 고위 성직자들에 대한 반감을 숨기지 않았다. 특권계급은 사회적 이익을 독점하고 아무런 책임도 지지 않으며, 그들만이 민중을 지배할 수 있다고 믿는 계급이다. 이들이 존재하는 한 민중의 자유는 없으니 특권적 질서를 폐지해야 한다고 주장한 것이다. 비록 납치당해 요새에 감금된 상황이었지만, 테루아뉴의 태도는 늘 당당했다. 표현의 자유와 특권의 폐지에 대한 그녀의 의지는 확고했으며, 이는 당시 혁명을 열렬히 환영하고 이에 뛰어들었던 일반 민중들의 생각이기도 했다. 테루아뉴가 민중의 환영을 받았던 것도 그녀가 항상 민중이 원하는 것을 함께 했기 때문이었다. 납치자 중 한 사람이 심문관과 함께 요새에 찾아왔을 때 테루아뉴는 벌떡 일어나 달려들 듯이 그에게 몸을 날리다가 이글거리는 눈빛으로 그를 노려보고는 돌아섰다. 요새에 갇혀 풀이 죽어 있으리라 생각했던 납치자는 대단히 놀랐다. 그녀는 언제나 자부심 강하고 냉소적인 혁명 전사였다.

테루아뉴의 진술과 납치자들의 보고서에 서로 모순되는 부분이 많아 진실을 알고자 했던 심문관 드 블랑은 프랑스 귀족을 초대했다. 드 블랑은 맡은 일에 충실하고 엄격한 관리였으며 정확한 사실을 알고자 했다. 귀족의 진술은 터무니없는 부분이 많았으며, 이들은 테루아뉴의 역할을 실제보다 훨씬 더 과장되게 생각했다. 테루아뉴가 베르사유 봉기를 주도한 것은 물론이고 의회와 저명인사들도 마음대로 조종했다고 믿었다. 벨기에에 돌아온 후에도 지방 곳곳을 다니며 혁명을 전파하고, 지역 의회와 여성클럽을 만들려고 했으며, 사람들을 선동했다는 것이다. 테루아뉴의 유명세 때문에 대중은 그녀의 역할을 실제보다 훨씬 과장되게 생각했으며 귀족도 마찬가지였다. 프랑스 귀족의 엉터리 진술 중에 특히 테루아뉴가 대중연설에 뛰어났다는 사실이 강조된다. 열정이 넘치는 그녀의 연설은 적들에게서도 상당하게 인정받았다. 이 귀족은 테루아뉴가 체포 감금된 사실이 전 유럽의 끝에서 끝까지 알려질 정도로 그녀의 영향력이 크다고 강조했다. 이러한 주장도 물론 과장된 것이었다.

황제와 오스트리아 왕실은 테루아뉴의 심문에 상당한 중요성을 부여하고 있었다. 혁명의 여전사 테루아뉴는 혁명의 열기에 들끓고 있는 파리의 속사정을 가장 잘 알고 있는 사람이며, 오스트리아로서는 파리에 대한 정보를 캐낼 수 있는 대단히 좋은 기회였다. 하지만 이들은 테루아뉴가 요새에 감금된 사실을 철저히 보안에 부치려고 했다.

샤틀레 귀족 법정이 그녀를 베르사유 봉기의 주역으로, 왕비를 해치려했던 주동자로 몰아간 것처럼 오스트리아 당국도 테루아뉴가 정말 왕비를 해치려 했는지 알고 싶어 했다. 그러나 10월의 베르사유 봉기에서 그녀가 국왕이나 왕비에 대해 중죄를 저질렀다는 증거는 없었다. 오스트리아 당국은 강압적으로 자백을 강요하기보다 자유로운 가운데 성실한 고백을 원했다. 테루아뉴가 민주주의에 대한 확고한 믿음을 가졌다는 사실은 다 알려진 것이며, 만약 거짓말을 한다면 어떤 일을 당할지 알 수 없는 상황이었다.

드 블랑은 테루아뉴에게 자신이 했던 모든 일을 솔직하게 쓸 것을 요구했고, 그녀는 지나온 삶을 자세하게 기록하기 시작했다. 6월 내내 테루아뉴는 쿠프슈타인 요새의 독방에서 진술서를 썼다. 고향에서 보낸 어린 시절부터 납치당할 때까지 개인적이고 공적인 모든 삶의 내용을 놀라울 정도의 기억력과 솔직함으로 기록했다. 이렇게 해서 〈테루아뉴 드 메리쿠르의 고백〉이 이루어졌다. 그러나 아이가 있었던 사실과 성병에 걸렸던 사실은 기록하지 않았다. 되도록 솔직하게 썼지만, 수치스러웠던 개인사는 빠트린 것이다. 드 블랑은 납치할 때 압수한 수많은 편지와 서류들 속에서 사실을 알아냈지만, 보고서에는 다만 그녀의 연애 사건들이 건강에 해를 끼쳤다고만 썼다. 드 블랑은 그녀의 고백과 납치자들의 보고서를 비교하고 압수한 서류와 편지들을 모두 검토하는 과정에서 납치자들의 보고서에 터무니없고 앞뒤가 맞지 않는 모순되는 내용이 많다는 사실을 발견했다.

테루아뉴는 황제의 위임을 받은 심문관 앞에서도 전혀 주눅들거나 변명하지 않고 솔직하고 당당한 태도로 임했다. 귀족과 성직자들이 프랑스 민중의 행복과 자유를 막는 방해꾼이며 그들에게 깊은 반감을 품고 있다는 사실도 숨기지 않았다. 혁명이 일어날 무렵 파리에서 지낸 과정, 베르사유 봉기에서 보고 들은 것들, 자신이 한 일들을 상세하게 진술했다. 테루아뉴는 특권의 본질은 불의하고 추악하며 최상의 정치적 사회와 모순된다고 지적했다. 드 블랑은 테루아뉴가 첩자도 아니고 높은 위치에 있는 혁명가도, 위험한 선동가도 아니라는 사실을 알게 됐다. 그는 빈의 왕실에 보낸 편지에서 "저는 파리에서 일어난 사건들에 대해 사람들이 그녀의 책임으로 돌리는 그런 중요한 역할을 (테루아뉴가) 했다고는 전혀 인정할 수 없습니다."[20]라고 썼다.

납치자들의 보고서와 베르사유 봉기를 비롯한 모든 사건이 테루아뉴의 주도로 일어났다고 주장하는 프랑스 귀족의 말은 서로 모순되고 시간적으로도 맞지 않았다. 이들의 주장과 테루아뉴 자신의 진술을 모두 비교한 결과 심문관 드 블랑은 테루아뉴의 무죄를 믿게 되었다. 그녀가 다른 수많은 사람처럼 여러 사건과 소요에 참여하기는 했지만, 그러한 사건에서 핵심적인 역할을 했다거나 주도적으로 사건을 이끌었다는 증거는 전혀 없다는 것이다.

건강 악화와 석방

요새의 눅눅하고 추운 환경, 반복되는 질문과 심문과정에서 오는 긴장과 사람을 지치게 만드는 단조로움 등이 테루아뉴의 건강을 악화시켰다. 드 블랑은 의사를 불렀다. 의사는 그녀의 건강이 좋지 않으며,

환경이 바뀌지 않으면 위험해질 수 있다는 진단을 내렸다. 신체적 건강만이 아니라 특히 정신 상태에 문제가 있으니 빠른 시일 안에 그녀를 안심시킬 수 있는 조치를 내려야 한다는 것이었다. 의사는 자신이 문제 삼은 '정신 상태'에 대해 상세한 진단을 내리지 않았지만, 후에 그녀를 광증에 이르게 만든 정신적 혼돈 상태가 감금 이전부터 내재해 있다가 수감 생활로 증폭된 것이 아닌가 하는 가정을 하게 한다.

심문관 드 블랑은 7월에 보내는 보고서에서 테루아뉴를 더 이상 이곳에 가두어 두어서는 안 된다며 좀 더 자유롭고 환경이 좋은 곳으로 옮기도록 요청했다. 책임감 강하고 냉철한 관료인 드 블랑은 몇 달 동안 테루아뉴를 관찰하고 심문하는 과정에서 그녀의 됨됨이와 명석함, 지적인 면을 높이 평가하게 됐다.

> 엄격하게 지적인 관점에서 두 프랑스인(테루아뉴를 납치하고 보고서를 쓴 사람과 나중에 나타난 프랑스 귀족)과 수감자(테루아뉴)의 사고방식을 비교하자면 이론의 여지 없이 후자가 뛰어나다는 사실을 부인할 수 없습니다. 모든 사실을 감안해도 테루아뉴는 단지 열정적이고 설득력이 있는 여성일 뿐 아니라 총명하고 놀라운 직감으로 그의 나라에서 일어나고 있는 일을 이해하고 있으며, 필요한 개혁에 반대하는 프랑스의 귀족과 성직자들이 드러내는 지적인 허약함과 분노를 비판합니다. 이점에 관하여 그녀는 본질적으로는 국왕 자신이 민중의 소망에 대해 계속 귀를 막고 있었던 것이 민중의 열망이 폭발하게 된 일차적인 원인이라고 거듭 주장합니다.[21]

이러한 평가를 통해 테루아뉴가 어떻게 그렇게 짧은 시간에 프랑스 혁명에서 사람들의 마음을 사고 여러 의원의 인정을 받으면서 영향력 있는 여성으로 성장하게 되었는지 하는 것을 이해하게 된다. 별 배움도 없었던 농촌 출신의 젊은 여성이 누구의 도움도 없이 거리와 의회를 학교삼아 자신의 힘으로 그만큼 성장한 것이다.

심문관 드 블랑은 보고서에서 반대파의 주장과 달리 정치적 선전을 목적으로 하는 클럽들이 테루아뉴를 리에주나 오스트리아령 네덜란드에 밀사로 보냈다는 것도 가능성이 없다고 주장했다. 수개월간 관찰하고 대화하는 가운데 심문관은 테루아뉴라는 사람을 제대로 알게 되었다. 그녀의 여러 장점을 인정하고 믿어주었으며, 쿠프슈타인에 있는 동안 상당히 신경 써서 그녀를 돌봐주었다. 테루아뉴도 자신의 심문관을 부모처럼 믿고 의지했다.

테루아뉴는 드 블랑에게 황제의 관대함에 자신을 맡기겠다며 빈으로 보내주면 음악에 몰두하겠다고 약속했다. 드 블랑은 황제의 허락을 구하는 편지를 썼으며, 마침내 황제는 감시하에 그녀가 익명으로 빈에 머물도록 허락했다. 자유를 얻게 된 테루아뉴는 그동안 프랑스의 혁명이 어떻게 진행되고 있는지도 알게 되었다. 9월에 자신의 재정담당자인 페레고에게 보낸 편지에서 자신은 더 이상 감옥에 있지 않으며, 어떤 집에서 상당히 좋은 대접을 받고 있다고 썼다. 하지만 감시자와 함께 산책하러 갈 수 있지만 자유가 없는 상태는 전혀 행복하지 않다고 했다.

10월 말에 테루아뉴는 마침내 황제를 만났다. 황제는 여비를 주어 그녀를 떠나게 했다. 12월에 브뤼셀에 도착한 테루아뉴는 오스트리아에 부당하게 붙잡혀 있었지만, 좋은 대접을 받았다고 했다. 반면에 프랑스 귀족들이 가장 저급하고 비열한 음모를 꾸몄다며, 만약 황제가 그들의 주장만 믿었다면 자신은 아직도 쿠프슈타인의 성채에 갇혀있을 거라고 주장했다.

프랑스 언론도 테루아뉴의 석방을 알렸다. 11월 16일자 〈가제트〉지는 그녀를 체포한 것은 너무 경솔한 행동이었다는 것이 밝혀졌으며, 그녀에게 가해진 혐의는 아무 증거도 없다고 썼다. 한 달 뒤에는 왕당파 신문이 대단히 악의적인 표현으로 그녀가 석방되어 브뤼셀에 있음을 알렸다. 그녀에 관한 관심을 거두지 않는 왕당파 신문의 악의와 집요함이 테루아뉴를 유명하게 만들고, 그녀의 역할을 실제 이상으로 과장되게 전해지게 하는 데 한몫했다.

황제가 테루아뉴를 석방한 것은 그녀의 솔직함을 평가하고 무죄를 믿은 것도 있었지만, 프랑스의 정치적 상황의 변화도 한몫했다. 1791년 6월, 루이 16세 일가가 프랑스에서 탈출하려다가 바렌에서 붙잡혀 돌아온 사건■은 왕가의 위신을 실추시켰으며, 이미 약해진 왕권을 더욱 허약하게 만들었다. 오스트리아 황제는 현실을 인정하고 받아들일 수밖에 없었다. 그런 상황에서 테루아뉴에게 정보를 얻을 것도 없었고, 프랑스 망명 귀족들의 어리석은 음모에 희생된 젊은 여성을 더 이상 붙잡아 둘 필요가 없었다.

브뤼셀로 돌아온 테루아뉴는 파리의 소식을 듣고 다시 혁명 대열에 합류하고 싶었다. 그녀를 괴롭히던 샤틀레 귀족 법정도 사라지고 이제는 두려워할 것이 없었다.

■ 1789년 바스티유 습격과 베르사유 행진 이후에 루이 16세는 여러 실권을 빼앗긴 상태였지만 그래도 국왕으로서 존중받고 있었다. 그러나 정치적 상황은 점점 악화되고 여론도 불리해지자 왕비 마리 앙투아네트의 친정인 오스트리아가 장악하고 있던 벨기에로 탈출하려는 계획을 세웠다. 그러나 국왕 일가는 국경에 도착하기 전 바렌에서 뒤쫓아온 추격대에 붙잡혀 파리로 압송된다. 이 사건으로 국왕의 권위는 더욱 실추되고 왕실과 반혁명 세력에 대한 적개심이 높아져 이듬해에 일어난 튈르리 궁 습격사건의 계기가 되었다.

파리로 귀환

　1792년 1월 중순 테루아뉴는 순교자의 후광을 안고 마침내 파리로 귀환했다. 납치 사건으로 그녀의 명성은 더욱 높아졌다. 1월 26일 자코뱅 클럽에 나타난 테루아뉴는 뜨거운 환영을 받았으며, 그동안 겪은 일을 글로 써서 다음 회기 때 발표하기로 했다. 한 왕당파 신문은 애국자들이 그녀에게 경의를 표하기 위해 달려왔으며, 특히 시에예스가 누구보다 기쁘게 그녀를 만났다고 전했다. 그날의 영광은 모두 테루아뉴에게 모아졌다. 그녀는 순교자이자 여왕이었다. 테루아뉴는 대단히 솔직한 태도로 자신이 겪은 일을 이야기했으며, 특히 오스트리아 황제의 정의로움을 칭찬했다.

　2월 1일 테루아뉴는 다시 자코뱅 클럽에 나타나 쿠프슈타인 요새에 갇혔을 때 일들을 발표했다. 자유의 순교자로서 그녀가 겪었던 일에 사람들은 열광했다. 테루아뉴는 오스트리아령 네덜란드의 애국자들이 자신들의 혁명에 프랑스가 개입해 주기를 열렬하게 바라고 있다고 전했다. 그날의 발표가 인쇄로 남지는 않았지만, 당시의 분위기를 전하는 단편적인 내용이 신문에 실린 것이 있다. "협회는 테루아뉴를 박해한 비열한 자들에게 뜨겁게 분노하고 그녀가 의연하게 상황을 이겨낸 것을 높이 상찬했다. …… 그녀는 프랑스 혁명에 동조하는 사람들이 네덜란드, 독일, 심지어 황제의 궁 안에도 많다고 전했다."[22] 회의를 주재하던 사람은 테루아뉴의 자유에 대한 사랑과 박해에 맞선 용기를 칭찬하는 가운데 "여성들은 종종 무지한 민중들에게 초자연적으로 보일 정도로 강력한 저항의 에너지를 가진 것 같다."라고 하면서 여성들을 치켜세웠다. 그리고 여성들의 시민적인 미덕과 우아함은 영원히 우리들의 열정을 고양시킨다고 덧붙였다.

납치에서 살아 돌아온 순교자 테루아뉴의 용기와 자유에 대한 사랑은 당시 남성들에게 여성에 대한 인식을 새롭게 하는 계기가 되었다. 다음과 같은 주장을 한 사람도 있었다. "한때 남성들로 구성된 협회에서 여성도 영혼을 가지고 있는가 하고 물었던 적이 있었다. 사실상 이 협회는 가짜 남성들로 구성돼 있었으며 두 얼굴을 가지고 있었다. 그 협회는 주로 사제들, 그들 자신도 여성들을 좋아한다는 사실을 감추기 위해 항상 여성들에 대해 나쁘게 말하는 사람들로 구성돼 있었다. 우리의 신부님들이 여성의 열등함을 믿었다면 그것은 여성들이 자유롭지 못했기 때문이다."[23]

'여성도 영혼을 가지고 있는가?' 따위가 주제가 될 만큼 남성들의 여성에 대한 편견은 지독했다. 하지만 여성들에 대한 평가에 지극히 인색한 남성들도 이날은 테루아뉴의 열정과 의연함을 인정하지 않을 수 없었다. 브리소는 자신의 신문에서 "이 자유의 연인은 우리가 따라야 할 유일한 길을 제시했다."라고 하여 테루아뉴를 다시 한번 치켜세웠다. 당시의 연설이나 신문 기사에서 테루아뉴를 지칭할 때 종종 "그 유명한 테루아뉴" 혹은 "매우 잘 알려진 테루아뉴" 등의 수식어가 보인다. 그녀의 유명세를 잘 나타내는 수식어들이다.

그러나 파리의 정치적 상황은 테루아뉴가 떠나던 1790년 가을과는 상당히 달라져 있었다. 그때는 모두 한 마음으로 특권과 압제를 무너트리기 위해 폭정에 대항해 싸웠다. 그러나 1792년 1월 테루아뉴가 들어왔을 때 혁명은 이미 여러 갈래로 나뉘고 파벌로 갈라졌다. 자코뱅파 안에서도 브리소파와 로베스피에르파가 대립했고, 입헌군주제를 주장하는 파와 공화제를 주장하는 파로 갈라졌다. 내전이라도 일어날 것 같은 상황이었다. 브리소파는 후에 지롱드파로, 로베스피에르파는 산악파로 발전해서 서로 대립 갈등하면서 권력투쟁을 하게 된다. 파리로 돌아온 테루아뉴도 이러한 소용돌이에 휘말려 상당한 상처를 입는다.

테루아뉴의 페미니즘

쿠프슈타인에서 쓴 테루아뉴의 진술서에 '남자들의 오만과 편견의 힘'을 생생하게 느꼈다는 말이 나온다. 법정에서 귀족들은 끊임없이 자신을 희화화했으며, 심지어 일부 애국파조차도 용기를 주거나 자신을 보호하고 정당성을 인정해 주는 대신 웃음거리로 삼았다는 것이다. 왕당파나 반혁명주의자들에게 당하는 터무니없는 모욕은 참을 수 있지만, 친구라고 할 수 있는 같은 애국파에게 거부당하는 것은 더욱 견디기 힘들었다. 코르들리에 클럽에서 빛나는 연설을 하고도 회원 가입이 거절당했던 경험도 '여성'이라는 사실 자체가 혁명에서 적극적인 역할을 하고자 하는 의지에 장애가 된다는 사실을 절감하게 했다. 여성과 폭군 남성 사이의 갈등을 쓴 글에 대해 심문관이 질문하자, 남자들은 자신과 같은 성(여성)에게 횡포를 부리고 있으며 자신은 항상 그런 남성의 폭정에 공격당했다고, 때문에 이러한 폭정의 죽음은 오랫동안 여성들을 괴롭혀온 편견을 무너트리는 것과 같다고 진술했다.

1790년 2월 14일 테데움가톨릭의 감사와 찬송의 예식을 위해 의회가 노트르담 성당까지 행렬하는 행사가 있었다. 이때 군중 속에서 테루아뉴를 발견한 의원들의 초대로 행렬에 참가하게 되었다. 그러자 곧 비웃는 소리가 들렸다. "오! 여자 의원이 있네. 별일이야!" 그녀를 알아본 귀족이나 사제들도 뒤를 따라다니며 조롱하고 소리를 질렀다. 마침내 그녀는 행렬에서 물러났다. 의원이 아닌 다른 많은 사람들도 행렬에 참가했지만 그들은 모두 '남성'이었다. 혁명에서 아무 역할도 하지 않은 남자들도 단지 남자라는 이유만으로 행렬에 참가할 수 있었지만, 혁명에서 아무리 뛰어난 활약을 했어도 테루아뉴는 여성이라는 이유로 참가할 수 없었다.

젊은 시절의 연애 경험들, 혁명에 뛰어든 후에도 남성들에게 당했던 모욕과 차별 등에 의해 테루아뉴의 내면에는 여성으로서 당하는 억압과 편견에 대한 분노와 상처가 많았다. 특이한 아마존 전사의 복장을 하게 된 것도 여성이라는 조건을 극복하고 당당하게 자신을 드러내고 싶었던 욕망의 표현이었다. 대혁명에 뛰어듦으로써 수치스럽고 나약한 여성성은 강하고 자신감 넘치는 여성성으로 바뀌게 되었다.

오스트리아에서 돌아와 자코뱅 클럽에서 그간의 일을 보고하는 가운데 테루아뉴는 전쟁을 주장하면서 여성으로 구성된 아마존 부대의 창설을 제안했다. 전쟁을 주장하는 것은 곧 로베스피에르에게 반대하고 브리소파에 선다는 것을 의미했다. 로베스피에르에게 우호적이며 대표적인 반 페미니스트인 프뤼돔의 신문 〈파리의 혁명〉은 테루아뉴를 공격했다.

시민적 정치적 자유란 여성에게는 무용한 것이며 결과적으로 그들에게 낯선 것이어야 한다. 전 생애를 부모의 집 지붕 밑이나 남편의 집에 갇혀 지내야 할 운명을 타고났으며, 존재하는 첫 순간부터 죽음에 이르기까지 영원히 의존적으로 살도록 태어난 여성들은 사적인 덕성만을 가지고 있을 뿐이다. 군대의 소란이나 공적인 장소의 소동, 법정의 동요는 두 번째 성性에는 맞지 않는 것이다. …… 집 밖에서 일어나는 모든 일은 부모나 남편이 가르쳐줘야겠다고 결정한 것만 알아야 한다.[24]

얼마나 난폭한 반페미니즘인가. 혁명파 남성들의 이기심과 오만함이 결합된 난폭함이 거침없이 드러나는 이 글은 총체적인 반페미니즘을 보여준다. 그러면서도 같은 글에서 부르주아 여성들이 혁명에 무관심하다고 비난하고 "여성 시민들이여! 조국의 제단에 모두 모이십시오." 하고 외치는 모순을 범하고 있다. 남성들의 반페미니즘은 도무지 앞뒤가 맞지 않았다. 1791년 말에 발간된 같은 신문에는 여성들의 청원권을 거부하자는 주장도 있었다. 각각의 성에는 그들에게 특화된 의무가 있다며, 여성은 자선을 베푸는 섬세한 식물이니 땅을 떠나서 전선의 소나기에 자신을 내놓으면안 된다고 거듭 주장했다. 프뤼돔의 공격에 못지않게 왕당파 신문들의 공격도 이어졌다.

테루아뉴의 아마존 군단은 베르사유 봉기의 영웅들이었던 파리의 여성들로 전투부대를 조직하자는 계획이었다. 3월 2일 테루아뉴는 여성 시민들을 파리의 연병장으로 소집했다. 아마존 부대 창설을 요청한 사람은 테루아뉴만이 아니었다. 3월 6일, 미님Minimes 우애협회는 폴린 레옹의 주도로 의회에 보낸 청원서에서 적에게 희생당한 남편, 형제들의 복수를 하게 해달라고 요구했다. 하지만 우리에게 소중한 가족과 집안을 돌보는 일을 버리려는 것이 절대로 아니라고 강조했다. 여자들이 집안일을 던져버리지 않을까 염려하는 남자들의 경계심을 풀어주기 위함이었다.

여성들이 무장권을 요구한 데에는 조국 수호라는 애국심과 함께 여성의 시민권을 획득하고자 하는 은밀한 의도가 있었다. 시기에 따라

달라지기는 했지만, 당시에 국민방위대는 기본적으로 투표권이 있는 능동적 시민 곧 남성들만이 복무할 권리가 있었다. 후에 민중의 힘이 커지면서 재산 유무에 따른 능동적 시민과 수동적 시민의 구분이 없어지고 모든 성인 남성은 투표권과 함께 국민방위대에 복무할 수 있게 되었다. 이런 사정을 잘 아는 남성 혁명가들에게 여성 국민방위대의 창설은 그려의 대상이 아니었다. 같은 해 6월에도 80명의 여성이 수도를 지킬 수 있게 '진짜 여성 시민'으로 이루어진 무장 군단을 허락해 달라는 청원서를 제출했다. 여성들은 자기들이 폭군의 압제에 시달리던 프랑스를 구한 잔 다르크의 용기를 가지고 있다고 주장했다. 이들이 '진짜 여성 시민'을 강조한 것도 결국은 여성의 시민권을 염두에 둔 것이다. 하지만 여성들은 시민권 획득이라는 자신들의 열망을 직접 드러내진 못했다.

그러나 테루아뉴가 3월 25일에 미님 우애협회에서 한 연설은 달랐다. 아마존 군단의 창설을 주장한 연설에서 여성은 가사를 돌봐야 한다거나 남자의 허락을 받아야 한다는 말은 찾아볼 수 없었다. 훨씬 더 전투적이고 성평등을 주장하는 내용이었다. 여성 무장의 목적은 조국 수호를 의한 것만이 아니라 여성에 대한 편견을 없애고 여성의 권리를 찾기 위한 것임을 분명히 밝혔다. 그녀는 여성들의 동지애와 남성 못지않은 용기와 덕성을 강조하면서, 남성들이 덧씌운 무지와 무능의 굴레에서 벗어날 것을 요구했다. 한 마디로 여성들에게 여성 해방과 남성들이 독점하고 있는 왕위의 찬탈을 요구한 것이다. 테루아뉴는 여성들이 가사의 의무에서 벗어나 조국에 헌신할 것을 요구한 최초의 여성이었다. '가사의 의무에서 벗어나는 것'은 남성들이 가장 두려워하는 것이었다.

…… 무기를 듭시다. 그것은 자연의 권리이며 또한 법에 의한 권리이기도 합니다. 남성들에게 우리가 미덕이나 용기에 있어서 그들보다 열등하지 않음을 보여줍시다. 프랑스 여성들이 그들의 권리를 인식하고 있으며 18세기 계몽주의와 같은 정도의 높은 수준에 이르렀음을 전 유럽에 보여줍시다. 부조리하고 부도덕한 (남성들의) 편견, 오로지 편견을 위한 편견을 무시합시다. 비열한 남성들은 가장 어리석은 수단과 중상모략, 모든 천박한 수단을 동원해서 우리 여성들의 애국심 발로를 짓누르고 연약한 영혼 안에 가둬놓으려 할 것입니다. 프랑스 여성들이여, …… 사회 구조 안에서 우리가 있어야 할 자리와 지금 처해 있는 자리를 비교해 보십시오.

………

프랑스 여성들이여! 우리의 운명을 드높이 고양합시다. 우리의 사슬을 끊어버립시다. 이제는 마침내 남성들의 오만과 불의로 그렇게 오랫동안 여성들을 종속시켜 왔던 수치스럽고 비참한 처지에서 벗어날 때입니다.

………

프랑스 여성들이여, 우리의 혈관에도 같은 피가 흐르고 있습니다. 우리가 10월 5~6일에 베르사유에서 했었던 일들, 그 이후 중요하고 결정적인 여러 상황에서 우리가 했던 일들은 우리가 관대하고 고양된 감정에 이를 수 있다는 것을 증명합니다. 그러니 우리의 에너지를 되찾읍시다. 우리의 자유를 지키기 위해서는 가장 숭고한 희생을 할 준비를 해야 합니다. 여성 시민들이여, 왜 남성과 경쟁하려고 하지 않습니까? 우리도 시민의 영관榮冠을 받을 가치가 있으며 자유를 위해 죽는 영광을 갖기를 원합니다. 자유는 남성들보다 우리에게 더 소중합니다. 폭정의 결과는 남성들보다 여성들을 더 무겁게 짓누르기 때문입니다.[25]

오랫동안 남성들보다 열등한 존재로 취급당해온 여성의 한이 느껴지지 않는가. 테루아뉴가 혁명에 뛰어든 후 아마존 여전사 복장을 고집한 것도 여성으로서 당했던 굴욕감을 벗어나 남성 같은 태도를 보이고 싶었기 때문이었다. 아마존 여전사, 여성성을 버리지 않으면서도 전투적인 남성성도 지닌 이상적인 모델이었다.

남자들과 경쟁하려 하지 말라고 누누이 강조했던 보수적 남성들의 주장을 반박하듯 테루아뉴는 남성과의 경쟁을 강조했다. 여성의 정치적 권리를 달라고 명시적으로 요구하지는 않았지만, 성적 평등을 주장한 것은 명백하다. 그리고 어디에도 여성의 본분을 지켜 가사를 소홀히 하지 않겠다는 말 같은 것은 없었다. 테루아뉴는 연설 끝에 아마존 전투부대를 제안했다. 여성들의 아마존 부대를 만들면 진실로 애국적인 여성들은 모두 몰려올 것이니 무장하고 일주일에 두세 번씩 훈련하자는 제안이었다.

테루아뉴의 연설을 왕당파 언론들이 그냥 넘길 리 없었다. 4월 초브터 왕당파의 공격이 시작되었다. 그녀의 아마존 복장을 희화화하고 느구의 애인이라는 둥 누가 질투한다는 둥 저급하기 짝이 없는 공격이었다. 왕당파 언론들이 집요하게 테루아뉴를 공격하고 비열한 방식으로 중상 모략한 것도 그녀가 여성이라는 사실 때문이었다. 그들은 테루아뉴의 혁명적 주장을 비판하기보다 터무니없는 남자관계를 만들어내 수많은 남성을 연인으로 가진 방탕하고 타락한 여자라는 이미지를 만들려고 했다.

왕당파 언론의 공격과 관계없이 테루아뉴의 영광은 여전히 사그라지지 않았다. 그러나 4월 13일 자코뱅 클럽에서 일어난 일은 주목할 만하다. 협회는 전날인 4월 12일에 테루아뉴가 포부르 쌩탕투안느에서 일주일에 세 번씩 여성을 클럽에 집합시키려고 말썽을 일으켜 공공질서를 어지럽혔다고 고발했다. 이를 위해 그녀가 자코뱅 클럽 남성 회원들의 이름을 마음대로 사용했다는 것이다. 한 회원이 소극적으로나마 그녀를 옹호하면서 사태는 진정되었다. 포부르 쌩탕투안느의 남성들은 일터에서 돌아오면 아내가 클럽에 가 있는 것보다 집안을 잘 관리하고 자신을 맞아주기를 바라는데, 일주일에 세 번씩이나 클럽에 모이라고 하는 것에 반발한다는 것이다. 그래서 자신이 테루아뉴에게 그러한 시도를 포기하라고 권고했다면서 더 이상 이 문제를 논하지 말고 다음 주제로 넘어가자고 제안했다. 테루아뉴에 대한 더 이상의 공격을 막은 것이다.■

그러나 이날의 고발은 테루아뉴의 페미니스트적인 시도에 상당한 타격을 주었다. 그녀가 창설하고자 했던 것은 여성클럽이었기 때문이다. 그녀를 도와주었던 상테르는 테루아뉴에게 여성클럽을 만드는 것을 포기하라고 권고했다. 테루아뉴의 귀환 후 2월과 3월에 걸쳐 대중적 인기가 한참 올라갈 때 이 사건은 그녀의 대중성을 처음으로 훼손하는 사건이었다.

4월 20일, 프랑스는 마침내 오스트리아를 상대로 전쟁을 시작했다. 그러나 테루아뉴가 제안한 여성들의 아마존 부대는 만들어지지 않았다. 자코뱅 클럽에서는 로베스피에르와 지롱드파 사이에 격렬한 논쟁

■ 테루아뉴가 자코뱅 클럽 회원인 로베스피에르, 콜로 데르부아, 상테르 등의 이름을 사용해 여성들을 모집했다는 주장이었다. 경찰은 상테르 부인의 서명은 테루아뉴가 한 것이라고 인정했으며 로베스피에르는 테루아뉴와 어떤 관계도 없다고 선언했다. 콜로 데르부아는 침묵을 지켰다. 상테르만이 모호한 태도로 테루아뉴를 옹호하는 듯했다. 그 목록은 서명자의 명단이 아니라 모임에 참석하기를 원하는 사람들의 이름이며 자신의 아내는 충분히 그 목록에 들어갈 권리가 있다는 것이었다.

이 벌어졌다. 4월 23일에 테루아뉴는 자코뱅 클럽에서 모욕적인 언사를 들었다. 자코뱅 클럽이 브리소파와 로베스피에르파로 분열하는데 그녀가 브리소파에 동조했기 때문이다.

브리소는 오스트리아와의 전쟁을 주장했다. 전쟁을 통해 군주제를 끝장내고 혁명 정신을 유럽의 모든 민중에게 전파할 수 있다는 생각이었다. 반면에 로베스피에르는 완강하게 전쟁에 반대했다. 만약에 전쟁에 승리하게 된다면 프랑스는 군부 독재가 될 것이고, 패배할 경우 구체제가 다시 살아날 것이다. 두 가지 경우 모두 혁명은 압살될 것이라는 게 그의 주장이었다. 후에 전쟁 영웅이 된 나폴레옹이 황제가 되어 혁명 정신과 자유를 억압하고 독재정치를 한 것을 보면 로베스피에르의 혜안을 인정하지 않을 수 없다.

테루아뉴는 전쟁을 둘러싼 문제에서 브리소파 쪽에 섰다. 브리소파는 후에 지롱드파로 발전한다. 4월 28일자 〈비밀 통신〉은 "(두 파 사이의) 화해와 상호 이해를 더욱 어렵게 만든 것은 이 중요한 분쟁에서 몇몇 여성들이 매우 특별한 역할을 했기 때문이다. 그들은 콩도르세 부인, 테루아뉴 드 메리쿠르, 스타엘 부인이다."라고 썼다.[26]

전쟁 초에 왕당파 언론인 쉴로는 여성과 혁명에 대해 몰상식하기 짝이 없는 글을 썼다. "내가 신중하게 확인했는데 혁명이라는 마차에 전념하는 여자들은 하나같이 역겨운 범주에 속하는 여자들이다."[27] 이어서 그는 유치하고 야비한 차별적 언어로 혁명 운동에 함께 참여한 여성들을 늙은이, 불구자, 추녀로 묘사하면서 모욕했다. 쉴로는 성차별만이 아니라 온갖 대상에 대한 자신의 저급한 차별 의식을 드러냈다. 같은 해 8월 민중들이 튈르리궁을 습격한 봉기에서 쉴로는 결국 누군가에 의해 죽음을 맞게 된다.

급변하는 정세와 테루아뉴의 활약

　전쟁은 프랑스의 뜻대로 되지 않았고 정부는 무능을 드러냈다. 민중은 분노했으며, 몰락해 가는 왕권도 무능한 의회도 상황을 제대로 통제하지 못했다. '상퀼로트'라고 불리는 민중이 강력한 힘을 갖게 되었다. 루이 16세는 지롱드파 내각을 파면했고, 1792년 6월 20일 이에 항의하는 군중들이 튈르리궁으로 몰려가 시위를 벌였다. 어떤 사람들이 이때 테루아뉴가 앞장서서 손에 칼을 들고 무리를 이끌었다고 주장했다. 심지어 그녀가 노동자들이 이끄는 대포 위에 앉아 있었다거나 그녀 자신이 대포를 이끌고 튈르리궁의 계단까지 끌어올렸다는 주장들을 했지만, 그런 증거는 어디에도 없었다. 아마존 여전사로서의 테루아뉴의 전설이 이런 말들을 만들어낸 것이다. 테루아뉴가 아무것도 하지 않은 것은 아니다. 전날 밤부터 쌩탕투안느를 비롯한 파리 변두리 지역 민중들의 시위 계획을 지원하기 위해 사람들을 선동했다.

　왕권은 계속 위태로웠다. 지방에서 혁명군이 모여들고 거리에서 전투가 벌어졌다. 이 무렵 새로운 여성 혁명가 클레르 라콩브Claire Lacombe가 등장한다. 8월 10일 왕과 특권층이 자신들을 배신하고 외국과 내통했다고 생각한 군중들이 튈르리궁을 습격했다. 국왕 일가는 급히 경마장에 있는 의회로 피신했다. 궁전을 지키던 스위스 용병들은 쉽게 물러나지 않았다. 루이 16세가 이들을 지휘하면서 제대로 저항했다면 왕권은 그렇게 쉬사리 몰락하지 않을 수도 있었다. 그러나 루이 16세는 그런 인물이 되지 못했다. 끝까지 저항하던 스위스 용병 800여 명은 그날 거의 전멸하다시피 했다. 그 밖에도 수많은 왕당파와 시민들도 희생당했다. 그날 밤 의회는 왕권의 정지를 선언했다.

왕권이 추락하고 수많은 희생을 낳은 비극적인 8월 봉기에서 테루아뉴가 유명한 왕당파 언론인이자 작가인 쉴로의 죽음에 관여했다는 주장도 있지만 역시 증거는 없었다. 실제로 이날 많은 여성이 칼을 들고 맹활약했으며 스위스 용병들과 맞서 용감하게 싸웠다. 여성도 무장하고 훈련해야 한다고 주장했지만 실패했던 테루아뉴는 라콩브와 함께 평소의 주장을 실천하듯 상당한 활약을 했다.

그날 테루아뉴가 국왕에 대한 분노와 함께 혁명 정신에 불타 앞장서서 용감하게 싸운 것은 사실이다. 그러나 모든 여성들의 활약이 테루아뉴에게 모아져 사납고 분노에 찬 잔인한 여성의 이미지가 만들어졌다. 몇 년 뒤 이날의 사건에 대해 "시작은 빛났으며 과정에서는 열광

스위스 용병들의 죽음을 기리는 〈빈사의 사자상〉, 스위스 루체른

적이었으나, 8월 10일 이후에는 진흙과 피에 덮인 역겨운 사람이 되었다."[28]라는 평가를 받기도 했다.

왕당파들은 혁명에 적극적인 여성들을 여성의 본분을 버리고 광기에 휩싸인 사나운 여성으로 묘사했다. 이는 부르주아 남성들도 마찬가지였다. 상류층 남성들이 민중여성들의 강력한 에너지와 적극적인 활약에 두려움과 혐오감을 동시에 느낀 것이다. 기층 민중 출신의 여성혁명가들과 민중여성들은 항상 계급에 따른 차별과 성별에 따른 차별을 피할 수 없었다. 혁명정부의 기관지 〈모니퇴르Le Moniteur Universe〉는 마르세유 연맹군이 8월 10일 사건에서 용감하게 활약한 클레르 라콩브, 테루아뉴 드 메리쿠르, 렌 오뒤에게 '시민의 영관榮冠, couronne civique'을 수여했다고 알렸다.

1792년 8월 10일 봉기는 대혁명이 과격화되는 분수령이 되었다. 입헌군주제를 지향하던 세력은 몰락하고 왕정 폐지와 공화정 수립을 주장하는 세력이 집권하는 국민공회 시대가 시작되었다. 이후 파리의 상퀼로트들이 혁명의 주요 세력이 된다.

8월 말부터 왕당파들이 반혁명죄로 갇힌 죄수들을 해방하고 민중과 싸우기 위해 무장하려고 한다는 소문이 돌았다. 오스트리아군에 의해 프랑스 동부의 일부 지역이 함락되자 안팎으로 적에게 둘러싸였다는 위기감이 돌았다. 내부의 적뿐 아니라 외국 군대의 프랑스 공격에 분노한 시민들은 흥분하여 애국심이 광기에 이를 정도가 되었다. 그들은 내부의 적과 외국인들을 없애야 한다며 감옥으로 몰려갔다. 왕당파의 음모를 분쇄한다는 명분으로 반혁명 인사들만이 아니라 반혁명과 관계없는 절도나 다른 죄를 지은 사람들까지 학살당했다. 9월 2일에 시작된 학살은 9일까지 이어졌다. 일주일 동안 파리의 감옥에서 3,000여명의 수감자들이 학살당한 이 사건을 '9월 학살'이라고 부른다. 지역 의회도 국민공회도 아무도 이를 제어하지 못했다.

테루아뉴도 이 끔찍한 집단 학살에 가담해서 직접 사람을 죽였다는 구전도 있지만 이는 사실이 아니다. 9월 학살의 주역들은 대부분 익명으로 이름이 밝혀진 사람은 아무도 없었다. 실제로 테루아뉴는 9월 학살에 전혀 가담하지 않았으며 이 사건에 공포를 느꼈다. 학살 사건은 그녀를 더욱더 온건파인 지롱드파에 가깝게 만들었다.

9월 22일 국민공회는 왕정을 폐지하고 프랑스 공화국을 선포했다. 11월 말에 튈르리궁의 비밀금고에서 나온 수많은 편지에는 루이 16세와 오스트리아 황궁, 망명 귀족들과의 관계를 보여주는 증거들이 수두룩했다. 결국 루이 16세는 왕위에서 쫓겨났으며 사형 선고와 함께 1793년 1월 21일에 단두대에서 처형되었다.

1792년 4월에 시작된 혁명전쟁이 8월 말에 이르러, 오스트리아가 프랑스의 국경을 위협하는 상황이 되었다. 테루아뉴는 이 위험한 순간에 오스트리아 황제의 첩자들이 무질서와 분열을 꾀하면서 내전을 일으킬 음모를 꾸미고 있다고 경고했다. 동시에 오스트리아, 프러시아, 영국의 연합군이 기회를 노리고 있는 상황에서 프랑스인의 단결과 애국심을 호소했다.

오스트리아에서 귀환한 지 18개월가량 지났을 때 테루아뉴는 파리 각 구에 보내는 게시물에서 다시 한번 프랑스를 분열시키려는 외국의 음모를 환기시키면서 정의와 지혜로 민주주의를 단단히 지키자고 역설했다. 산악파와 지롱드파의 분열이 가져오는 위험을 호소하면서 반프랑스 동맹국들의 새로운 침입이라는 화급한 위험 앞에서 단결을 주장한 것이다. 그러나 상퀼로트들이 생필품 가격의 폭등과 국경 지역에서 전쟁에 패배한 책임을 지롱드파에게 돌릴 때 그녀는 항상 지롱드파 친구들을 지지했다.

테루아뉴는 여성들의 역할을 강조했지만 이번에는 여성의 무장을 주장하지 않았다. 대신에 화해와 조정의 역할을 하는 평화의 사법관 직을 여성에게 맡겨야 한다고 주장했다.

> 각 구마다 시민들의 화해와 단결을 위해, 조국의 위험을 알리고 시민들을 단결시킬 수 있는 가장 덕이 높고 신중하며 연륜 있는 6인의 여성을 임명한다. …… 여성들의 임기는 6개월이다. 시민들을 단결시키고 의견의 자유를 존중하게 하는 영광스러운 내각의 부서에 속한 여성 가운데 가장 높은 덕성과 강인함, 애국심을 보여주는 여성은 1년의 간격을 두고 다시 선출될 수 있다.[29]

전쟁이 임박했을 때 여자도 무기를 들고 싸우자는 주장과 프랑스를 분열시키려는 외국의 음모 앞에서 여성이 화해와 단결을 고취하는 평화의 사법관 역할을 해야 한다는 주장은 서로 모순된 것이 아니다. 상황에 따라 여성이 앞장서서 굳건한 힘을 발휘해야 한다는 점에서 상통하는 것이다.

분열과 내란의 위험 앞에서 단결과 우애를 다지기 위해 여성에게 그 직을 맡겨야 한다는 주장은 여성의 특성을 고려한 주장이었지만 이에 대한 반응은 없었다. 심지어 클럽이나 회합의 여성들도 반응을 보이지 않았다. 이미 그의 대중성이 상당히 훼손되었다. 이 연설은 테루아뉴의 마지막 연설이며 그녀의 페미니즘도 더 이상 전개될 수 없었다.

테루아뉴의 추락

8월 10일 봉기 이후 테루아뉴는 여전히 의회에 나가 방청을 계속했다. 그녀에게는 지롱드파 친구들이 준 출입증이 있었다. 민중여성들과 공화주의 여성협회의 회원들도 지롱드파를 반대하고 자신들이 지지하는 산악파에게 박수를 보내기 위해 의회로 몰려들었다. 한 신문은 의회가 있는 튈르리궁 정원이나 가까운 카페에 크고 작은 소요의 음모꾼들이 모여들었으며 혁명의 선동가들, 특히 여성들이 사건에 큰 영향을 끼쳤다고 썼다.[30]

입헌군주제를 생각했던 지롱드파의 뒤무리에Dumouriez는 국왕의 처형에 분노하여 쿠데타를 일으켰으나 실패했다. 이를 계기로 1793년 4월 말에서 5월 사이에 지롱드파가 몰락했다. 권력을 잡은 산악파는 지롱드파를 공격했으며, 브리소를 비롯한 지롱드파 의원들과 테루아뉴까지 위험에 처하게 되었다.

위험을 느낀 테루아뉴는 친구들을 찾았지만, 그들은 이미 떠났거나 그들 자신이 위험에 처해 있었다. 거리의 소요는 점점 더 심해졌으며, 시민들의 생각은 로베스피에르와 마라의 산악파 쪽으로 기울었다. 매일 폭력적인 장면이 연출됐다. 〈파리의 혁명〉지는 "행정관들은 이런 극단적인 사태를 아무리 빨리 진압해도 지나친 것이 아니었다. 이렇게 해서 시민들의 전쟁이 시작되었다."[31]라고 썼다.

공화주의 여성협회 회원들은 의회 방청석의 지롱드파 지지자들 자리를 자신들이 차지하겠다고 선언하고 다른 사람들은 들어오지 못하게 막았다. 5월 15일 테루아뉴가 평소처럼 국민공회 입구에 나타났다. 그러자 산악파 지지자인 여성들이 그녀를 붙잡고 브리소파 온건파라고 비난했다. 다툼이 일어났고 몇몇 고약한 여성들이 테루아뉴의 허리를 붙잡고 치마를 걷어올려 맨 엉덩이를 때렸다. 국민공회 문 앞에서 이런 일을 당하고 있을 때 마침 지나가던 산악파 의원 마라가 테루아뉴를 구해주었다. 여성들 사이에 이런 식의 외설적인 태형은 당시에 흔한 일이었다.

이때까지 마라는 아직 살아있었다. 두 달 뒤인 7월 13일 마라는 암살당했고, 요란스러운 장례식이 벌어진 것이다. 종교적인 경지까지 끌어올려진 장례식은 공화주의 여성협회 여성들이 주도했고 당연히 테루아뉴가 설 자리는 없었다. 한때 '자유의 여신'이라고 칭송받던 테루아뉴는 더 이상 민중의 여성이 아니었다. 공화주의 여성들이 주도하는 집단행동에서 테루아뉴는 혼자 떨어져 있었다. 이제 테루아뉴는 혁명의 과거에 속했고, 그 자리를 '혁명적 공화주의 협회'의 클레르 라콩브가 대신했다. 라콩브가 민중의 여성이라면 테루아뉴는 좀 더 엘리트 여성으로 생각되었다.

테루아뉴는 이런 야만스러운 공격에 심한 충격을 받았다. 특히 여성의 권리를 위해 투쟁하고 여성클럽을 만들어 함께 나아가고자 했던 그녀에게 같은 여성 민중들의 공격은 상당한 타격을 주었다. 알려진 것처럼 5월 15일 사건 후에 그녀의 광증이 바로 나타난 것은 아니다. 사건이 있고 난 뒤에도 지인을 통해 고향 리에주에 있는 자신의 재산처리를 당부한 편지를 보낸 것을 보면 아직 온전한 정신 상태였다. 그러나 이후에 그녀는 공적인 생활에서 물러나 은거하면서 상처받은 모욕감을 감췄다. 거리에도 나타나지 않았다. 심지어 8월 10일의 축제에도 모습을 보이지 않았다.

광기와 감금

이 무렵에 깊은 상처를 입은 그녀의 심장이 뇌에 피가 몰리게 했다. 1793년 9월부터 공식적으로 시작된 로베스피에르의 공포정치에 수많은 사람들이 죽어나가는 현실도 그녀에게 깊은 충격을 주었다. 마라는 암살당하고 마리 앙투아네트는 단두대에 올랐으며, 산악파 가운데 비교적 온건파였던 당통까지 단두대에서 사라졌다. 단두대에서 혹은 자살로 생을 마감한 지롱드파 의원들의 수도 헤아릴 수 없었다. 산악파와 지롱드파가 분열할 때 외국의 분열과 내전 음모에 맞서서 단결을 호소했던 테루아뉴에게, 특히 지롱드파와 가까웠던 그녀에게 이 지옥 같은 현실은 견디기 어려웠다.

1794년 봄, 테루아뉴의 남동생이 판사와 구의 의장에게 편지를 보내 누이의 광증을 알리면서 자신의 후견인 자격을 허락해달라고 요청했다. 구의 혁명위원회는 그녀의 방을 뒤지고 모든 서류를 압수해 봉인한 다음 보고서를 작성했다. 보고서는 테루아뉴가 겉보기에 어떤 광기의 신호도 보이지 않는다고 했다. 산악파의 공포정치 앞에서 브리소파 지롱드파로 알려진 그녀는 언제라도 혁명 법정에 불려 갈 수 있는 상황이었다. 테루아뉴의 항의에도 불구하고 그녀는 체포되었다. 동생은 상급기관인 공안위원회에 "누이는 단지 절대적인 정신착란 상태일 뿐"이라고 호소했다. 누이의 석방을 요구하면서 자신이 후견인으로서 그녀를 돌보겠다고 주장했다. 그러나 테루아뉴는 여전히 '수상한' 사람들을 잡아넣는 수용소에 있었다.

돈도 서류도 모두 압수당하고 아무것도 없이 수용소에 갇힌 테루아뉴는 젊은 산악파 의원 쌩 쥐스트에게 편지를 써서 자신의 비참한 상황에 대해 하소연했다. 글을 써야 하는데 종이도 불빛도 없다는 것이다. 자기는 음모의 희생자이며, 여기서 전혀 존중받지 못하고 아무 할 일도 없으면 자신은 망가져버릴 거라는 암시도 했다. 쌩 쥐스트는 용의자의 재산 몰수에 관한 법을 만든 사람이었다. 모든 것을 압수당한 상태에서 그에게 직접 하소연하는 것이 좋을 것으로 생각한 것이다. 오스트리아 쿠프슈타인에서 드 블랑은 물론 황제에게까지 자신의 무죄와 부당한 처우를 호소했던 테루아뉴는 이번에도 그때와 같은 반응을 기대했을 것이다. 그러나 두 번이나 편지를 썼지만 쌩 쥐스트는 이를 열어보지도 않았다. 날마다 수상한 용의자를 만들어내고 단두대로 보내던 공포정치 시절에 테루아뉴의 호소가 받아들여질 여지는 없었다. 공포정치 자체가 미친 회오리바람처럼 휩쓸고 있던 시절이었다.

춥고 음습한 쿠프슈타인 요새에서 1년에 가까운 격리와 감금, 귀환 후에 짧은 영광과 민중 여성들에게 당한 모욕적인 태형, 자신을 바친 혁명에서 소외되어 외톨이가 된 상황, 광기에 빠진 공포정치가 지롱드파 친구들을 죽음으로 내몰고 자신도 위협하는 상황에서 다시 감금된 것이다. 글 쓰는 것도 불가능하고 아무것도 할 수 없는 무력한 상황에 놓인 테루아뉴는 점점 더 광증이 심해졌다. 쿠프슈타인의 의사가 진단했던 '정신적 위험'이라는 잠재적 요인에다가 모든 상황이 합심해서 그녀를 진짜 광기로 내몰았다.

행정 법정이 그녀의 금치산 결정을 위해 가족이나 친지들에게 출석할 것을 통보한 날짜가 1794년 6월 30일이었다. 로베스피에르가 실각하기 한 달 전이며, 산악파 여성들에게 봉변당한 지 1년 남짓 지난 후였다. 테루아뉴의 광증은 9월에 공식적인 판정을 받았고 이듬해 초에 정신병원에 수용되었다. 1795년 초까지 그녀는 끊임없이 항의하면서 자신은 음모의 희생자이니 자유를 돌려달라고 외쳤다. 이성이 돌아오면 주위의 모든 사람에게 구원을 요청하고 공화국의 통합을 주장했다. 혁명에 깊이 자신을 바쳤던 테루아뉴의 병증은 더욱 심해졌다.

1795년부터 20년 넘게 테루아뉴는 죽음보다 못한 광기에 빠져 살았다. 광증의 원인으로 다른 여성들에게 엉덩이를 맞은 모욕적인 사건의 충격이 많이 언급된다. 하지만 가장 소중했던 혁명 활동에 모든 에너지를 쏟으면서 완전히 지쳤고, 점차 혁명에서 소외되는 듯한 현실에 깊이 실망한 것도 원인의 하나가 되었다. 무엇보다도 쿠프슈타인 요새에서 의사가 암시한 것처럼, 이탈리아에서 방탕한 생활이 가져온 병이 뇌로 깊이 침범해서 일어난 것으로 추측할 수 있다.

1797년 로베스피에르의 비서였던 빌리에가 방문했을 때 테루아뉴는 격렬한 흥분상태에 빠져 쉴 새 없이 공화국과 평등과 혁명에 관한 얘기를 쏟아냈다. 그녀의 광기는 더 악화하면서 몇몇 요양원을 전전하다가, 마지막으로 1807년 12월 7일 45세에 살페트리에르 자선병원으로 이송되어 정신병 전문의사인 에스키롤의 손에 맡겨졌다.

18세기 말 19세기 초의 정신병원 혹은 수용소의 상태는 멀쩡한 사람도 정신병자로 만들 만큼 처참하고 끔찍했다. 에스키롤이 1818년 프랑스의 병동을 돌아보고 남긴 보고서가 있다. 수용자들은 축축하고 차가운 바닥에 짚을 깔고 생활하고 있으며, 음식도 형편없고 환기도 안 되고 깨끗한 마실 물도 없는, 한 마디로 생명을 이어가는 데 필수적인 것들을 박탈당한 상태로 거칠기 짝이 없는 감시하에 놓여 있다는 것이다. 좁고 어둡고 창도 없고 벌레와 쥐가 우글거리는 곳에 아무렇게나 던져진 수용자들, 테루아뉴는 이런 끔찍한 곳에 갇혀 있었다. 그녀는 쌩 쥐스트에게 보낸 편지에서도 글을 쓰고 싶다면서, 책도 없고 종이도 펜도 빛도 없어 아무것도 할 수 없는 무력감을 호소했다. 테루아뉴처럼 생기발랄하고 열정이 넘치는 여성이 이런 곳에 갇혀 지내면 정신병이 급속히 악화할 것은 자명한 일이었다.

테루아뉴에 대해 가장 가슴 아픈 기록을 남긴 전담의사 에스키롤은 그녀의 외모에 대해 "밤색 머리칼, 크고 푸른 눈, 활기차고 생기발랄하면서도 우아하기까지 한 거동" 등으로 묘사했다. 그때까지도 아직 아름다움과 활기가 남아있었던 것 같다. 살페트리에르에 재수용됐을 때 테루아뉴의 병은 이미 상당히 진행된 상태였다. 그녀는 매우 흥분한 상태였으며, 자신에게 접근하는 모든 사람을 온건파나 왕당파라고 비난하면서 오로지 자유, 혁명, 공안위원회 등의 말을 했다고 한다. 정신병의 공격을 받은 상태에서도 혁명에 대한 생각만은 살아남아 있었다. 그러나 머리속은 혼란스러웠고 모든 것은 뒤죽박죽 뒤섞여 안개처럼 부옇게 흐렸다. 그녀는 종종 "모르겠어, 잊어버렸어."라고 중얼거리곤 했다.

1810년 테루아뉴는 완전한 치매 상태에 빠졌다. 어떤 옷도 거부하고 침대에 물을 부어 흠뻑 젖은 침대에서 생활하면서도 이전에 의식을 지배했던 생각들, 자유, 위원회, 혁명 등의 말을 혼자 중얼거렸다. 자기가 원하는 것을 막거나 특히 물을 빼앗아 가면 불같이 화를 내며 상대방을 물어뜯기도 했다. 차차 먹는 것도 거부하고 물만 마시며 이성을 회복하지 못했다. 테루아뉴가 이렇게 비참한 상황에 놓여 있을 때 그녀가 평소에 노심초사하면서 공부시키고 일자리까지 찾아주면서 어머니 노릇을 해주었던 세 남동생은 아무 역할도 안 했던 것 같다. 그들이 돈을 보내주거나 면회 왔다는 기록도 없다.

완전히 정신을 놓아버린 비참한 상태에서 몇 년을 더 살다가 1817년

1816년 살피트리에르 병원의 테루아뉴 드 메리쿠르(54세).
이듬해 사당했다. 조르주–프랑수아–마리가 그린 초상화를
앙브루아즈 타르디외가 판화로 새김. 프랑스 국립도서관 소장

6월 8일, 55세의 나이에 테루아뉴는 살페트리에르 병원에서 사망했다.
죽음보다 더 비참한 정신적 육체적 고통 속에서 20년이 넘는 세월을
살다가 떠난 것이다.

6월 10일, 사체 부검을 실시한 의사는 아마도 유전적인 것으로 생각
되는 뇌의 불균형이 혁명기에 시작되었다가 점점 가속화되었다고 진
단했다. 한번 나빠진 뇌의 불균형 곧 치매 상태는 결코 좋아진 적이 없
었다. 여성들에게 엉덩이를 맞은 사건은 광기의 결정적 요인이라기보
다 그것을 악화시키고 시간을 앞당긴 요인이었다. 정신과 의사들은 '혁
명의 우울증' 혹은 '혁명의 히스테리'라는 말을 썼다. 혁명이 초래한 혼
란이 흥분상태를 고조시켜 정신병을 악화시킨다는 믿음이었다. 테루
아뉴의 정신병의 원인도 개인적인 운명과 혁명이라는 역사의 충돌에

서 찾아야 한다는 것이다. 테루아뉴만이 아니라 혁명에 투신한 여성들을 '히스테리'로 몰아붙이는 담론은 종종 있었다. 테루아뉴는 실제로 정신병의 침입을 받았기에 그 담론이 더욱 굳어진 감이 있다.

살페트리에르 병원에 있던 시절 그려진 초상화가 남아있다. 정신병원에서 비참하게 생을 마친 테루아뉴는 "아직도 우리 아버지들의 심장을 매혹케 했으며 한 여성에게서 '자유' 그 자체의 이미지를 보게 했던 영웅적 아름다움이 희미하게 남아있다."[32]고 한 미슐레Michelet의 아름다운 문장 속에서 다시 살아난다.

아름답고 매력적이었던 여성 영웅, 열정으로 빛나던 눈빛과 유창한 웅변으로 민중을 사로잡았던 여성이 짐승보다 못한 나락으로 떨어져 남은 반생을 비참하게 보낸 상황을 생각하면 누구라도 가슴이 미어지지 않을 수 없다. 그 시대 사람들에게 혁명의 영혼, 자유의 이미지 그 자체였던 여성, 이념과 자유와 혁명에 대한 격렬한 사랑으로 살았으며 '자유의 순교자'였던 이 불행한 여성을 역사는 기억해야 할 것이다.

테루아뉴의 전설이 워낙 강력하고 낭만적 색채를 띠고 있어서 역사가나 시인들은 구전으로 전해진 내용과 당시 왕당파 언론들의 온갖 엉터리 같은 기사까지 참고하여 각기 다른 다양한 테루아뉴의 모습을 만들어냈다. 때문에 혁명의 중요한 사건들에서 테루아뉴의 역할에 대한 각기 다른 기록들이 존재하게 된 것이다.

테루아뉴의 생애는 사후에도 19세기 말까지 프랑스와 벨기에서 더욱 확장되고 전설이 보태졌다. 아름다운 아마존 전사의 이미지는 과거의 신화적 여성 영웅의 이미지와 겹치면서 시인과 작가들의 상상력을 자극하고 매혹했다. 테루아뉴의 전설은 한 편의 소설과 여러 편의 희곡과 영화로 만들어졌다.

2. 여성클럽의 투사, 클레르 라콩브

테루아뉴의 명성이 잦아들 무렵 나타난 새로운 여성 투사로 클레르 라콩브Claire Lacombe, 1765~1826가 있다. '혁명적 공화주의 여성시민 협회'의 창시자이자 대표였던 라콩브는 대혁명이 발발하자 여성클럽을 만들고 가장 활발하게 활동했던 여성으로서, 테루아뉴와 함께 당대에 많은 주목을 받았던 여성 혁명가였다.

테루아뉴가 리에주의 시골 농부 집안 출신으로 가수를 꿈꿨던 여성이었다면, 라콩브는 남프랑스에서 상인의 딸로 태어나 배우로 활동하던 여성이었다. 두 여성 모두 무대에서 크게 성공하지는 못했지만, 혁명으로 들끓던 파리에 나타나 혁명투사로서 혹은 페미니스트로서 적지 않은 흔적을 남겼다.

혁명 초기에 마르세유, 리옹 등 프랑스 남부에서 연극배우로 활동하면서 작은 성공을 거두기도 했던 라콩브가 파리로 올라와 혁명에 뛰어든 시기에 대해서는 몇 가지 다른 설이 있다. 1789년에 올라와서 혁명의 소용돌이에 뛰어들었으며 베르사유 행진에도 가담했다는 설이 있는가 하면,[33] 아예 베르사유 봉기에서 민중을 이끌며 활약한 것처럼 묘사한 역사가도 있다. 그러나 베르사유 봉기는 그녀가 아직 대중에게 알려지기 전이라 사실을 확인하기는 어렵다. 다른 역사가는 베르사유 행진 때 활약했다는 설을 논박하면서, 라콩브는 1792년에 파리로 올라왔다고 주장했다.[34]

테루아뉴가 전설적인 후광에 휩싸여 베르사유 봉기를 비롯한 온갖 사건에서 주역을 맡았다고 사람들이 믿었던 것처럼 라콩브 역시 같은 경우이다. 라콩브가 세상에 알려진 것은 1792년 이후의 일이었다. 그 때 테루아뉴는 납치당했다가 돌아와 파리에서 다시 활약하고 있었다. 뒤늦게 출발한 라콩브도 워낙 유명해졌기 때문에 1792년 이후 그녀의 활약과 특히 1793년 여성협회를 만든 이후 격렬하게 투쟁하던 모습이 대중에게 강하게 각인되어, 1789년 10월 베르사유에서 있었던 파리 여성들의 드라마틱한 투쟁과 결부지어 생각하는 사람들이 많았다. 여기에 역사가의 판타지가 더해져 여러 가지 설이 나오게 되었다.

혁명 투사 클레르 라콩브의 등장

파리에 온 라콩브는 급진적인 코르들리에 클럽에 드나들면서 혁명에 열정적으로 뛰어들었다. 그녀도 역시 여성으로 조직된 혁명군을 만들려고 했다. 테루아뉴와 라콩브를 비롯한 당시의 여성 투사들이 여성만으로 편성된 아마존 부대의 창설을 주장한 것은 물론 애국심의 발로라고 평가해야 할 것이다. 그러나 한편으론 여성에 대한 극심한 편견과 억압, 밖으로 나다니지 말고 조용히 가정을 지키는 것이 여성의 본분이라고 하는 굴레를 벗어나 여성의 시민권과 여성해방을 위한 한 방편이었다는 사실도 무시할 수 없다.

라콩브가 처음 세상에 이름을 알리게 된 계기는 1792년 7월 25일 의회 난간에서 행한 연설이었다. 여성이 의회 연단에 설 수는 없었지만, 방청석 난간에서 연설하는 것은 허용되었다. 프랑스 남부의 이름 없는 배우였단 젊은 여성이 의회 난간에 서서 수백 명의 남성의원을 상대로 연설을 한 것이다. 결코 평범한 여성이 아니었다. 이날의 연설을 통해 라콩브는 연설가의 자질과 여성 전사의 진면모를 아낌없이 보여주었다. 서두에서 그녀는 자신이 프랑스인이며, 일자리 없는 예술가라고 소개했다.

> 로마 여성의 용기와 폭군들에 대한 증오심을 갖고 태어난 나는 그들을 무너트리는 데 기여한다면 행복할 것이다. 마지막 폭군들까지 전멸시키자. 음모꾼들이여, 네로와 칼리굴라의 비열한 노예들이여! 나는 너희들 모두를 없애버릴 수 있다.
>
> 그리고 당신들, 가정의 어머니들이여, 나의 본을 따르기 위해 그대의 아이들을 버리지 마시오. 내가 조국의 적들과 싸우는 나의 의무를 행하는 동안 당신들은 자녀들에게 모든 프랑스인이 태어나면서부터 가져야 할 감정, 자유에 대한 사랑과 폭군에 대한 증오를 가르치십시오.[35]

낯선 젊은 여성의 연설에 의원들은 아낌없는 박수를 보냈다. 의장은 그녀의 애국심에 찬사를 보내면서 그날의 의회 회기의 영예를 그녀에게 바쳤다. 나아가 연설 내용과 의장의 호의에 가득 찬 답변을 의사록에 인쇄하도록 했다. 나중에 같이 여성협회를 창설하게 되는 폴린 레옹의 의회 연설문도 상찬받으며 인쇄되었다.

테루아뉴의 경우와 마찬가지로 남성들의 태도는 상당히 모순적이었다. 여성들의 정치적 권리는 인정하지 않으면서도 비록 난간에서 하는 연설이지만 여성들에게 의회에서 연설할 기회를 제공하고, 훌륭한 연설이라고 인정되면 이를 인쇄할 것을 결정했다. 그들도 여성의 지적 정치적 능력을 인정한 것이다. 그러면서도 기회만 있으면 여성들의 활동을 부정하고 가정에 묶어두려고 한 것은 여성의 역량에 대한 경계심의 발로라고 볼 수밖에 없다.

라콩브가 의회를 넘어 처음 대중의 주목을 받게 된 것은 1792년 8월 10일에 있었던 튈르리궁 공격 때였다. 그날 라콩브는 맹활약했다. 언제나 공격에 앞장서고 때로는 가장 위험한 자리에서 싸우던 그녀의 용기 있는 행동에 사람들은 열광했다. 손목에 부상까지 당한 라콩브에게 시민들은 테루아뉴 드 메리쿠르와 함께 '시민의 영관榮冠'을 수여했다. 그것은 보통 시민을 구출한 병사에게 수여하는 영예였다. 두 여성은 거친 싸움터에서 그 공을 인정받은 것이다. 그럼에도 불구하고 두 여성이 바라던 아마존 군단은 성사되지 않았다.

이 무렵 테루아뉴는 이미 온갖 소문과 전설에 휩싸인 유명인사였고, 많은 혁명의 경험을 했지만 저물어가는 해였다. 자코뱅 클럽에서 당한 일들이 그녀의 몰락을 부추기고 있었다. 그러나 라콩브는 왕권의 완전한 몰락과 공화국의 탄생이라는 새로운 시대에 등장한 새로운 인물로서 민중의 복수심과 열망을 구현하고 있었다. 그녀는 테루아뉴와 달리 로베스피에르 편에 섰다. 지롱드파보다는 산악파가 상퀼로트의 열망을 대변한다고 생각했기 때문이다. 두 여성 투사가 함께하지 못하고 적대적 관계가 된 것은 대단히 아쉬운 일이지만, 혁명을 주도했던 남성들이 산악파와 지롱드파로 분열한 것과 같은 맥락이었다.

'혁명적 공화주의 여성시민 협회' 창설과 라콩브의 활약

실업의 증가와 부의 독점, 사회적 편견에 맞서 싸우던 라콩브는 마침내 1793년 5월 폴린 레옹과 함께 여성들만으로 이루어진 '혁명적 공화주의 여성시민 협회'를 설립했다. '혁명적 공화주의 협회'로도 불렸던 이 여성협회는 민주 사회주의적 공화국을 지향했다. 또한 주변의 강대국들을 상대로 혁명전쟁이 벌어진 상황에서 여성도 시민으로서 역할을 해야 한다는 주장과 함께 무장할 수 있는 권리를 요구했다. 수많은 민중협회 가운데 여성클럽은 소수였지만 '혁명적 공화주의 협회'는 가장 영향력이 있는 대표적인 여성클럽이었다.

라콩브와 그가 창설한 여성협회는 여성의 권리를 옹호하는 활동보다 먼저 정치적인 행동에 뛰어들었다. 그녀가 처음 정치 무대에 등장했던 1792년은 4월의 혁명전쟁 선포, 8월 10일의 봉기, 9월 학살 등이 연이어져 그를 여성문제보다는 혁명 투쟁의 최선봉에 서게 했다.

1793년 2월 생필품의 위기가 닥쳤다. 매일매일의 생활에 없어서는 안 될 밀과 설탕, 양초 등의 가격이 올랐다. 상퀼로트 여성들이 들고일어났다. 그들은 상인들의 매점매석과 고물가에 항의하는 활동을 멈추지 않았다. 1793년 10월 '혁명적 공화주의 협회'의 대표인 클레르 라콩브와 폴린 레옹이 생필품 투쟁을 이끌었다. 라콩브는 일군의 여성대표들을 이끌고 위원회에 나타났다. 그리고 생필품 가격통제에 관한 헌법 조항을 실행하라고 강력하게 요구했다. 매점매석하는 상인들이 상품을 감춰놓은 집을 방문해서 조사하라는 것이었다. 또한 공정한 조사를 위해 조사자는 다른 구역의 상퀼로트들에게 맡기라고 제안했다. 그러나 민중에게 이러한 권한을 주라는 여성들의 제안을 산악파 의원들은 거부했다. 민중의 힘을 두려워한 그들이 그러한 권한을 줄 리가 없었다.

생계에 절대적인 영향을 주는 생필품 가격은 민중들에게 대단히 중요한 문제였다. 귀족의 신분적 특권을 대신하여 금권이라는 특권을 누리는 부르주아들은 대개 상업자본가들이었으며, 부의 축적을 위해 매점매석을 일삼았다. 이는 민중들의 삶을 더욱 피폐하게 만드는 요인이었다. 민중의 삶을 담보로 부르주아들은 구체제의 귀족들 못지않은 사치를 누렸다. 이제 민중의 적은 부를 독차지한 부르주아들이었다. '혁명적 공화주의 협회'의 두 여성대표가 생필품 가격 투쟁을 한 것은 그들 자신이 민중에 가까운 계급 출신으로 부르주아들의 이러한 속성을 본능적으로 알았으며, 민중들에게 필요한 것이 무엇인지 잘 알았기 때문이다.

상퀼로트를 이끄는 클레르 라콩브와 폴린 레옹의 생필품 투쟁에 격앙파의 지도자 르클레르와 쟈크 루가 같이 했다. 점차 격앙파와 가까워진 라콩브는 격앙파의 지도자인 르클레르와 연인 관계가 되었다. 하지만 후에 르클레르는 라콩브의 동료인 폴린 레옹과 결혼한다. 그럼에도 두 여성의 관계는 변하지 않았다. 라콩브와 협회의 활동은 격앙파의 영향을 많이 받았으며 르클레르는 협회 여성들이 과격한 행동에 나서도록 부추겼다. 이들은 온건파인 지롱드파와 대립했다. 테루아뉴가 지롱드파를 옹호했다는 이유로 볼기를 맞는 수모를 당한 것도 바로 이 여성들에 의한 것이었다. 남성 혁명가들과 마찬가지로 여성 혁명가들도 이념에 따라 이처럼 분파가 갈린 것은 참으로 아쉬운 일이다. 이 여성들은 출신 계층도 비슷하고 혁명의 이념도 크게 다르지 않았다. 다만 테루아뉴는 의회 방청을 통해 혁명의 대의를 배우면서 그녀의 영민함과 뜨거운 열정을 평가한 지롱드파 의원들과 가까워졌고, 공화파의 두 여성은 의원들보다는 급진적인 격앙파 지도자들과 가까워지면서 상퀼로트의 삶에 좀 더 밀착한 운동을 벌였다.

라콩브가 혁명 중에 행해진 학살에 관여했다는 비난을 받기도 했지만, 이를 증명할 근거는 없다. 하지만 무장한 상퀼로트들이 의회에 침입하여 지롱드파 의원들을 쫓아내던 1793년 5월 31일과 6월 2일의 반란에서, 라콩브는 토론에 참여하고 폭동을 부추김으로써 중요한 역할을 했다. 언변이 뛰어나고 대담한 젊은 여성이 공화주의 여성들을 이끌면서 주도권을 잡았는데, 어떤 남성보다도 훨씬 더 격렬하게 분노하고 폭력적이었다고 한다. 그 젊은 여성이 바로 클레르 라콩브였다. 그러나 이 주장을 뒷받침할 뚜렷한 근거가 없어서 라콩브의 폭력성은 과장된 것으로 보인다. 여성들의 뜨거운 투쟁에도 불구하고 1793년 6월의 새 헌법은 남성들에게만 투표권을 허용했다. 이에 혁명파 여성들은 새 헌법에 반대하여 격렬하게 저항했다.

1793년 7월 마라가 암살당했을 때 라콩브와 폴린 레옹의 주도로 협회 여성들은 암살당한 마라를 위한 기념탑을 카루셀 광장에 세우라고 요구했다. 이들의 요구는 부분적으로 수용되어 임시로 나무로 된 기념탑이 세워졌는데, 마라의 유해를 담은 기념탑은 애국 시민들의 순례지가 되었다. 공화주의 여성들은 혁명의 대표적 순교자인 마라를 위한 '자유의 순교자 제전'을 거행했다. 이 제전에서 라콩브는 배우로서의 본성을 발휘했다. 순례하는 여성 전사들 앞장에 서서 꽃과 명예의 관을 마라에게 바친 것이다. 순례에서 돌아오는 길에 라콩브는 쟈코뱅 클럽에서 마라를 기리는 연설을 했다. 이 연설은 그녀의 웅변가로서 자질을 유감없이 보여주었다.

라콩브의 활약에도 불구하고 남자들은 그녀의 능력이나 활약보다 외모만을 평가하면서 그녀를 평가절하했다. 산악파의 한 의원은 국가 축제에서 자유의 여신 역을 맡은 그녀의 미모를 칭찬하면서, 그녀의 장점은 오직 미모뿐이며 그밖에는 뛰어난 점이 아무것도 없다고 깎아내렸다. ▪ 라마르틴은 앞에서 본 것처럼 라콩브와 그의 공화주의 여성협회를 지독한 표현으로 모욕하면서도 "남성처럼 말하고 여배우 같은 몸짓을 하고 아름다움으로 빛나는" 여성이라고 라콩브의 당당함과 미모를 인정했다. 혁명에 투신한 여성들에 대한 남성들의 적의는 여성의 미모와 용기를 모두 깎아내리고 비난의 대상으로 삼았다. 만약 미모가 떨어지는 여성이었다면 또 그것을 빌미로 깎아내렸을 것이다.

　1793년 8월 26일 라콩브는 공화주의 협회 여성대표단을 이끌고 나타나 국민공회의 난간에서 연설했다. 공화국에서 저질러진 독직행위에 분노하고 부패한 각료들의 숙청을 요구하는 연설은 힘차고 거리낌이 없었다.

　　의원 여러분, 우리들은 행정의 모든 분야에서, 특히 내무부에서 일어난 셀 수 없이 많은 독직행위에 분노하며, 당신들의 준엄함을 일깨우고 헌법을 제대로 시행할 것을 요구하기 위해 왔습니다. …… 국민에게 법을 쥐여주는 것만으로는 충분치 않습니다. 국민이 법의 행복한 효과를 느낄 수 있어

▪ 산악파 의원 슈디외는 "라콩브는 미모를 제외하면 다른 장점이 없다. 그녀는 우리의 공적인 축제에서 자유의 여신 역을 맡아 했다. 테루아뉴처럼 그룹에서 상당한 영향력을 가졌지만, 지적인 면은 전혀 없었다. 그러나 그녀의 행동거지는 대중에게 적합했다."라고 평가했다.

야 합니다. 국민이 비참하게 죽어가는 동안 그들의 피로 살찌우는 사람들을 분노의 눈으로 보아야 합니다.[36]

라콩브는 한발 더 나아갔다. 헌법에 따라 정부를 구성할 것과 공화국의 적이 내부에 옹호자를 갖지 않도록 모든 분야에서, 특히 군대에서 귀족들을 축출해야 한다고 주장한 것이다. 유능한 장군이 면직되면 군대가 혼란스러워지지 않을까 걱정하지 말라며, 유능한 장군일수록 그가 나쁜 마음을 먹으면 더 위험하니 한시바삐 교체해야 한다는 것이다. 상당히 정치적인 주장이었다. 그녀의 연설은 힘차고 웅변적이며 설득력이 있었다.

구체제에서 군대의 장교단에 들어갈 수 있는 자격은 대체로 귀족에게 한정되었다. 따라서 군대의 지휘부는 대개 귀족들로 구성되어 있었다. 혁명으로 귀족들이 망명하자 군대 조직이 와해하였으며, 망명하지 않은 장교들은 개혁을 추진하는 의회에 적대적인 태도를 보였다. 그럼에도 의회는 이러한 군사 문제를 해결하지 못했다. 1791년 6월 로베스피에르는 "우리는 귀족을 분쇄했습니다. 그런데 귀족들은 아직도 군대의 우두머리를 차지하고 있습니다."[37]라고 외치며 이를 경고했다. 이러한 상황은 라콩브의 연설이 나온 1793년까지도 크게 달라지지 않았다.

그러나 라콩브가 제안한 것들은 르클레르가 이미 주장했던 것들로 그녀와 격앙파의 밀접한 관련을 증명하는 꼴이 되었다. 회의를 주재하던 로베스피에르는 라콩브에게 아무런 답도 주지 않았다. 사실 귀족들을 군대에서 축출해야 한다는 주장은 새로운 것이 아니었다. 그전에 이미 폴린 레옹이 이끄는 여성대표단이 산악파에게 모든 직책에서 귀족들을 제외하라고 요구했으며 마라도 이를 인정한 바 있었다.

산악파는 국민공회의 독재만이 국가를 방어하고 보존할 수 있다고 믿었다. 그런데 라콩브의 청원서는 바로 이러한 산악파에 대한 직접적인 공격이었다. '혁명적 공화주의 협회'의 첫 회장은 폴린 레옹이었지만, 이때부터 클레르 라콩브가 협회를 대표했으며 그녀의 권위는 점점 더 높아져 갔다. 1793년 9월에 이르러 라콩브는 거의 테루아뉴만큼 대중성을 갖게 되었다.

혁명 후에 국가의 모든 것을 쥐고 흔들던 막강한 권력의 국민공회를 좌지우지하며 질책하는 그녀의 대담함은 놀랍다. 주제와 상관없이 항상 오만한 여장부 같은 연설 태도는 자신을 남성과 동등한 위치에 놓는 것이며 여성들의 정치적 권리의 표명이었다. 그리고 그것은 동시에 남성들의 적의를 사는 행동이었다.

라콩브에 대한 비난과 공격

산악파의 공포정치가 본격적으로 시작되었다. 혁명 광장의 단두대로 향하는 마차가 이어졌다. 로베스피에르를 혐오하고 이를 노골적으로 드러냈던 라콩브는 산악파의 공격대상이 될 수밖에 없었다. 라콩브에 대한 위협이 시작되면서 산악파 의원들이 그녀를 반혁명적이라는 혐의로 고발했다. 당시로서는 매우 위험한 혐의였다. 이는 투옥 중인 귀족 출신의 전 툴루즈 시장 조카에 대한 연민 혹은 사랑으로 그를 도와주려고 했기 때문이라고 한다.[38] 라콩브는 수감된 사람들을 조사해서 무죄인 사람들은 24시간 안에 풀어줘야 한다고 주장했다.

1793년 9월 16일 쟈코뱅 클럽의 회의가 열리는 날, 국민공회 의원

두 사람이 그동안 자신들과 라콩브 사이에 있었던 일을 증언했다. 그녀가 죄 없는 시장과 조카를 왜 감금했느냐, 그들을 석방하지 않으면 혁명파 여성들과 함께 복수하겠다고 위협했다는 것이다. 심지어 한 의원은 라콩브가 자기 심장을 건드린 사람은 시장이 아니라 조카라고 고백하면서 집요하게 사랑하는 남자의 석방을 요구했다고 주장했다. 그녀가 정말 귀족인 시장의 조카에게 마음을 빼앗겨 그를 구하기 위해 반혁명적인 행동을 했는지는 알 수 없다. 그것이 사실이라면 공과 사를 구분하지 못하고 감정에 휘둘리는 라콩브를 비난해도 좋을 것이다. 그러나 여성 혁명가들에 대한 공공연한 음해와 모욕이 아무렇지도 않게 횡행하던 시절에 그 의원의 말을 곧이곧대로 믿기는 어렵다. 더욱이 미모의 라콩브에게 휘둘리지 않았다고 자랑하면서 그녀에게 위협당했다고 주장하는 의원의 증언은 별로 신뢰가 가지 않는다.

공화주의 여성들이 죄 없는 사람들에 대한 연민의 정책을 채택한 것은 격앙파인 르클레르의 견해에 동조한 것이었다. 동시에 이러한 정책은 반대파를 숙청하면서 계속 단두대로 보내던 산악파의 공포정치에 대항하는 방책이었다. 라콩브가 젊은 귀족을 옹호한 것도 그의 무죄를 믿고 그를 구하려 한 것으로 생각한다. 이 사건 이후에도 르클레르는 여전히 라콩브의 연인이었다는 사실도 이를 반증한다.

그 의원은 계속해서 "그녀라콩브는 대단히 위험하다. 왜냐하면 그녀는 대단한 웅변가이기 때문이다."[39]라는 경고를 날렸다. 라콩브는 뭔가 말하려고 했지만, 장내가 너무 소란스러워져 의장이 나서서 사태를 수습했다. 의장은 혐의가 있는 여성들은 공안위원회를 불러 체포하겠다는 위협과 함께 공화주의 여성들에게 나갈 것을 요구했다. 한때 여성 투사들을 찬양하던 자코뱅 클럽의 남성들은 자신들에게 조금이라도 불이익이나 위협이 되면 가차 없이 여성들을 쫓아냈다. 이에 그치지 않고 그들은 라콩브와 르클레르를 공안위원회에 고발할 것을 결의했다. 라콩브를 비롯한 공화주의 협회 여성들이 산악파가 지배하는 국민공회와 자코뱅 클럽에서 상당한 위기에 처한 것이다. 그동안 공화주의 여성들은 지롱드파를 몰아낼 때 함께 협력했던 기억 때문에 산악파가 자신들을 해치지 않으리라는 믿음을 가지고 있었다. 그래서 자코뱅 클럽에서 대담하게 행동할 수 있었다. 그러나 그 믿음은 그날의 회의에서 무참히 깨졌다.

〈가제트 프랑세즈〉와 〈공안 신문〉은 라콩브가 투옥되었다고 알렸다. 후자는 특히 대단히 경멸적이고 거친 말로 그녀를 공격했다. "라콩브라는 여자가 마침내 감옥에 들어가 더 이상 해를 끼칠 수 없게 되었다. 이 술주정뱅이 혁명가 여자는 더 이상 물밖에 마실 수 없게 됐다. 그녀가 얼마나 술을 좋아하고 얼마나 식사 자리와 남자들을 좋아하는지 사람들은 다 알고 있다."[40] 이러한 모욕적인 비난은 라콩브가 여성이라는 사실, 게다가 배우 출신의 보잘것없는 여성인데다가 그녀의 여전사 같은 태도가 남성들의 심기를 건드렸기 때문이었다. 그러나 라콩브는 상대를 조롱하듯 〈가제트 프랑세즈Gazette française〉에 편지를 써서 자신이 자유로운 몸이라는 사실을 알렸다.

산악파를 비롯한 모든 파벌, 거리와 신문에서 '혁명적 공화주의 협회'와 그 지도자인 라콩브에 대한 모욕과 비난이 쏟아졌다. 심지어 같은 여성협회인 한 '우애협회' 대표는 이 협회를 자신들의 협회와 혼동하지 말라고 당부하면서 거리를 두었다. 격앙파의 쟈크 루와 르클레르의 작은 그룹만이 그녀들과 같은 편에 있었다.

라콩브는 폭풍처럼 쏟아지는 온갖 비난에도 굴하지 않고 당당하게 맞섰다. 그들의 비난은 아무런 논리도 권위도 없으며, 천박한 시기심과 불순한 귀족주의에서 나온 것이라고 확신했다. 이후에도 그가 이끄는 공화주의 여성들은 9월 20일 국민공회에 청원서를 보냈다. 매춘부들을 국가 수용소에 보내 유익한 일을 할 수 있도록 하고, 애국적인 책의 독서를 통해 좋은 품성을 갖게 하라는 요구였다. 빈곤한 여성들의 매춘 문제는 당시 여성운동가들의 주요 관심사였다. 라콩브를 비롯한 여러 여성운동가들은 국가에서 이 여성들을 구제해야 한다고 주장했다. 이들이 남성들이 거의 관심을 갖지 않는 빈곤 여성들의 매춘 문제에 대한 구제책을 요구한 것은 주목할 만하다. 여성운동가들은 그동안 여성이라는 이유만으로 터무니없는 비난과 모욕 등 부당한 대접을 받아왔다. 매춘여성을 성적 노리개로만 생각하는 대부분의 남성들과 달리 세상의 손가락질을 받는 매춘여성의 처지에 이들은 같은 여성으로서 연민과 함께 약자로서의 공감을 느꼈던 것이다.

8월 10일의 튈르리 궁 공격에 '혁명적 공화주의 협회'와 함께 나섰던 한 남성협회는 10월 6일 국민공회에서 라콩브와 공화주의 여성들을 공격했다. 여성 시민들 일부는 애국심이 결여되었다고 맹렬하게 비난하면서 이 여성협회를 해체하라는 요구까지 했다. 어제의 동지였던 여성들을 오늘의 적으로 간주하고 공격하는 남성들의 태도는 일견 비열해 보인다. 그들은 자기들끼리도 서로 공격하면서 패배자를 단두대로 보내곤 했으니, 자신이 공격당하기 전에 먼저 상대방을 공격해야 했다. 분파정치가 치열했던 공포정치 시대에 남성들은 만만한 여성들을 먼저 공격의 대상으로 삼았다. 그들은 이 여성들을 메디치 가문이나 영국의 엘리자베스 여왕, 마리 앙투아네트, 그리고 특히 마라를 암살했던 샤를로트 코르데에 비유했다. 공포정치 시대에 이러한 비난을 받는 것은 대단히 위험한 일이었다.

하지만 라콩브는 꺾이지 않았다. 바로 다음날 공화주의 여성들을 이끌고 국민공회의 난간에 나타나 이러한 중상과 모략에 강력하게 항의하면서 남성들이 여성들에게 가하는 부당한 탄압을 맹렬하게 비난했다. "아! 우리들은 남성들보다 고결한 사람들이다. 우리 여성들은 단 하나의 괴물샤를로트 코르데만을 만들어냈다. 반면에 우리들은 지난 4년 동안 남성들이 만들어낸 헤아릴 수 없이 많은 괴물에게 배신당하고 살해당했다. 우리의 권리는 민중의 권리이다. 만약 우리를 탄압한다면 우리도 탄압에 저항할 것이다."[41] 다음날에도 공화주의 여성대표들을 이끌고 자코뱅 클럽에 나타난 라콩브는 지난 9월 16일 자코뱅 클럽에서 귀족을 구하려고 했다고 고발당한 일에 대해 항변하면서 자신의 정당성을 주장했다. 그녀의 웅변에 참석자들은 박수를 보냈다.

몰락과 말년

그러나 이후에 라콩브와 공화주의 여성협회는 몰락의 길을 걷게 된다. 그녀의 격렬한 공격과 비난이 남성들의 적의를 불러일으켜 라콩브에 대한 공격은 갈수록 도를 더해갔다. 공화주의 여성대표단은 라콩브를 선두에 세우고 자코뱅 클럽과 지역의 코뮌, 의회, 민중클럽 등을 순회했다. 협회의 여성들과 산악파의 갈등은 점점 더 격렬해졌다. 특히 라콩브를 위시한 공화주의 여성들과 중앙시장 여성들 사이의 다툼과 소란은 라콩브의 몰락을 부추겼다. 그녀는 시장 상인 여성들에게 볼기를 맞았고, 국민공회는 10월 30일 '혁명적 공화주의 협회'를 비롯한 모든 여성클럽을 금지한다는 결정을 내렸다.

국민공회의 결정에도 불구하고 라콩브는 고집스럽게 투쟁을 이어 나갔다. 11월 5일에도 국민공회에 나타나 여성클럽을 금지한다는 포고문에 항의하는 연설을 하려 했지만 바로 저지당했다. 며칠 후에 라콩브는 다시 붉은 혁명모를 쓴 여성대표단을 이끌고 파리 시의회에 나타나 연설하려고 했다. 하지만 그들이 나타나자마자 방청석에서 "저 혁명모 쓴 여자들을 타도하라!"라는 외침이 들렸다. 장내가 소란스러워지자 의장은 이 여성들이 자유의 표징을 더럽히고 풍속을 교란하며 여성이기를 포기했다고 비난했다. 이어서 여성대표단은 특별 법령이 허락하는 한에서만 받아들이겠다는 결론을 내렸다. 시의회에서 모욕당하고 물러난 공화주의 여성들은 국민공회와 파리 시의회는 물론 중앙시장과 거리에서도 배척당하고 대중에게도 외면당했다.

격앙파가 몰락하자 위험에 처한 라콩브는 피신했다. 공안위원회는 1794년 4월 2일 라콩브의 체포를 명했는데, 같은 날 르클레르와 그의 아내가 된 폴린 레옹도 함께 체포되었다. 7월 27일 테르미도르 쿠데타로 로베스피에르가 처형되고 공포정치가 막을 내리자 폴린 레옹과 남편 르클레르는 8월에 석방되었다. 하지만 라콩브는 혁명정부와 로베스피에르를 고발하는 것을 거절했기 때문에 1년 더 감옥에 있다가 이듬해인 1795년 8월 20일이 되어서야 풀려났다. 세상이 바뀌었음에도 불구하고 불이익을 감수한 채 자신을 핍박하던 공포정치의 주역들을 고발하지 않은 그녀의 기개는 높이 사야 할 것이다. 동시에 라콩브는 테르미도르 쿠데타의 주역들을 믿지 않았던 것 같다. 그들에 대한 불신이 쿠데타 주역들과 한 편에 서기를 막았던 것이다. 그녀가 석방되었을 때는 이미 자코뱅 클럽도 폐쇄되고 혁명은 민중의 손을 떠났으며,

부르주아 온건파들이 국민공회를 장악하고 반혁명의 기운이 지배하던 시기였다. 라콩브는 온 힘을 다해 여성의 정치적 권리뿐만 아니라 사회적인 문제를 위해서도 투쟁했지만, 쟈크 루나 르클레르 등 격앙파 남성들의 보조적인 역할에 머물렀다. 그것이 당시 여성 전사들의 벗어날 수 없는 한계였다.

라콩브가 석방된 1795년 8월에 채택된 새 헌법은 부르주아를 위한 헌법이었다. 국가의 정치·경제적 지도력은 유복한 자산가들에게 귀속되어야 한다는 새 헌법은 이전의 헌법에서 한참 후퇴한 것이었다. 당시의 분위기는 혁명의 소멸과 함께 이후에 등장할 제정과 왕정복고라는 반동의 기운을 이미 내포하고 있었다. 이런 상황에서 여성운동가가 움직일 공간은 없었다. 같은 해 10월에 국민공회가 해산되고 11월에 총재정부가 수립되었다.

석방 후 라콩브의 행방에 대해 미슐레가 몇 마디 기록한 것이 남아있다. 1794년 6월 감옥의 문 앞에서 라콩브로 보이는 여성이 포도주, 설탕, 빵 등을 팔고 있었다고 했으나[42] 라콩브는 8월에 석방되었으니, 약간의 시간적 착오가 있는 것 같다. 혁명 법정의 옛 판사였던 빌라트는 저녁에 초를 사러 뤽상부르 상점 거리로 나갔다가 자질구레한 물건들을 파는 라콩브를 만난 일을 서술하고 있다. 공포정치 시기에 뤽상부르 궁이 감옥으로 사용되었으니, 미슐레가 말한 감옥의 문 앞도 뤽상부르 궁을 말하는 것 같다. 그녀는 여전히 아름답고 장사에 아주 익숙한 태도였다고 한다. 빌라트는 "누가 믿을 수 있겠는가, 이 사람이 그 유명한 로즈 라콩브(19세기에 일부 역사가들은 클레르 라콩브를 '로즈 라콩브'라고 불렀다.)라는 사실을! 혁명적 아마존 여전사, 우애협회의 도도한 회장이었으며, 우리가 만났던, 머리를 높이 치켜들고 거만한 시선과 당당한 걸음걸이를 가진 그 유명한 여배우임을."⁴³이라고 하면서 탄식했다. 라콩브가 한때 도도하고 당당한 여전사로서 대중들에게 얼마나 강하게 각인되어 있었는지 알 수 있는 대목이다.

이후에도 라콩브의 삶은 순탄하지 않았다. 파리를 떠나 낭트Nantes로 가 다시 배우 생활을 했지만 정치 활동에는 일절 관여하지 않았다. 그녀가 수감되기 전에 이미 마리 앙투아네트와 올랭프 드 구즈, 롤랑 부인 등이 로베스피에르의 공포정치 아래 처형당했다. 이때는 라콩브만이 아니라 어떤 여성도 정치적 활동이나 여성의 권리를 위해 움직일수 있는 상황이 아니었다. 공포정치가 끝난 뒤에도 1795년의 헌법에 따라 여성의 의회 방청과 모든 정치적 모임에 참여하는 것이 금지되어 여성들의 활동은 극도로 위축되었다. 1798년 라콩브는 극단과 함께 다시 파리에 나타났다. 그리고 1826년 5월 2일 파리의 살페트리에르 자선병원에서 사망했다는 마지막 기록이 남아있다.

한 역사가는 라콩브와 올랭프 드 구즈가 여성해방과 여성의 권리를 위해 힘을 합쳐 싸웠다면 그들의 노력은 그렇게 덧없이 실패하지는 않

파리 11구에 있는 '클레르 라콩브 산책로' 표지판. 표지판에는 그녀가 배우, 페미니스트이며 '혁명적 공화주의 여성시민 협회'의 공동 설립자라고 명시되어 있다.

앉을 거라는 가정을 했다.[44] 그러나 두 사람의 성향은 너무 달랐다. 라콩브가 산악파보다 더 급진적이며 상퀼로트를 위해 투쟁한 여성이었다면, 올랭프 드 구즈는 공화주의자로 변신하기는 했지만 왕정에 호의를 가졌으며 지롱드파와 가까웠던 부르주아 계급이었다. 때문에 안타깝지만 두 여성의 연합 전선은 애초에 기대할 수 없는 것이었다.

또한 아름다운 라콩브에 대해 "그녀는 테루아뉴만큼 군중의 마음을 끌지 못했다. 왜냐하면 그녀는 자신의 경쟁자만큼 특이하지 않았기 때문이다. 이런 상황에서 아름다움은 그다지 중요하지 않았다. 독특한 개성이 필요했다."[45]라고 평가한 사람도 있었다. 두 여성을 경쟁자의 위치에 놓고 그들의 역량보다는 외모와 매력을 중심으로 평가하는 것도 지극히 남성적인 편견이 아닌가. 여성들이 갈 길은 한참 멀었다. 파리 11구에는 라콩브의 이름을 딴 작은 길이 있다.

3. 지롱드파의 여신, 마농 롤랑

18세기의 프랑스 여성들이 모든 형태의 정치에서 배제된 채 어둠 속으로 추방당했다면, 마농 롤랑Manon Roland, 1754~1793은 예외적인 존재였다. 롤랑 부인Madame Roland이라고도 불리는 마농 롤랑은 남성들의 영향을 받아 활동한 것이 아니라, 반대로 남성들에게 상당한 영향력을 행사하면서 자신의 정치적 이념을 실현해 나갔다.

파리의 부르주아 가정에서 비교적 자유롭게 성장한 마농은 상당한 독서와 사색을 해온 지적이고 영민한 여성이었다. 지식인으로서 남성들만큼 자신도 정치와 지성의 세계에 참여하고 싶었으나, 여성에 대해 지극히 보수적이었던 시대에 그녀는 겸손과 절제를 통해 그늘에서 활동하는 쪽을 택했다. 뛰어난 지성으로 정치적 역사적으로 중요한 의미가 있는 수많은 편지와 회고록을 남겼지만, 자신을 드러내지 않으려 조심했다.

어린 시절부터 결혼까지

1754년 파리의 유복한 판화가의 딸로 태어난 마농은 모친이 낳은 칠 남매 가운데 유일하게 살아남은 아이였다. 어린 시절부터 지극히 총명했던 그녀는 굳은 의지와 단호한 성격의 소유자였다. 독서를 좋아하는 아이였던 마농이 8살에 읽은 《플루타르코스 영웅전》은 후에 그녀의 정치 생활에도 상당한 영향을 끼친다. 그 밖에도 성경과 소설, 몽테스키외, 볼테르 등의 철학자들이 그녀의 독서목록에 들어갔다. 11살에 수녀원에 들어간 마농은 그곳에서 만난 두 친구와 일평생 서신을 교환하면서 우정을 이어갔다.

18세기에 여성 교육은 일반적인 것이 아니었으며, 귀족이나 부르주아 여성도 대부분 읽고 쓰는 정도의 교육에 그쳤다. 그러나 마농은 이에 만족할 수 없었다. 마농 롤랑은 《회고록》에서 어린 나이부터 독서와 사색을 통해 자신을 성찰하고 형성해 갔으며, 정신적으로 대단히 성숙한 소녀였다고 밝혔다. 소녀 시절부터 그녀는 자신이 당시의 보통 여성들과는 다른 삶을 살게 되리라는 것을 알고 있었다. 상류층의 젊은 여성들이 사교계의 경박한 놀이에 시간을 보낼 때 마농은 혼자 책상에 앉아 공부하기 좋아했다. 자기 성찰과 사색, 열성적인 공부 같은 습관이 정신의 자유로움을 마음껏 발전시켰다.

여성의 지적인 성장을 거의 허용치 않던 18세기 사회에서 마농은 그만큼 예외적인 존재였다. 당시의 젊은 부르주아 여성은 일반적으로 지적인 성장보다는 신부로 선택받는 것이 인생의 목표였다. 부모들도 딸의 교육을 그러한 목적에 맞게 제한했다. 그러나 마농의 부모는 딸의 교육을 그렇게 한정하지 않았다. 영민한 딸을 신뢰했던 부모는 마농의 독서 범위를 제한하지 않고 선택의 자유를 주었다. 당시의 부르주아 가정에서 딸에게 이러한 자유를 허용한다는 것은 매우 이례적인 일이었다.

부모의 자유로운 교육에 힘입은 어린 마농의 독서 범위는 철학과 역사, 시와 소설, 현대와 고대의 작가들을 망라하였다. 특히 루소의 《누벨 엘로이즈La Nouvelle Héloïse》에 깊은 감명을 받아 그를 평생의 스승으로 여겼다. 고대 그리스 로마의 위대한 인물들의 영웅적 행위는 조국을 위한 정치적 행동과 결단, 영웅적 행위에 투사되었으며, 여덟 살에 읽은 《플루타르코스 영웅전》은 그녀가 혁명을 위해 헌신할 때 힘을 주는 원천이었다.

스무 살에 모친이 별세했을 때 마농은 깊은 슬픔과 상실감에 몸을 떨었다. 어머니를 잃은 애통함을 그녀는 《회고록》에서 상세하게 기록했다. 모친의 사후에 마농은 집안의 안주인이 되어 부친을 위해 가사를 도맡아야 했다. 그런 상황에서도 매일 아침 일찍 일어나 시간을 내어 공부에 열중했으며, 친구에게 편지 쓰기도 게을리하지 않았다. 그녀가 벗이나 연인 혹은 정치적 동지들에게 쓴 상당한 양의 편지들은 나중에 책으로 출간되었다. 마농의 편지들은 종종 세비녜 부인■에게 비교되었으며 18세기 서간문학의 흥미로운 한 부분이 되었다.

처녀 시절에 모친과 함께 베르사유궁의 사교계 모임에 갔던 마농은 부르주아를 은근히 얕잡아보는 귀족들의 태도에 심한 모욕감을 느꼈다. 그때의 모욕감과 귀족에 대한 증오를 마농은 평생 잊지 않았다. 재능이나 품위에 있어서 부르주아 여성들이 월등하다고 절실히 느꼈지만, 현실은 귀족들의 특권을 뛰어넘기 어려웠다. 게다가 화려한 치장 뒤에 숨은 여성들 사이의 치열한 경쟁과 사교계의 경박함은 마농의 취향과는 거리가 멀었다. 나중에 남편이 혁명 대열에 참여하는 데 적극적으로 역할하고 자신도 음지에서 열정적으로 정치에 뛰어든 것은 이

■ 세비녜 부인은 17세기의 명망있는 귀족부인이다. 그녀가 딸에게 쓴 편지들은 지인들 사이에서 널리 읽혔으며, 현재는 프랑스 문학의 중요한 유산이 되었다.

러한 경험이 큰 작용을 했다.

아름다운 외모와 단호하면서도 우아한 태도, 부드럽고 매력적인 미소는 사람들의 시선을 끌었다. 많은 남성들이 그녀의 환심을 사기 위해 모여들었지만, 마농은 모든 청혼을 물리쳤다. 마농의 부모는 그녀의 선택을 존중했으며, 그녀가 원치 않는 상대와 결혼하기를 강요하지 않았다. 구혼자가 보낸 편지에 부친은 마농이 원하는 대로 거절하는 답장을 쓰곤 했다. 부친의 딸에 대한 신뢰와 존중은 당시의 시대 풍조로 볼 때 대단히 예외적이며 놀라운 바가 있다. 그러한 부친 밑에서 마농은 자신의 지적인 역량을 마음껏 성장시킬 수 있었다.

부친은 그래도 딸이 부유한 상인과 결혼하기를 바랐지만, 마농은 교양과 지적인 욕구, 그리고 감수성이 있는 사람을 원했다. 그녀는 《회고록》에서 "내게 결혼은 영혼의 가장 내밀한 결합이어야 한다. 나는 나와 비슷한 사람하고만 결합할 수 있다."[46]라고 고백했다. 그러나 마농처럼 높은 교양과 지적인 욕구를 가진 여성에게 구혼자 중에서 자신의 수준에 맞는 짝을 찾기란 쉬운 일이 아니었다.

1776년 마농은 수녀원에서 만나 우정을 교환하던 친구를 통해 장-마리 롤랑Jean-Marie Roland, 1734~1793을 알게 되었다. 그는 유명한 경제학자이며 저명한 지식인이고 동시에 공장 감독관이었다. 마농보다 스무 살이나 많았던 롤랑은 그녀에게 마음을 빼앗겼다. 롤랑은 그녀에게 청혼했지만, 마농의 부친은 결혼을 반대했다. 오랜 망설임과 기다림 끝에 마농은 부친의 허락이 떨어지자 26세인 1780년 롤랑과 결혼했다.

결혼 후에 롤랑 부인이 된 마농은 남편이 초기 혁명 대열에 참여하는데 적극적인 역할을 했다. "생애 내내 그녀는 남편의 일을 함께했다. 학술 강연이나 기술적인 개론서, 공장 감독관으로서 써야 하는 보고

마농 롤랑 부인의 초상, 작가 미상, 1790

서, '백과전서 보충편'에서 남편이 맡은 기사의 작성, 그리고 대혁명 기간에 남편이 내각의 장관으로서 써야 했던 글들도 같이 작성했다."[47] 마농은 남편 못지않은 혹은 그 이상의 지식인으로서 남편의 모든 지적인 작업을 함께 했다. 마농에게 결혼생활은 애정보다도 남편의 직업적인 계획이나 지적인 일을 함께하는 동반자의 역할이 더 컸다.

결혼 첫해에 파리에 살던 부부는 1년 후인 1781년 파리 북쪽의 아미앵으로 이사했다. 남편이 맡은 '백과전서 보충편'의 집필을 위해서였다. 이 시절에 롤랑은 자신이 직접 글을 썼으며, 아내의 도움을 받기는 했지만 그녀의 펜을 빌리지 않았다. 롤랑 부인이 본격적으로 남편을 대신해 글을 쓰게 된 것은 훗날 롤랑이 장관이 된 다음의 일이었다.

1784년 롤랑이 프랑스 동남부의 도시 리옹의 공장 감독관을 맡게 되어 부부는 리옹 근처로 이사했다. 1788년이 시작될 때까지 마농 롤랑은 정치에 크게 관심을 두지 않았다. 리옹에서의 마농은 전원생활에 푹 빠져 벗들에게 보내는 편지에도 포도 수확과 전원의 즐거움에 관해 쓰곤 했다. 그러나 '자유의 땅' 영국을 알고 싶어 하고 스위스의 연방 체제에도 관심을 가졌던 것을 보면 공적인 일에 전혀 관심이 없었던 것은 아니다.

대혁명의 발발과 롤랑 부인의 변화

대혁명 1년 전인 1788년 봄부터 롤랑 부인의 편지는 갑자기 달라진 다. 급변하는 상황에서 정치와 사회 정의에 관한 관심이 그녀를 압도 했으며, 공적인 사건들에 열정적으로 집착했다. 삼부회가 소집된다는 소식에 도시의 제3계급은 곳곳에 모여 토론하고 청원서를 작성했으 며, 자신들의 명예로운 역할을 할 준비를 하고 있었다. 혁명이 시작되 자 롤랑 부인도 시민들의 도취상태와 함께하면서 정의감과 인류의 진 보에 기여하겠다는 뜨거운 열정을 느꼈다. 파리의 시민들처럼 리옹의 시민들도 서로에게 새로운 우애와 연대감을 느끼면서 혁명의 열기에 빠져들었다. 롤랑 부인은 이때의 감격을 친구에게 보낸 편지에 썼는데 이 글이 리옹의 신문에 실렸다.

1789년 10월 6, 7일에 쓴 편지에서 롤랑 부인은 의회가 취해야 할 행동에 대한 계획과 함께 의회를 당장 베르사유에서 파리로 옮겨야 한 다는 생각을 밝혔다. 이날은 파리 여성들의 베르사유 봉기가 있던 다 음날이었다. 롤랑 부인의 생각대로 의회는 국왕의 뒤를 따라 며칠 후 에 파리의 튈르리궁에 자리 잡았다. 이때부터 롤랑 부인의 어조는 지도자나 선동자의 어조가 되었다. 편지는 민중을 계몽시키고 혁명을 전파할 최고의 수단이 된 것이다. 동성의 벗들에게 보내던 우정의 언어로 쓰인 편지들이 남성적인 용어로 바뀌었다. "생각만 하는 사람들은 자신의 사상을 전파해야 한다. 이러한 사상들을 복사해서 유권자 위원회에 보내라……."[48]

남편 를랑은 1790년 3월 지역 의회 의원으로 선출됐다. 이때부터 롤랑의 서명이 들어간 공적인 글들은 상당 부분 롤랑 부인이 쓴 것으로 추정된다. 그녀가 더 글을 잘 쓴다고 믿었거나, 혹은 부인 자신이 정치적 신념을 실현하기 위해 남편의 이름을 빌었기 때문이다. 롤랑은 친구와 함께 〈리옹 통신〉을 창간했으며, 롤랑 부인도 여기에 정치적 기사들을 썼다.

롤랑이 대중 앞에서 특권을 폐지해야 한다고 설파한 후에 리옹에서 폭동이 일어났다. 그는 반란을 선동한다는 비난을 받았다. 롤랑 부인까지 누추한 곳들을 찾아가 가난한 사람들에게 돈을 나눠주면서 폭동에 끌어들인다고 비난받았다.

파리에 있는 롤랑 부부의 친구들은 이미 혁명에 투신했다. 지롱드파의 정치인 카미유 데물랭과 서신을 교환하던 두 사람은 그가 발행하는 신문에 리옹의 사건에 관한 기사를 게재했다. 특히 지롱드파의 지도자 브리소는 훗날 롤랑 부부의 경력에 결정적인 역할을 하게 된다. 롤랑 부인은 점점 더 깊은 관심을 가지고 기사 형식의 글을 썼으며, 이를 브리소에게 보내면 그가 신문에 싣곤 했다. 파리의 친구들과 서신을 교환하는 가운데 파리에는 이미 부부의 친구들로 구성된 동아리가 만들어져 그들을 기다리고 있었다.

대혁명의 발발은 롤랑 부인의 열정적인 애국심을 일깨웠으며, 전월

의 단조로운 생활에 마침표를 찍는 결정적인 계기가 되었다. 《회고록》
에는 "혁명에 임해서 전혀 열정적이 되지 않는다는 것은 매우 어려운
일"이라는 구절이 나온다. 혁명은 파리를 비롯한 모든 도시 시민의 열
정을 일깨운 대사건이었다.

편지와 《회고록》

  18세기에 서간문은 여성적 글쓰기로 여겨졌다. 여성적인 감성, 가
족, 사적인 생활 등을 가까운 이에게 편지로 전하는 형식은 17세기에
세비녜 부인에게서 높은 수준의 성취를 보여주었다. 롤랑 부인의 경우
도 1780년 결혼하기 전까지 수녀원에서 만난 벗들에게 쓴 편지들은 이
범주에 든다. 파리 부르주아의 내밀한 생활과 벗들에 대한 친밀감, 사
적인 감성 등을 보여주던 편지들은 그녀가 정치에 뛰어들면서 어조가
완전히 바뀌었다. 자기 내면을 보여주는 자전적이고 사교적인 편지가
혁명과 정치에 참여하면서 감성적인 언어를 벗어버리고 정치와 공적
인 일을 논하는 남성적인 용어로 바뀐 것이다. 그녀의 관심은 사적인
영역에서 공적인 영역으로 전이되었다. 글쓰기를 좋아하는 그녀에게
개인적 글쓰기인 서간문 형식이 권력에 대항하는 좋은 수단이 되었다.
남성들의 정치적 대화에 끼어들어 발언하기 쉽지 않았던 18세기의 분
위기에서 서간문은 자신의 정치적 견해를 표현할 수 있는 효과적인 수
단이 된 것이다.
  롤랑 부인은 생애 마지막 순간까지 수많은 편지를 썼다. 동성의 벗
에게 쓰던 사적인 편지가 결혼 이후에는 그 대상이 주로 지롱드파의

여러 정치인들로 바뀌었다. 그들은 모두 남성들이었으며 편지의 내용은 공적인 것이었다. 이 편지들은 대혁명 시기 롤랑 부인의 정치적 영향력을 잘 보여준다.

편지어서 그녀는 종종 수신인을 일깨우기 위해 거의 명령조의 강한 어조를 썼다. 여러 벗이나 정치적 동지들, 남편에게 썼던 편지들은 자기 뜻을 알리고 상대방에게 행동을 요구하는 정치적 무기가 되었다. 이를 통해 롤랑 부인은 공적인 현장에 자신을 드러낼 수 있었다. 한번은 내무장관인 남편 이름으로 루이 16세에게 어떻게 행동해야 하는가를 직언하는 편지를 쓴 적이 있으며, 또한 내각의 이름으로 로마에 억류된 프랑스 출신 예술가를 풀어달라는 내용의 편지를 교황에게 브내기도 했다. 《회고록》에서 두 편지 모두 자신이 쓴 것임을 밝히면서, 자신이 비밀리에 쓴 글이 엄격한 내각을 통과해 교황에게 보내진 것이 몹시 재미있었다고 썼다. 익명으로 혹은 내무장관인 남편의 이름으로 쓴 글들이 주위의 남성들에게 높은 평가를 받으면서 그녀는 자신의 글에 자부심과 만족감을 느꼈다. 그 내면에는 공적인 일을 맡아서 글을 쓰고 싶다는 욕구가 숨어 있었다. 롤랑 부인이 여성이 아니었다면, 그리고 그렇게 일찍 처형되지 않았다면, 훨씬 더 마음껏 문학적으로 혹은 정치적으로 역량을 발휘했을 것이다. 남성 못지않은 혹은 그 이상의 정치적 역량이 있었지만, 여성이라는 이유로 공적인 역할을 맡z 못하고 그늘에서 활동하다가 일찍 떠난 것은 참으로 아쉬운 일이다.

투옥된 후에는 감옥에서 《회고록》을 썼다. 원고는 면회 온 친구들을 통해 조금씩 밖으로 내보냈다. 롤랑 부인의 《회고록》은 자전적인 기록인 동시에 대혁명의 역사적 기록이었다. 편지와 《회고록》을 통해 우리는 남성들로만 이루어진 정치 세계에 롤랑 부인이 여성으로서 어떻게 연루되고 어떠한 영향력을 행사했는가를 알게 된다.

이렇게 많은 편지와 《회고록》을 남겼지만, 롤랑 부인은 작가로서 자신을 세상에 드러내기를 원치 않는다고 강조했다. 어떠한 경우에도 작가가 되겠다는 꿈을 꾸지 않았다고 주장했지만, 글을 쓰고 싶은 욕구는 작가가 되지 않겠다는 그녀의 바람을 배반했다. 롤랑 부인의 이율배반적인 태도는 어디에서 나오는 것일까. 그것은 세상이, 남성들이 강요한 것이었다.

나는 어느 날인가는 작가가 되겠다는 가벼운 생각조차도 결단코 갖지 않았다. 작가라는 이름을 얻은 여성은 그녀가 얻은 것보다 훨씬 더 많은 것을 잃게 된다는 사실을 나는 아주 일찍부터 알았다. 남자들은 그런 여성을 전혀 좋아하지 않으며 같은 여성들은 그녀를 비판한다. 그녀의 작품이 좋지 않으면 사람들은 그녀를 비웃는다. 작품이 좋으면 사람들은 그녀한테서 그것을 빼앗아버린다. 그녀가 가장 훌륭한 것을 만들어냈다는 사실을 인정할 수밖에 없게 되면 사람들은 그녀의 성격이나 품행, 행동, 재능 등을 샅샅이 조사해서 흠을 찾아낸다.[49]

18세기의 프랑스 사회에서 지적인 여성이란 커다란 결함이었다. 여성이 자기 글을 출판하려는 생각을 갖는 것은 가족에 대한 헌신과 겸손이라는 '여성의 미덕을 해치는' 중대한 죄를 범하는 일이었다. 여성들에게 강요되는 미덕을 벗어난 여성이 어떤 공격과 중상모략을 당하는지 롤랑 부인은 일찍부터 알았다. 그래서 작가로서 자신을 세상에 알리기보다 익명으로 글을 쓰고 그늘에서 활동하기를 선택했다. 젊은 시절 그녀의 재질을 알아본 사람이 작가가 되기를 권했지만, 마농은 이를 받아들이지 않았다. 작가적인 재능이 있어도 글을 쓰고 출판을 한다면 남성은 물론 같은 여성들에게서도 배척당하고 온갖 험담의 대상이 되는 것이 18세기 프랑스 여성이 처한 현실이었다.

독서를 몹시 좋아하던 어린 시절, 그녀가 할머니와 함께 한 친척 부인을 찾아간 적이 있었다. 나이 많은 부인은 마농의 독서열을 걱정했다. "아이가 너무 유식한 사람이 되지 않게 조심하세요. 그건 큰 불행이 될 거예요." 학식이 많은 여성은 불행하고 가엾은 처지가 된다는 투인의 걱정은 지금 생각하면 이상하지만, 당시로서는 지극히 현실적인 생각이었다. 어린 시절의 이러한 경험을 잊지 않은 마농은 표면적으로라도 당시의 관습에 순응하고 작가로서 자신을 드러내지 않으려고 애썼다. 그래서 그녀가 쓴 글들은 생전에 출판된 적이 없으며, 다만 가까운 친구들, 지적인 교류를 가졌던 남성들 사이에서 읽혔을 뿐이다. 죽기 전에 감옥에서 후세를 위하여 썼던 《회고록》을 제외하고 마농은 자신의 글에 서명하지 않았다. 익명으로 쓰거나 혹은 글에 좀 더 무게를 주기 위해 남편의 이름을 빌리는 쪽을 택했다.

롤랑 부인과 비슷한 예로 혁명기의 여성 언론인 케랄리오 부인이 있다. 그녀는 귀족 출신이지만 공화주의자였다. 그녀의 살롱에는 당시의 산악파 의원들을 비롯한 유명 정치인들이 드나들었으며, 그중에는 롤랑 부부도 있었다. 그러나 롤랑 부부와는 곧 불화를 겪었다고 한다. 케랄리오 부인이 남편과 함께 만든 신문의 좌우명은 '자유롭게 살 수 없다면 죽음을'[50]이라는 강력한 명구였다. 그녀는 롤랑 부인처럼 익명을 고집하지 않고 자신의 이름으로 글을 썼다. 하지만 공화주의자로서 신문을 발간하고 글을 쓰면서도 올랭프 드 구즈처럼 여성이 정치적인 공간에 자신을 드러내는 것에 대해 반감이 있었다. 그러나 굳이 익명을 고집하지 않고 자신의 이름으로 공화주의적 신념을 신문에 쓰고 여러 정치적인 글을 발표하는 것은 그 자체가 이미 정치적인 공간에 자신을 드러내는 것이었다. 이는 롤랑 부인의 경우처럼 자신의 신념과 모순되는 행동이었다. 18세기 여성들에게 강요된 '여성다움'이란 족쇄가 지적인 여성들에게 이처럼 모순된 행동을 강요했다.

글을 쓰고자 하는 욕구는 롤랑 부인에게는 거의 생존 본능과 같았다. "나는 남편과 함께 식사하듯이 남편과 함께 글을 썼다. 왜냐하면 글을 쓰는 것은 먹는 것과 마찬가지로 내게는 지극히 자연스러운 일이었기 때문이다." 작가가 되지 않겠다는 결정과 자신을 드러내지 않으려는 조심성에도 불구하고 글쓰기 본능은 그녀에게 많은 글을 쓰게 했다. 자신의 사상을 널리 알리거나 민중을 계몽하고 상대를 설득하는 데는 말보다 글이 더 효과적이라고 믿었기 때문이다. 《회고록》에서 그녀는 감옥에 갇혔을 때 "글을 쓸 수 있나요? 누군가를 만날 수 있나요? 그것이 나의 첫 번째 질문이었다."라고 밝혔다.

《회고록》은 단순한 사적인 기록이 아니라 자신이 겪고 이해한 대혁명의 전후 맥락과 상황을 알리기 위해 역사적인 서술 방법으로 쓴 글이다. 억눌러왔던 작가적 본능과 시대가 여성에게 요구하는 겸손의 미덕을 버리고 그녀는 자신의 문학적, 정치적 역량을 마음껏 드러냈다. 언제 처형될지 모르는 상황에서 《회고록》을 쓴 것은 자신이 겪은 대혁명의 진실을 후대에 남기기 위해서였지만, 이는 또한 자신의 정치적 이상을 표현하는 수단이었다.

《회고록》을 쓰면서 특히 중요하게 생각한 것은 진실을 그대로 솔직하고 투명하게 밝히는 것이었다. 자신에게 불리한 사건도, 심지어 젊었을 때 성폭력을 당할 뻔한 일도 솔직하게 밝혔으며, 자신이 남편 아닌 다른 남자를 사랑한다는 사실까지 썼다. "나는 감성이 풍부한 소녀가 덕이 높은 아버지를 사랑하고 그를 위해 자기 연인까지도 포기할 수 있을 정도로 남편을 명예롭게 생각하고 귀하게 여긴다. 하지만 내 연인이 될 수 있는 남자를 찾았다."[51] 연인의 이름은 밝히지 않았지만 사랑하는 남자가 있음을 고백했고, 동시에 남편에 대한 또 다른 형태의 애정도 분명하게 밝혔다.

롤랑 부인의 여성관

롤랑 부인은 18세기 프랑스 사회가 여성에게 요구하는 소위 '여성의 미덕'을 부정하지 않았다. 여성의 굴레에서 해방되겠다고도 하지 않았다. 여성의 권리를 위해 끝까지 투쟁했던 올랭프 드 구즈와 크게 다른 점이다. 구즈와 달리 그녀는 가정의 행복을 중요하게 여겼다. 리옹 교외의 시골에서 전원의 평온함과 부드러움 가운데 가정의 진정한 행복을 느꼈던 것 같다.

그런 그녀에게도 '자유'는 대단히 중요한 개념이었다. 가사와 육아도 잘해야 하지만, 집안일뿐 아니라 다른 분야의 일들, 철학이나 문학, 정치 등의 분야에 대해서도 의견을 나눌 수 있는 '정신의 자유'가 중요했다. 아내의 의무는 숭고하지만 부부는 평등해야 하며, 그 가운데 가정의 행복이 있다는 것이다. 그녀는 평생 두 가지 일, 전통적인 여성의 역할에 충실하면서도 공적이고 정치적인 삶에 관여하는 것을 조화시키려 애썼다. 장관이 된 남편에게 절대적인 영향력을 행사했던 부인은

《회고록》에서 정치적 사건이 진행될 때 현명한 아내의 역할이 중요함을 강조했다. 정치에 대한 자신의 신념을 남편을 통해 실현할 수밖에 없었던 것은 시대의 한계였다.

리옹 전원의 평온하고 조용한 생활에 대한 만족감에도 불구하고 공적인 생활에 좀 더 적극적으로 참여하기 위해 부부는 결국 파리로 올라온다. 파리의 친구들로 이루어진 작은 공화국을 만들어 민중들을 일깨우는 데 자신의 역량을 발휘하고 싶었던 롤랑 부인은 수도에 자리잡을 필요성을 느꼈다. 공적인 공간에서 정치에 관여하게 되면서 시대가 요구하는 전통적인 여성상에 순응하던 롤랑 부인은 점차 달라진다. 집안에서 벌어지는 남자들의 정치적 토론에 끼어들지는 못하지만, 손으로는 일을 하면서도 마음은 남자들의 토론으로 향했다. 그들의 대화를 들으면서 때로는 자기 의견을 말하고 싶은 욕구를 참기 위해 입술을 깨물어야 했다. 사회가 여성에게 요구하는 관습을 존중하기 위한 조심성과 국가의 정치적 대사에 참여하고 싶은 강렬한 욕구 사이의 갈등이 그만큼 컸다.

지롱드파 내각과 정치와 공공의 장에서 점차 중요한 위치를 차지하게 된 롤랑 부인은 여성적인 겸양의 미덕을 유지하면서도 행동이 필요할 때는 망설이지 않았다. 도움을 요청받으면 생동감과 적절한 표현, 우아하면서도 폐부를 찌르는 힘 있는 어조로 말했으며, 사람들은 매혹되었다.[52]

남편이 위급한 상황에 부닥치거나 의회에서 부당한 혐의를 받을 때 혼자 의회에 달려 나가 남편을 변호하는 일도 마다하지 않았다. 그녀의 뛰어난 연설에 의원들은 설복당했다. 민중 여성도 아니고 부르주아 여성이, 더구나 장관의 부인이 혼자 다니는 것은 흔치 않은 일이며, 의회에 나타나는 것은 더욱 예외적인 일이었다. 이러한 행동은 롤랑 부인의 강인한 성격과 함께 그녀가 점차 여성에게 강요된 굴레를 벗어나고 있음을 보여준다.

결혼 전에 친구에게 쓴 편지를 보면 일찍부터 그녀가 여성의 미덕이라는 굴레를 얼마나 힘겨워했는지 알 수 있다.

> 나는 마치 우리의 동물원에 잡혀온 불타는 아프리카의 동물 같아요. 힘차고 자유로운 본성이 가진 생명력으로 자기에게 맞는 기후에서 마음껏 뛰어다닐 수 있어야 하는데, 그러한 능력도 펼치지 못하게 좁은 우리에 갇혀 있도록 강요당하고 있어요.[53]

자유를 빼앗긴 채 동물원 울타리 안을 맴도는 야생 동물처럼 '여성에 대한 편견'이라는 족쇄에 갇혀 자기 능력을 발휘할 수 없는 안타까움 혹은 억울한 심정이 고스란히 드러나는 글이다. 내면에 감춰진 힘은 다행히 롤랑과 결혼하면서, 또한 지롱드파가 그녀를 그룹에 받아주고 지롱드파의 뮤즈로 인정해준 덕분에 펼칠 수 있게 된다.

《회고록》에서 그녀는 "남편이 장관이 되었을 때 어떤 여성의 방문도 받아들이지 않고 어떤 여성도 식사에 초대하지 않겠다는 원칙을 세웠다."라고 했다. 자신의 회합이 그저 즐거움과 오락을 위한 사교계 모임처럼 보이는 것을 극구 경계했기 때문이다. 여성과 함께하면 지롱드파 안에서 자신의 정치적 역량과 영향력을 충분히 발휘할 수 없을 것이라고 생각했다. 정치의 중심에서 자신의 이념을 실현하기 위해서는 여성을 멀리하고 남성들 사이에서 활동할 때만 기회가 온다고 믿었다. 그래서 롤랑 부인은 자신의 살롱에 남편의 동료 의원들을 비롯한 정치인

들을 초대했지만, 여성은 초대하지 않았으며 여성클럽과 어떠한 관계
도 맺지 않았다.

이때는 수많은 민중클럽과 함께 여성클럽이 활발하게 활동하던 시기
였다. 여성들의 정치적 욕구가 분출하던 시기에 다른 여성들과 연대할
수도 있었지만, 롤랑 부인은 오히려 여성들의 세계와 거리를 두었다.
그 대신 결정권을 가진 남성들 즉 남편과 지롱드파 친구들을 통해 자
신의 정치적 견해를 실현하는 길을 택한 것이다. 이러한 태도는 세상
을 지배하는 남성들의 세계에서 자신의 합법성을 확보하기 위한 하나
의 전략이었다. 어린 시절 수녀원에서 만났던 친구들과 서신을 주고받
으며 오랜 우정을 나눴고, 깊은 우정과 애착을 가졌던 수녀와도 지적
이고 청정한 영혼의 교류를 했지만, 그들과 나누는 편지도 롤랑 부인
의 정치적 관심과 영향력이 커짐에 따라 점차 줄어들었다.

더욱이 상류사회 여성들의 사교계 같은 것은 그녀의 관심을 전혀 끌
지 못했다. 오히려 18세기 사교계의 호사스러움에 강한 반감을 보였
으며, 겉치레에 치중하는 사교계보다는 자신의 지성을 기르는 것을 더
중시했다. 결혼 전에 어머니와 함께 참석했던 사교계 경험도 여성들에
대한 깊은 불신을 갖게 하는 데 한몫했다. 그들의 경박함과 겉치레, 남
자들의 시선을 끌기 위한 교태 등은 참을 수 없는 것이었다. 사교계 여
성들의 공들여 가꾼 외모와 타인의 시선을 끌고 그들의 마음에 들기
위한 노력이 젊은 마농에게는 허영과 겉치레로 보일 뿐이었다.

살롱이라는 곳에 모인 사람들은 문학을 말하고 문학적으로 비치기를
원했지만, 그녀가 보기에는 변변찮은 재능과 그럴듯한 가짜들이 지배
하는 곳으로 실제로는 여성들의 허영과 남성들의 위선이 펼쳐지는 곳
이었다. 그녀는 몇몇 여성들의 살롱을 언급하면서 그들의 허영심과 빈

약한 문학적 재능을 비웃었다. 여성들의 문학 활동을 진지하게 보지 않았던 것이다. 정치에 입문하면서 자신의 살롱을 여성들 특히 사교계를 멀리하고 남성들만으로 구성한 것도 이런 경험에서 나온 것이다. 그만큼 여성에 대한 불신이 컸다. 그녀에게 정치는 매우 진지한 일이었으며, 사교계에서 시간이나 보내는 일이 되어서는 안 되었다.

혁명기에도 재기 있는 귀족이나 부르주아 여성들이 주도하는 살롱이 여럿 있었다. 그 살롱들은 대개 왕당파에 속했지만, 일부 여성은 귀족이라는 신분과 상당한 재산을 가진 특권계급에 속하면서도 케랄리오 부인처럼 자신의 살롱을 민주주의적, 자유주의적 인사들의 사랑방으로 만들기도 했다.■⁵⁴ 그 중에는 입헌군주제를 지지하는 사람도 있었고 공화제를 지지하는 사람도 있었다. 귀족인 콩도르세 부인도 정치와 종교에 대한 관용, 개인이나 각 국민의 평등, 삶의 조건의 개선 등을 지향했던 여성으로서 그녀의 살롱에는 저명한 외국인들도 자주 드나들었다. 미국 독립의 영웅이며 미래의 미국 대통령인 토머스 제퍼슨, 벤자민 프랭클린의 조카, 경제학자 애덤 스미스 등 영미의 저명인사들이 모이면서 콩도르세 부인의 살롱은 계몽 유럽의 중심이 되었다. 또한 그녀가 1790년 말에 이사하면서 새롭게 연 살롱은 초기 '공화주의자들의 온상' 가운데 하나가 되었다.⁵⁵ 파리로 올라온 올랭프 드 구즈가 상류계층의 살롱에 받아들여지게 된 것도 콩도르세 부인의 살롱

■ 또 다른 귀족인 리샤트르 공작부인은 자유주의 정파의 재정에 상당한 기여를 했으며, 혁명의 첫 단계에서 적지 않은 역할을 했다는 평가를 받는다. 그녀는 자유주의 사상과 혁명에 대한 기여로 망명 귀족들의 증오의 대상이 되었다. 같은 자유주의적 살롱에 속했던 한 후작부인도 자유주의자로 거듭 나면서 다른 귀족들에게 자신의 '타고난' 계급을 '배신한 여성'이라고 비난받았다.

이 시작이었다.

그 밖에도 국민공회 의원이나 내각의 장관을 남편으로 둔 상류계층 여성들의 정치적 사교적 모임이 공화국의 정치에 영향을 끼쳤다. 결정권을 가진 의회나 내각의 정치인들, 여론을 주도하는 언론인들이 여성들의 살롱에 드나들면서 이들과 연합하고 이들에게서 영감을 얻고 영향을 받았다. 그 가운데 가장 영향력이 컸던 모임은 물론 롤랑 부인의 살롱이었다. 롤랑 부인이나 구즈만큼 유명한 여성은 아니지만 공화주의자로서 혁명의 편에 섰던 살롱 여성들은 더 있었다.

롤랑 부인은 앞에 나서서 소란스럽게 행동하는 여성들을 불신했으며, 이들의 경박함과 나쁜 품행 때문에 그들이 도모하는 일이 웃음거리가 되고 결과적으로 일을 망친다고 경계했다. 테루아뉴 드 메리쿠르나 클레르 라콩브, 올랭프 드 구즈 같은 민중 출신이나 신분이 낮은 여성들은 지적으로도 롤랑 부인과 비교할 수 없을 정도로 낮았기 때문에 그녀와 함께 일하기가 쉬운 일은 아니었으며, 롤랑 부인은 그들과 함께한다는 생각은 꿈에도 하지 않았다. 실제로 앞의 세 여성은 고급 화류계 여성이거나 배우 등으로 주류보다는 사회의 주변부에 속했던 여성들이었다. 이들은 한때 유명세를 타기는 했지만, 곧 제각기 다른 형태로 희생되었다. 높은 지성과 함께 자신에게 엄격했던 마농 롤랑에게 이 여성들은 매우 낯선 부류의 여성들이었다. 게다가 남성들은 여성들끼리 모여 정치적 활동을 하는 것에 상당한 반감을 품고 있었다.

상당한 독서와 사색을 통해 남성 못지않은, 혹은 그 이상의 지성을 갖춘 여성으로서 롤랑 부인은 내무장관인 남편과 함께 혁명운동의 주류가 되었다. 앞의 세 여성은 세상을 시끄럽게 하기는 했지만 실제로 혁명의 흐름에 큰 영향을 주지는 못했다. 그러나 롤랑 부인은 남편의 뒤에서, 혹은 다른 지롱드파 의원들을 통해 자기 생각을 실현해 나갔다. 여성들의 세계를 멀리하고 자신의 살롱에 남성들만을 받아들인 것은 그녀가 택한 전략이었다. 하지만 상당한 지적 수준에 공화주의자인 비슷한 신분의 상류계층 여성들과 함께 연대해서 혁명의 과업을 도모했다면 더 큰 정치적 성과를 얻을 가능성도 있었다. 그러나 롤랑 부인의 지나친 자부심과 여성에 대한 불신이 다른 여성들과의 연대를 막았다.

지롱드파의 여신

어린 시절부터 가졌던 왕정과 특권계급에 대한 반감은 처음부터 롤랑 부인을 공화주의자로 만들었다. 그녀의 눈에 루이 16세는 나약하고 허위에 가득 찬 인간이었으며, 마리 앙투아네트는 프랑스를 망친 주범이었다. 그들은 프랑스를 이끌어갈 능력이 없었다. 구체제의 귀족들 특권은 우스꽝스럽고 미친 짓이었다. 마농은 모친에게 이끌려 베르사유 궁전을 방문했을 때 귀족들의 허영과 부를 자랑하는 행태에 혐오감을 느꼈고 그들의 차별적인 태도에 모멸감을 느꼈다. 자신이 귀족이 아닌 부르주아 계층이라는 사실을 절감했다. 이런 경험을 통해 그녀의 정치적 관심은 자라났다.

1791년 2월 파리로 돌아온 뒤 그녀가 한 일은 "그동안 대혁명의 진행과정과 의회가 했던 일들을 알아보고 의회에서 가장 주목할 만한 멤버들의 성격과 능력을 연구"[56]하는 일이었다. 그녀는 의회로 달려갔다. 리옹의 시골에 있는 동안 얼마나 공적인 역할에 대한 욕구를 느끼고 있었는지 알 수 있는 대목이다. 대혁명은 에너지와 열정의 근원이 되었다. 온몸과 영혼을 정치에 바치면서 그녀는 공공의 행복을 위한 강렬한 에너지를 보여주었다.

의회와 자코뱅 클럽의 토론을 지켜보면서 롤랑 부인은 엄격한 시선으로 의원 개개인의 성격을 꿰뚫어 보았다. "그들의 허위와 비겁함, 저열함, 의원들이 벌이는 코미디, 자유의 벗이라는 사람들의 망설임과 우유부단함 등을 발가벗긴 듯이 들여다보았다. 누구에게도 사정을 두지 않았다. 그녀가 좋아하는 브리소는 소심하고 경솔했으며, 콩도르세는 이중적이라고 생각했다."[57] 토론 중에 남자들이 어떤 일을 연기하자고 하거나 장애물이 있다는 따위의 말을 하는 것을 참을 수 없었다. 장애물을 두려워하지 말고 행동하라, 남자가 되라, 이것이 그녀가 바라는 일이었다. 그러나 이 남성들은 혁명 과정에서 중첩되는 수많은 사건을 겪으면서 끝없는 토론과 의견 다툼, 새로운 세상을 만드는 일을 해온 사람들이었다. 매일 같이 의회와 자코뱅 클럽에서 토론하고 다음날의 회기를 준비하고 신문에 기고도 하고 지역의 회의에도 참가하고, 일은 끝이 없었다. 이들은 사실 지칠 만했다.

남편과 함께 혁명과 정치에 헌신하면서 롤랑 부인은 오랫동안 스승으로 삼았던 루소에게서 해방된다. 여성은 집안에서 가사에 헌신해야한다는 루소의 가르침을 더 이상 따를 수 없었다. 파리에 오자 그녀 안에 잠들어 있던 에너지가 깨어났으며, 그것은 집안일보다 좀 더 큰일을 위한 에너지였다. 허약한 체질에도 불구하고 그녀의 강인한 에너지는 후에 남편이 장관이 되어 정치의 한복판에 서게 되면서 더욱 힘을 발휘한다.

미슐레는 롤랑 부인을 완벽한 여성, 완전무결한 덕성을 지닌 여성으로 표현했다. "근면하고 검소하며 생기 있고 순수한 여성, 투명한 피부와 굳세고 맑은 눈의 롤랑 부인은 힘과 덕성의 가장 확실한 이미지였다. 그녀의 우아함은 물론 여성의 것이었으나, 그녀의 씩씩한 정신, 엄격한 영혼은 남성의 것이었다."[58] 그에 의하면 롤랑 부인은 남성과 여성의 장점을 두루 지닌 완벽함의 표상이었다. 그녀의 친구들, 주변의 남성들이 오히려 여성처럼 보인다는 것이다.

롤랑 부인은 자신이 여성의 미덕을 지키려 했다는 사실을 거듭 강조했다. 하지만 실제로 지롱드파 내부에서 했던 그녀의 역할과 영향력을 볼 때 반복되는 주장은 다만 정치에 뛰어든 자신의 행동을 정당화하기 위한 것으로 보인다. 1791년 6월에 있었던 국왕 일가의 바렌 탈주 사건에 더 이상 침묵을 지키고 있을 수 없었다. 그녀는 이를 전쟁의 시작으로 보았다. 사건 직후 친구에게 쓴 편지에서 더 이상 자신을 억제하고 집 안에 머물러 있을 수 없으며, 왕정의 폭주와 일탈을 막기 위해 싸워야 한다고 주장했다.

롤랑 부인은 점차 지롱드파에서 중요한 역할을 하게 되었다. 주위의 정치인들에게 방향을 제시하고 친구들은 그녀의 의견을 존중했다. 부인의 영향력은 점점 더 커졌다. 그들은 자신의 의견을 세상에 공표하기 전에 롤랑 부인과 토론했다. 부인을 에워싼 그룹에서 나온 정치적 견해의 대부분은 그녀에게서 나온 것이라고 한다. "이 여성은 1791년에서 1793년 사이 국가의 운명에 같은 세대의 다른 남성들보다 더 큰 영향력을 행사했다."[59]라고 말한 사람도 있었다. 하지만 롤랑 부인은 혁명에 대해 비관적이었다. 혁명이 뚜렷한 지도자 없이 우연에 맡겨졌다는 것이다. 의회 의원들에 대해서도 상당히 비판적이었다. 그들이 작은 개인적 이해관계에 사로잡혀 있다거나 재능도 보잘것없다고 신랄하게 비판하면서 "그들에게 없는 것은 정신이 아니라 영혼"이라고 강조했다.

신문에도 계속 글을 썼지만 익명을 고집했다. 그 이유에 대해 "나는 우리의 관습이 아직 여성들에게 자신을 드러내도록 허락하지 않는다고 생각한다. 여성들은 사람들을 행복하게 만들고 먹이고 조국에 유용한 감정을 불러일으켜야 하지만, 정치적인 과업에 경쟁하는 것처럼 보여서는 안 된다."[60]라고 하여 표면적으로는 당시의 여성에게 강요하는 관습을 존중하는 태도를 보였다. 그러나 익명 아래 자신의 정치적인 견해를 가감 없이 드러냈다. 그녀의 펜은 거침이 없었으며 편지는 대부분 경종을 울리는 말로 끝맺었다. "전장에 나가 싸우거나 아니면 은퇴합시다. 더 이상 중간은 없습니다." 여성이라는 굴레만 없었다면 롤랑 부인은 당대 어느 남성 정치인보다 과단성 있는 행동하는 정치인이 되었을 것이다. 하지만 그녀에게 주어진 것은 펜밖에 없었다. 그녀가 아무리 행동을 촉구해도 남성 정치인들이 움직이지 않으면 아무것도 할 수 없었다. 안타까운 일이다.

1791년 9월 14일 루이 16세가 헌법에 서명했다. 온 나라가 기쁨에 겨워 춤을 추었다. 이제 혁명은 끝났으며 더 이상 전쟁도 없고 프랑스 국민은 승리를 누릴 수 있게 되었다고 믿었다. 그러나 롤랑 부인은 구체제의 유물인 왕의 거부권을 남겨 놓은 것에 절망했다. 의회는 왕의 승인을 얻기 위해 이를 남겨두었지만, 그녀의 생각은 달랐다. 거부권이라는 것은 진정으로 나라와 국민을 생각하는 합리적인 지도자라면 경우에 따라 적절하게 쓸 수 있지만, 무지와 무능, 국가나 국민보다 자신의 안위만을 생각하는 지도자에게 주어진다면 나라의 재앙이 되는 권한이다. 무능한 루이 16세를 믿지 않았던 롤랑 부인이 왕에게 주어진 거부권에 절망한 것은 당연했다.

실망과 피로감에 부부는 리옹으로 돌아갔다. 하지만 리옹에서 쓴 편지에서 "시골의 모든 무의미함이 내 머리 위에 떨어진 것 같아요. 마치 공허와 어둠 속에 파묻힌 것처럼 느껴집니다."[61]라고 하여 정치의 장에서 떠난 짙은 아쉬움을 표현했다. 얼마 전까지 전원생활에 행복을 느끼던 사람이 이렇게 달라진 것이다. 롤랑 부인에게 중요한 것은 개인의 행복만이 아니라 공공의 복리, 국가와 모든 시민의 행복에 기여하는 일이었다. 그녀는 공적인 역할을 떠날 수 없었다. 부부는 1792년 파리로 돌아왔다.

남편 롤랑은 자코뱅의 한 위원회에 임명되었다. 당시에 자코뱅 클럽은 혁명운동의 요람이었으며, 이때는 아직 지롱드파와 산악파로 분열하기 전이었다. 1792년 3월 롤랑은 지롱드파 내각의 내무장관이 되었다. 미슐레는 롤랑에 대해 "그가 프랑스에서 가장 정직한 사람인 것을 알아보려면 그의 얼굴을 잠깐 보는 것으로 충분하다. 근엄하고 왕정 아래 사는 시민이나 나이 든 사람이라면 갖게 되는 슬픔을 띤 얼굴을."[62]이라고 묘사했다. 롤랑 부인은 장관이 된 남편을 통해 자신의 정치적 견해를 더욱 효과적으로 실현할 수 있게 되었다.

그녀는 지롱드파 친구들의 우유부단함, 일처리의 지지부진함에 대해 사정없이 비판의 펜을 휘둘렀지만, 로베스피에르는 높이 평가하고 그가 위험에 처했다고 생각됐을 때 그에게 피신처를 제공해주려고까지 했다. 리옹에 돌아갔을 때도 로베스피에르에게 편지를 써서 그의 용기와 원칙에 충실함을 높이 평가하고 그에 대한 각별한 기대를 표시했다. 그러나 후에 두 사람은 서로에 대해 가장 강렬한 적대감을 느끼게 된다.

18세기의 살롱은 두 가지로 나뉜다. 하나는 우아함과 방종, 재치와 유쾌함과 가벼움으로 특징되는 사교계의 살롱이고, 다른 하나는 계몽주의와 철학 등을 전파하는 살롱이었다. 그러나 롤랑 부인의 살롱은 두 가지 경향의 살롱과 철저하게 선을 긋고 본질적으로 정치적인 문제에만 전념하는 매우 드문 살롱이었다. 그녀는 이 그룹의 진정한 중심이 되었으며, 그녀가 없이는 그룹은 존재할 수 없었다. 그녀의 결단력과 조언, 영향력, 용기 등이 주위 남성들을 지배했으며, 그녀는 지롱드파의 뮤즈가 되었다. 의원과 언론인들의 만남의 장이 된 살롱은 지롱드파의 온상이 되었으며, 공화국의 이상을 논하는 자리가 되었다. 이들은 공동의 주제에 대해 편지를 주고받으며 그들의 주장을 전파해 나갔다.

1792년 봄, 내각의 중요한 문제는 오스트리아와 전쟁을 해야 하는가 하는 문제였다. 브리소는 전쟁을 원했으며 로베스피에르는 반대했다. 결국 4월에 전쟁은 시작됐고 지롱드파와 산악파의 분열은 확실해졌다. 두 파의 분열에 롤랑 부인이 상당한 역할을 했다고 한다.

롤랑 장관은 아내를 절대적으로 신뢰했으며, 그녀의 조언에 귀를 기울였다. 지롱드파의 지도자인 브리소도 그녀를 신뢰했다. 그녀는 남편과 다른 정치인 사이에 중개자 역할도 맡았다. 국민공회 의원인 뷔조와는 플라토닉한 연애 관계였던 것으로 유명하다. 지롱드파 의원들과 혁명에 대한 열정을 공유하고 가깝게 지냈지만, 끝까지 남편에게 충실했으며 편지에 썼던 것처럼 "존경할 만한 어르신"인 남편을 마치 아버지처럼 사랑했다. 스무 살이나 나이 차이가 나는 두 사람은 실제로 부부라기보다 아버지와 딸처럼 보였다. 한편 남편 롤랑 장관은 부인의 명성에 가려져 저평가된 경향이 있다. 롤랑 장관은 "가슴 속에 프랑스를 품고 있는 뜨거운 심장의 시민이었으며 …… 왕정 치하에서도 당시에 가능했던 최선의 방법으로 공공복리를 위해 성심을 다했던 사람이다."[63]라는 평가를 받는다.

강하고 독립적인 여성이었던 롤랑 부인은 때때로 더 많은 자유를 누리기 위해 남자가 되었으면 하는 바람을 가졌다. 한 편지에서는 여성으로 산다는 것이 재미없으며 가끔은 자유를 얻기 위해 남장을 하고 싶을 때가 있다고 썼다. 테루아뉴가 아마존 전사의 복장을 한 것과 같은 이유라고 할 수 있다. 이런 시대에 자기 생각이 분명하고 열정과 에너지가 넘치는 여성들에게 '여성'이라는 굴레는 견디기 어려운 족쇄였다. 동서양을 막론하고 그 때문에 불행해진 여성들을 우리는 많이 알고 있다. 다행스럽게도 스스로 선택하고 행동했던 롤랑 부인은 자신의 열망과 맞지 않는 여성적인 세계에서 벗어나 조국의 운명을 결정하는 공적인 영역과 남성들 사이에서 자신의 자리를 만들었다. 내각의 인물들에게 영향력을 행사했으며, 그들이 서둘러서 행동하기를 원했다. "사람들이 빠르고 단호하게 행동하지 않거나 정확한 요점을 강하게 때리지 않으면 지옥에 빠진 것처럼 괴로워"[64] 했다. 지롱드파 의원들이 그녀의 조언과 충고를 따랐다는 것은 그녀를 한낱 여성이 아니라 자신들과 동등한 정치적 식견을 가진 사람으로 인정했다는 것이다. 그리하여 롤랑 부인은 혁명의 과정에서 어느 여성보다 더 영향력 있는, 어느 남성 정치인 못지않은 역할을 했다.

혁명의 진행과 롤랑 부인의 지도자적 역할

귀족들의 특권과 구체제에 대해 비판적이었던 롤랑 부인은 새로운 공화국이 민중을 일깨우고 제멋대로 권력을 행사하는 왕정으로부터 해방시켜주리라는 희망을 품었다. 그러나 산악파의 공포정치는 공화국에 대한 환상을 깨트렸다. 대혁명이 실제로는 증오와 폭력을 가져올 뿐이라는 현실을 깨닫게 된 것이다. 따라서 1792년 이후에는 일부 혁명가들의 급진성을 비판하면서 특권을 누리던 왕이나 귀족에 대해 좀 더 관대한 마음을 갖게 되었다.

1792년 6월 10일, 롤랑 부인은 내무장관인 남편의 이름으로 루이 16세에게 편지를 썼다. 왕은 의회가 제정한 법령의 승인을 미루고 내각도 이에 끌려가고 있었다. 나약하고 수동적인 왕에게 민중의 소요와 국가의 혼란을 막기 위해 시급하게 해야 할 일을 제시하고 강력한 시행을 촉구하는 편지는 남편 롤랑 장관의 면직이라는 결과를 가져왔다.

8월 10일 민중들이 튈르리궁을 공격할 때 지롱드파의 태도는 모호했다. 그들은 공화정의 원칙과 왕의 행동 사이에 어떤 화해 점을 찾으려고 했지만, 사태는 예상보다 훨씬 더 격렬하게 진행되었다. 사건 전날 밤 파리 각 구의 대표들이 시청에 모여 '봉기 코뮌'을 결성하고 10일 아침에 튈르리궁을 공격한 것이다. 코뮌의 압력과 민중의 승리 앞에서 의회는 국왕의 권한을 정지시키고, 왕과 그의 가족을 탕플 탑으로 보내는 결정을 할 수밖에 없었다. 허울만 남아있던 왕정이 마침내 완전히 무너진 것이다.

면직당한 롤랑은 8월 10일 봉기 이후 다시 장관 자리를 되찾았다. 그 사이에 적군은 국경을 위협했다. 조국이 위험에 처했다는 의식이 광범위하게 퍼지면서 파리의 혼란은 더욱 심해졌고, 각 지방에서 소요가 일어났다. 9월 2일 저녁에 200여 명의 파리 시민들이 내무장관인 롤랑을 만나기 위해 집 앞으로 몰려왔다. 이들은 적과 싸우기 위한 무기를 요구했다. 마침 롤랑은 집에 없었다. 이때 롤랑 부인이 나섰다. 9월 학살이 시작될 무렵이었다. 흥분한 민중들이 반혁명 분자들을 처단해야 한다며 감옥으로 몰려가던 위험한 시기였다. 그럼에도 불구하고 롤랑 부인은 그들을 진정시키기 위해 시민 대표들을 집으로 초대해 장관이 집에 없음을 보여주고 그들과 토론을 제안했다. 그녀는 용기와 단호함, 솔직한 태도와 함께 여성의 부드러움과 온화함으로 민중과 대화를 나누었으며 그들의 신뢰를 얻었다. 민중은 마침내 물러갔다. 남성 정치인 못지않은 담대함과 정치력을 보여준 사건이다. 민중이 물러가자, 롤랑 부인은 바로 남편에게 달려가서 그동안의 사실을 알렸다.

상황은 혼란스러웠고 지롱드파는 이 혼돈의 상황에 무력했다. 지롱드파의 누구도 앞장서서 내각을 통솔하지 못했다. 1792년 9월 20일 국민공회가 소집될 때까지 의회와 코뮌 사이에, 그리고 산악파와 지롱드파 사이에 투쟁이 전개됐다. 다시 내무장관이 된 롤랑은 권력의 혼돈 상태를 종식하기 위한 노력으로 필요한 경우 각 부 장관의 권한을 강화하려 했다.

9월 학살에 대해서도 지롱드파는 무능함을 드러냈다. 내무장관인 롤랑은 국민방위대에게 학살자들을 막도록 지시했으나 이루어지지 않았다. 그러자 마라는 각각의 행정구역에 보내는 파렴치한 내용의 서류를 작성해 당통에게 서명하게 했다. 이미 9월 5일 자 편지에서 산악파의 위협을 "우리는 로베스피에르와 마라의 칼 아래 있습니다."[65]

라고 경고했던 롤랑 부인은 이러한 서류에 서명한 당통에게 격렬한 분노를 드러냈다. 9월 9일 자 편지에서 그녀는 "당통이 모든 걸 지휘했다. 로베스피에르는 그의 꼭두각시에 지나지 않으며 마라는 횃불과 비수를 들었다. 사나운 선동가가 지배하고 있다. 우리는 그의 희생자가 될 날을 기다리며 압제에 신음하는 자에 지나지 않는다."[66]라고 썼다. 당통의 잔인함을 그렇게 고발하던 롤랑 부인은 한때 로베스피에르를 올바른 사람이라고 믿었다. 그러나 나중에 감옥에 있을 때는 로베스피에르가 상상했던 그런 사람이 아니라 피에 굶주린 잔인한 사람이라고 비난했다.

학살의 잔혹함을 격렬히 비난하던 롤랑 부인은 희생자가 된 귀족들과 비선서 사제들에 대해 전과 달리 연민의 마음을 갖게 되었다. 루이 16세를 혐오한 것처럼 귀족들의 특권도 미워했지만 잔인한 학살 앞에서 그녀의 미움은 수그러들었다. 자유와 평등을 지향한 혁명이 이렇게 비인간적인 잔혹성을 보인 것에 심한 부끄러움을 느꼈다. "내가 대혁명에 얼마나 열정을 가졌는지 당신은 잘 알 것입니다. 그런데 지금은 혁명이 수치스럽습니다! 대혁명은 그 흉악함 때문에 퇴색했고 추악한 것이 되었습니다!"라고 친구에게 썼다. 그리고 학살의 배후가 당통이라고 비난했다. 그녀는 혁명기에 저질러진 모든 악의 책임자가 당통이라고 믿었으며, 가장 치열하게 비난한 것도 당통이었다. 그는 혁명의 모든 잔혹함의 근원이며 유일한 폭군이었다. 그러나 롤랑 부인의 비난처럼 당통이 9월 학살을 지휘했다는 증거는 없으며, 그는 오히려 산악파 내에서 온건파에 속했다.

롤랑 부인은 적들에게뿐 아니라 친구들인 지롱드파 의원들에게도 비판을 아끼지 않았다. 친구들이 사려와 분별력이 부족하다고 비난하면서 지롱드파의 행동 양태를 비판했다. 결정을 내리지 못하는 우유부단함, 순서에 따라 문제를 하나씩 해결해가는 것이 아니라 이 주제에서 저 주제로 옮겨 다니는 가벼움 등이 그녀가 본 지롱드파의 문제들이었다. 그들은 진지하고 정직하게 문제를 놓고 토론하지만 아무런 결론도 내리지 못하다가, 결국 의회에서 상대에게 패배하게 된다는 것이다. 롤랑 부인은 지롱드파 의원들의 나약함과 결단력 부족을 비판하면서 그들의 행동을 촉구하기 위해 말보다 더 자유롭게 표현할 수 있는 편지라는 형식을 빌렸다.

편지들을 보면 롤랑 부인은 지롱드파 의원들에게 조언과 영감을 주는 뮤즈를 넘어 점차 지도자 같은 역할을 하고 있음을 알 수 있다. 지롱드 내각의 전쟁부 장관에게 보낸 1792년 5월 9일 자 편지의 한 부분을 보면 그녀의 확고한 신념과 단호한 태도가 여실히 드러난다.

사람들은 혁명을 원한다고 말하면서 모든 적을 위해 비난받아 마땅한 배려를 해주었습니다. 좀 더 확고하고 솔직해져야 합니다. 숨김없이 목표를 향해 나아가야 합니다. 헌법이 작동하게 하고 내각이 진심으로 혁명을 원한다는 것을 유럽에 보여줘야 합니다.

당신의 주위에 좋은 시민들을 두세요. 당신이 하는 일에 덜 반대할 겁니다. 당신의 동료들이 쓸데없는 소리로 혁명을 변질시킬 때 그들을 큰 소리로 꾸짖으십시오.[67]

이 정도면 내각을 지휘하는 지도자의 태도가 아닐 수 없다. 단호함과 함께 자기의 생각과 의도를 에둘러 말하지 않고 직설적으로 표현하는 롤랑 부인의 성격이 잘 드러나는 글이다. 그녀는 지롱드파의 어떤 남성 정치인보다 용기와 열정을 가진 여성이었다. 그녀는 계속 편지를 통해 명석함과 판단력, 앞날을 내다보는 힘이 부족하다고 생각되는 지롱드파 친구들을 경계하면서 행동을 촉구했다. 상대방을 설득하기 위해 새로운 문장을 시작할 때마다 "생각해 보십시오. 당신이 취한 조처를 …… 생각해 보십시오. 왕이 한 일을 …… "처럼 '생각해 보라'는 말을 반복적으로 사용하는 스타일은 격렬하면서도 권위적이다. 롤랑 부인의 생각에 지금은 행동할 때인 것이다. 지롱드파 친구들의 위급한 사건에 대처하는 답답한 태도에 분노한 롤랑 부인의 편지는 시간이 갈수록 더욱더 격렬해지고 명령조를 띠게 된다.

8월 10일의 민중 봉기 직전에 다가오는 위기를 감지한 롤랑 부인은 지롱드파의 결단을 촉구하는 편지를 수장인 브리소에게 보냈다. 그런데 그 내용은 상대에 대해 거의 모욕적이라고 할 정도였다. 편지는 현재 남아있지 않지만 이를 "역사적으로 대단히 중요한" 편지라고 평가한 생트뵈브Sainte-Beuve의 분석이 남아있어 지롱드파에서 그녀가 한 역할을 좀 더 잘 알 수 있다.

8월 10일의 임박한 위기가 닥칠 때 그녀는 바렌 사건 때처럼 이미 더 이상 급박하고 절대적인 조처를 요구하지 않았다. 각 구가 모여서 왕의 폐위가 아니라 임시적인 왕권의 정지를 요구하기를 바랐다. 폐위는 헌법을 위반하지 않으면 불가능하지만 왕권의 정지는 어렵기는 하지만 헌법의 한 조항에 따르면 가능할 것이라고 브리소에게 썼다. 그녀는 이토록 위협적인 상황에서 의회의 침묵과 브리소의 불확실한 태도에 불만을 나타냈다. …… 그녀는 자신의 충고에 따라 이 위기를 안정시킬 수 있고 좋은 사람들을 규합하기에 적합한 훌륭한 인물을 헛되이 찾았다. 브리소에게 그러한 인물이 되라고 부추기면서도 거의 그를 믿지 않았다. 그가 너무 사람을 잘 믿고 천성적으로 조용하며 심지어 순진하다는 사실을 알고 있었다.[68]

8월 10일 봉기는 산악파의 공포정치가 시작되는 빌미가 된 사건이었다. 생트뵈브의 분석에 나타난 롤랑 부인의 편지에는 위기의 상황에서도 좀처럼 움직이지 않는 지롱드파에 대한 안타까움이 묻어난다. 그녀의 말처럼 왕이 적과 내통한다고 생각한 민중이 왕궁을 습격한 8월 봉기 이전에 지롱드파가 먼저 왕권을 정지시켰다면 사태는 달리 전개되었을 것이다.

그녀는 결정을 내리는 데 있어서 너무 느리고 소극적이며 불확실한 지롱드파를 믿을 수 없었다. 롤랑 부인의 열정과 기개와 달리 그들은 국가를 통치하기에는 너무 유약한 사람들이었다. 위험에 직면해서 뭘 해야 할지 모르는, 그녀의 말대로 "혁명에 부족한" 사람들이었다. 그들이 사회적인 대변혁을 이끌 수 있는 용기와 지혜가 부족하다는 사실에 분노한 롤랑 부인은 끊임없이 그들을 비난하고 행동에 나서라고 강요했다. 그녀가 생각하는 위대한 인물은 어린 시절에 깊은 감명을 받았던 《플루타르크 영웅전》의 로마의 영웅들처럼 '원칙에 있어서 엄격하고 행동에는 단호하고 재빠른' 사람이었다. 그리고 지롱드파의 친구들이 그와 같은 사람이 되기를 원했지만, 그들은 그 바람을 충족시켜 주지 못했다. 품위와 덕성을 갖춘 지식인들인 지롱드파 의원들은 평화의 시기라면 좋은 지도자가 될 자질이 충분한 사람들이었다. 그러나 혁명이라는 격변의 시기에는 지혜와 함께 용기와 과단성, 행동하는 지도자가 필요했다. 롤랑 부인이 보기에 그녀의 친구들은 그런 점이 너무 부족했다.

그녀가 묘사한 페티옹Pétion의 삽화를 보면 그도 역시 이성과 충직함, 순수한 의도, 좋은 덕성을 갖추고 있지만 순진하다고 할 정도로 순박한 사람임을 알 수 있다. 개인적으로는 훌륭한 덕성이지만 한 정파의 지도자가 되기에는 맞지 않는 품성이었다. 그러나 이 정직한 남자도 공포정치 하에서 왕당파와 결탁했다는 혐의로 처형당하고, 그의 부인과 아들까지도 사형선고를 받는다. 페티옹의 장모까지 딸을 구하려 했다는 혐의로 단두대로 보내지는 현실을 밝히면서 롤랑 부인은 죄 없는 사람을 무수히 단두대로 보낸 이 끔찍한 정치 현실을 고발했다.

롤랑 부인은 언론을 이용해 아첨하는 말과 거짓으로 민중을 속이고 노예로 삼으려는 일부 정치인들의 행태를 신랄하게 비판했다. 민중을 타락시키는 근원이 산악파 의원들과 각 구의 지역 모임들이라고 생각한 그녀는 이들이 그럴듯한 말로 민중을 속이면서 점점 더 극단적인 폭력으로 몰고 간다고 믿었다. 교육을 받지 못한 민중은 인형처럼 조종당하면서 정치인들의 노예가 된다는 것이다. 따라서 민중을 일깨울 교육과 계몽이 필요했다. 그녀가 신문에 정치적 글을 발표한 것은 이러한 사악한 정치인들에게 맞서 진실을 밝혀 민중을 계도하겠다는 목적이 컸다.

민중에게 공화국의 이념을 전파하기 위해 브리소가 창간한 신문 〈프랑스의 애국자Patriote français〉가 자유롭고 중립적인 신문이라고 생각한 롤랑 부인은 이에 적극 참여했다. 자신의 정치적 견해를 민중과 공유할 수 있다는 사실에 큰 기쁨을 느낀 그녀는 신문이야말로 힘없고 무지한 민중들을 계몽하고 자신의 말을 듣게 할 수 있는 이상적인 수단이라고 생각했다. 주로 익명으로 글을 썼지만 다른 사람들의 증언이나 회고록 혹은 롤랑 부인 자신의 회고록 등에서 실제 필자가 밝혀지곤 했다. 투옥된 뒤에는 신문 대신 자신이 겪었던 사건들의 진실을 투명하게 밝힘으로써 독자들을 깨우치겠다는 목적으로 《회고록》을 썼다.

롤랑 부인에 대한 비난

롤랑 부인은 되도록 자신을 드러내지 않고 편지라는 수단을 통해 정치적 활동을 했지만, 남편과 지롱드파에 대한 부인의 영향력은 모든 정치인에게 알려졌다. 남편의 이름으로 발표한 글도 사실은 그녀의 글이라는 사실을 사람들은 알고 있었다. 남성들은 여성의 정치 개입과 영향력에 대해 상당한 반감을 품었다. 마라는 지롱드파의 정책이 '롤랑 부인의 규방'에서 나왔다고 비난하면서 여성이 정치 세계에 끼어드는 것을 비판했다. 로베스피에르도 롤랑과 그의 동료들에 대해 비판적이었고 자코뱅 클럽에서 이들을 교묘한 말로 비난했다. 특히 정파의 지도자가 한낱 여성이라는 사실에 분노했다. 반대파에게 그런 말을 들을 정도로 지롱드파 안에서 그녀의 역할은 컸다. 그 와중에 부부의 오랜 친구 가운데 그들을 배신하고 산악파로 넘어간 사람도 있었다. 그 이유가 롤랑 부인이 자신보다 다른 사람 곧 뷔조Buzot에게 더 애정을 보여주었기 때문이라고 하는 설도 있다.

지롱드파의 뮤즈는 남편을 통해 혹은 가까운 뷔조 의원을 통해 당통을 더욱더 거칠게 공격했다. 지롱드파와 롤랑 장관에 대한 부인의 영향력과 자신에 대한 공격이 어디서 나오는 것인지 확인한 당통은 "롤랑이 그의 거처에 혼자 있는 것이 아님을 모든 사람이 알고 있다. 그러나 나는 내 집에 혼자 있다. 국가는 아내의 눈이 아닌 다른 눈으로 보는 장관들이 필요하다."⁶⁹라고 외쳤다. 롤랑 부인은 당통에게 혐오감과 공포를 느꼈다. 산악파 정치인들이 남편과 지롱드파에 대한 롤랑 부인의 영향력을 비난했지만, 그 영향력이 미모나 남자들을 파멸로 이끄는 매혹적인 힘 때문이 아니라는 것은 그들도 인정했다. 남성 정치인들을 설복시키는 힘은 그녀의 용기와 판단력, 뛰어난 웅변이었다.

지롱드파와 산악파는 서로를 공격하며 경쟁했다. 지롱드파는 로베스피에르의 독재를 비난했지만, 논쟁은 지롱드파의 패배로 끝났다. 국민공회 의원 중에는 지롱드파와 산악파 외에도 두 파에 소속되지 않은 많은 의원이 있었다. 그러므로 연설을 통해 그들의 마음을 얻는 것이 중요했다. 승리한 산악파는 지롱드파에 대한 위협과 공격을 더 해갔다. 특히 롤랑 장관에 대한 공격이 심했다. 당통은 의회의 단상에 올라가 롤랑 부인이 남편에게 미치는 영향력을 폭로하면서 "우리는 한 여성과 함께 정치를 할 수는 없다. 그 여성은 자신을 구할 생각만 했다."라고 외쳤다. 분노한 롤랑 부인은 남편의 이름으로 의회에 편지를 보내 롤랑 장관의 조국에 대한 헌신을 강조하면서 당통이 암시한 남편의 비겁함이 옳지 않음을 주장했다. 오히려 정부가 적이 쳐들어오는 상황에서 조국의 안위를 위해 제 역할을 하지 않았음을 비난했다. 당통과 롤랑 부부의 논쟁이 계속되는 동안 신중한 로베스피에르는 침묵을 지키며 논쟁에 끼어들지 않았다.

그러나 로베스피에르는 자코뱅 클럽에서 지롱드파가 왕당파와 관련돼 있다며 연일 공격을 멈추지 않았다. 9월 학살에서 귀족들에 대한 잔인한 학살, 루이 16세의 처형 등에 대해 지롱드파는 산악파와 뜻을 같이하지 않았다. 왕의 처형과 학살의 희생자가 된 귀족들에 대한 모호한 태도가 지롱드파가 왕당파와 내통한다는 비난의 빌미가 되었다. 마라는 그의 신문 〈민중의 벗〉에 롤랑 부부에 대한 모욕적인 글을 실었고, 지롱드파의 거대한 음모의 증거라고 주장하는 것을 의회에 들고나왔다. 국민공회는 내무장관의 부인을 의회에 소환했다. 그러나 롤랑 부인의 웅변에 의원들은 설복당했고 그날 회기의 영예를 그녀에게 바쳤다.

하지만 그것은 잠깐의 승리였을 뿐, 부부가 처한 위험은 여전했다. 그녀는 암살의 위험까지 느끼며 집안에 칩거했지만, 지롱드파와 롤랑 부부를 비난하는 온갖 팜플릿이 돌아다녔다. 급진파 에베르의 신문 〈뒤센 느 신부le Père Duchesne〉에서는 롤랑 부인을 '마담 코코' 혹은 '여왕 코코'라 부르고 남편 롤랑을 '코코 롤랑'이라는 별명으로 비웃었다. 이러한 공격에 지친 롤랑은 루이 16세가 처형된 다음 날인 1793년 1월 22일 내무장관직을 사임했다.

전쟁에 패한 뒤무리에 장군이 오스트리아 진영으로 도주했다. 롤랑은 그와 공모했다는 터무니없는 혐의를 받았고 당통은 남몰래 지롱드파에게 조심하라고 경고했다. 산악파 안에서도 온건파였던 당통은 지롱드파가 공포정치의 표적이 되어 단두대로 보내질 것을 예감하고 미리 조심하라고 알려줬다. 민중 여성들이 국민공회로 몰려가 지롱드파가 민중을 굶주리게 하려고 빵을 센강에 버렸다고 소동을 피웠다. 민중클럽에서는 지롱드파를 몰살시키자는 제안이 나왔다. 폭동이 일어나려고 했다.

산악파는 혁명의 성공에 민중의 지지가 절대적으로 중요하다는 사실을 깨닫고 겉으로나마 상퀼로트들의 운동을 수용하고 이용했다. 반면에 지롱드파는 민중봉기의 분출하는 힘에 두려움을 느끼고 오히려 혁명적 민중들을 멀리했다. 그것은 지롱드파가 패배한 결정적 요인이었다.

3월에 권력을 잡은 이후 지롱드파는 오스트리아와 전쟁을 시작했지만, 승리를 가져오지 못했다. 그들은 사실 민중의 어려움에 그다지 관심을 두지 않았으며, 민중을 위한 사회적 법률도 만들지 않았다. 민중이 분노한 것은 당연한 일이었다. 마침내 소요가 폭발했다.

체포와 처형

1793년 5월 31일과 6월 1일에 무장한 상퀼로트들이 의회에 침입해서 지롱드파 의원들을 추방했다. 이때 남편 롤랑은 피신했지만, 부인은 그대로 집에 있다가 체포, 투옥되었다. 한밤중에 그녀가 체포되어 마차에 실려갈 때 군중들이 따라오면서 "단두대로!"를 외쳤다. 6월 2일 봉기군이 회의장을 포위하고 국민공회가 지롱드파 의원 29명의 체포를 결정하면서 지롱드파는 몰락했다.

롤랑 부인이 투옥되었을 때 감옥 안은 더럽고 냄새가 났다. 그녀는 먼저 벽과 바닥을 닦고 낡은 테이블 위에 하얀 수건을 깔았다. 그곳에서 수많은 편지를 쓸 것이다. 그녀는 친구들이 보낸 책과 꽃에 둘러싸여 있었다. 감옥 안에서 절망에 빠지기에는 자존심이 허락하지 않았다. 롤랑 부인의 《회고록》은 이러한 환경에서 나왔다. 면회 온 친구들을 통해 그때그때 쓴 회고록을 밖으로 내보냈다.

감옥에서는 죽음을 앞둔 상황에서도 평정을 유지했으며, 다른 수감자들을 돕고 그들에게 선의와 평화를 전했다. "롤랑 부인의 방은 이 지옥의 한가운데에서 평화의 안식처가 되었다."[70]고 한다. 그녀는 간수들과 다른 수감자들에게 존경과 사랑을 받았다. 특히 불행한 여성들을 도와주고 그들에게 용기를 주기 위해 조언을 아끼지 않았다. "자신과 방을 함께 쓰는 여성들이 그들을 기다리고 있는 운명보다 더 높이 올라갈 수 있도록 그 여성들에게 용기를 북돋웠다."[71]고 롤랑 부인의 친구는 전했다. 감옥 안에서도 품위와 자존감을 잃지 않은 롤랑 부인에 대해 "감옥 안에서도 얼마나 존엄한지! 마치 옥좌에 앉아있는 것 같았다."[72]라고 전한 친구도 있었다.

다행스럽게도 감옥 안에서 자유롭게 편지를 쓰거나 친구들의 면회가 허용되어 롤랑 부인에게 충실한 친구들이 자주 방문했다. 특히 보스크는 자신도 위험에 처해 피신한 상태에서 변장하고 한동안 방문했다. 하지만 검열이 강화되어 더 이상 면회가 불가능해졌다. 남편과 친구들이 탈옥시키려고 했지만, 롤랑 부인은 이를 모두 거부했다. 친구들을 위험에 빠뜨리고 싶지 않았기 때문이다.

한편 뷔조에게 보낸 편지를 보면, 그것이 이유의 전부가 아님을 알 수 있다. 그녀는 감옥 안이 오히려 심리적인 안정감을 준다고 했다. 남편의 존재에서 자유로워진 그녀는 언제나 당신을 생각할 수 있고 당신에 대한 사랑을 남편과 나누지 않아도 되는 자유를 주는 감옥을 사랑한다고 썼다.

1793년 10월 14일 자 로베스피에르에게 쓴 편지는 죽음을 앞둔 상황에서도 변치 않는 롤랑 부인의 성격과 태도, 자존감을 잘 보여준다. "내가 편지를 쓰는 것은 당신이 상상하는 것처럼 간청하기 위해서가 아닙니다. 나는 누구에게도 간청해본 적이 없으며, 그가 누구든 나의 운명을 손에 쥐고 있는 권력자에게 처음으로 간청을 해본다면 그것은 결단코 감옥 안은 아닐 것입니다." 하지만 롤랑 부인은 이 편지를 보내지 않았다. 10월 26일 충실한 친구 보스크에게 쓴 답장에서 "나는 최상의 상태에 있다. 머리는 맑고 용기도 어느 때보다 희망적이다."라고 썼다. 처형당하기 12일 전이었다.

죽음이 가까이 다가오는 걸 느끼면서도 그녀는 회고록 쓰기를 멈추지 않았다. 최근에 쓴 회고록을 친구에게 맡기고 딸에게도 마지막 편지를 썼으나, 사형선고와 함께 바로 이어진 처형은 회고록을 끝맺지 못하게 했다. 롤랑 부인의 《회고록》은 자전적인 이야기와 함께 대혁명이라는 역사적 사건이 중첩되어 펼쳐진다. 그녀는 이를 통해 자신이 맡았던 정치적 역할을 증언하고자 했다.

지롱드파 의원들은 "공화국의 단일성과 프랑스 국민의 자유와 안전을 위협하는 음모를 꾸몄다."라고 고발당했다. 지롱드파는 공화국의 단일성을 문제 삼은 적이 전혀 없었지만 대세는 이미 기울었다. 롤랑 부인이 고발된 이유도 "공화국의 단일성에 반대하고 프랑스 국민의 자유와 안전을 위협하는 비열한 음모를 꾸민 당사자 혹은 공범"이라는 것과 내전을 일으키려고 했다는 것이었다. 그날 밤 부인은 법정에서 변호할 내용을 열심히 작성했지만 말할 기회는 주어지지 않았다.

새로 온 행정관은 롤랑 부인에 대해 그녀의 평온함은 조금도 달라지지 않았다고 썼다. 심문을 받는 날도 평소의 침착한 태도로 증언대에 올랐다. 그러나 수감자들을 돌보는 여인은 "당신 앞에서는 모든 힘을 모아서 (의연하게 있지만) 방에서는 어떤 때는 세 시간 동안이나 창가에 기대어 운다."[73]라고 증언했다. 그녀도 역시 인간이었다.

10월 31일 지롱드파 의원들을 실은 수레가 처형장으로 향했다. 그들은 모두 일어서서 혁명가인 마르세유 찬가를 불렀다. 11월 8일 롤랑 부인의 재판이 열렸고 사형선고와 함께 그날 바로 처형되었다. 처형대로 가는 수레 안에서 그녀는 완전히 기운이 빠진 다른 사형수에게 계속 말을 걸면서 그를 미소 짓게 했다. 수레가 지나는 길에서는 고함 소

〈단두대의 롤랑 부인〉, 19세기 말.
작자 미상, 베르사유, 랑비네 박물관

리와 욕설이 들렸다. 단두대 앞에서 그녀는 슬픈 목소리로 "오, 자유여! 그대의 이름으로 얼마나 많은 범죄가 저질러지는가!"라는 유명한 말을 남겼다.

루앙으로 피신했던 남편 롤랑은 부인의 처형 소식을 듣고 자살했다. 자신을 도와주는 사람의 집 지하실에서 한 달 넘게 숨어 있던 뷔조는 뒤늦게 1794년 6월에야 그녀의 죽음을 알고 역시 자살했다.

롤랑 부인의 처형 이후 혁명정부의 기관지 〈모니퇴르Moniteur〉는 "롤랑 부인은 …… 돈만 밝히는 작가들에 둘러싸여 한때 여왕이었으며, 그들에게 호의와 지위와 돈을 나눠주었다. 그녀에 관한 모든 보고서를 볼 때 하나의 괴물"이라고 모욕을 가한 후 그녀가 국민을 경멸하고 있다고 비난했다. 재판정이나 처형대에 오르기까지 흔들림 없는 그녀의 의연한 태도를 거만하다고 비난한 것이다. 여기에 덧붙이기를 "훌륭한 정신과 조금은 철학자"라고 할 수 있으나 "학자가 되고 싶은 욕망이 자신의 성性이 가진 덕성을 망각하게 했고, 이 망각은 언제나 위험한 것으로 결국 단두대에서 처형당하는 것으로 끝났다."라고 평했다. '여성이 가진 덕성'을 망각하는 것은 죽음을 각오해야 하는 일이었다. 산악파의 반여성주의적 글에서는 롤랑 부인을 "살롱의 음모가"라고 평하면서 "여성은 여성에 머물러야 하며 토론에서 여성이 한 편의 우두머리가 되면 안 된다."라고 주장했다.[74] 극단적인 반페미니즘이 당연한 듯이 신문에 오르내리던 시절이었다.

혁명에서 유일하게 영향력을 행사했고 그 영향력을 간직하려고 애쓴 롤랑 부인은 자신의 성性을 위한 어떤 주장도 하지 않으려 조심했고 확실한 태도로 남자들을 안심시키는 편을 택했다. "우리는 오직 마음의 제국만을 원하고, 그대들의 마음속 권좌만을 원합니다." 그럼에도 그녀는 단두대에서 죽어야 했다.[75] 아무리 자신을 감추고 남편 뒤에 숨어서 익명으로 활동해도 소용없는 일이었다. 그러나 죽음으로 끝나지 않았다. 마농 롤랑은 19세기의 여러 작가의 붓끝에서 "혁명의 여성영웅, 자유의 순교자"로 새롭게 태어나면서 여전히 성차별에 시달리던 여성들에게 희망의 빛을 던져주었다.

4. 프랑스 페미니즘의 선구자, 올랭프 드 구즈

프랑스 대혁명이 단두대에 올린 여성 가운데 올랭프 드 구즈Olympe de Gouges, 1748~1793는 정치적 글을 출판했다는 이유로 처형당한 매우 드문 여성 가운데 한 사람이다. 그녀는 지방 출신의 소부르주아로서 평범한 삶을 거부하고, 여성의 사회적 활동이 허용되지 않던 시대에 뜨거운 열정과 휴머니즘으로 사회적, 지적 도약을 이룬 매우 예외적인 여성이었다. 18세기 말, 현실에 적극적으로 참여하여 진정한 휴머니즘을 보여준 구즈는 제2차 세계대전 이후에야 사상사에서 선구자로 새롭게 재조명되었다. 혁명의 열기와 함께 뜨겁게 불타오른 페미니즘의 열정을 제일 먼저 공개적으로 발언한 여성도 올랭프 드 구즈였다. 프랑스 페미니즘의 선구자로서 종종 여성 해방운동의 표상처럼 여겨지지만, 구즈는 페미니즘에 한정시킬 수 없는 폭넓은 휴머니즘과 정치사상을 보여주었다.

프랑스 남부 출신의 야심 많은 여성

1748년 5월 7일 프랑스 남부 몽토방에서 푸줏간 주인의 딸로 태어난 마리 구즈는 자신이 평민 출신이라는 사실을 인정할 수 없었다. 한때 루이 15세의 사생아라는 소문도 있었지만 구즈는 이를 부인했다.

자신은 덕성이나 문학적 재능에 있어서 뛰어난 유명한 사람의 딸이라는 주장이었다. 1788년에 출판된 《발몽 부인의 회고록》이라는 반 자전적 소설에서 생부는 같은 지역 출신의 시인이자 극작가인 퐁피냥 후작으로 나온다. 소설에는 다른 이름을 썼지만 발몽 부인이 구즈 자신이고 생부로 나오는 소설 속 인물이 퐁피냥 후작임은 누구나 쉽게 알 수 있었다. 자신은 어머니와 퐁피냥 후작의 허락받지 못한 사랑의 결실이었다는 것이다.

구즈의 어머니 마리 안느—올랭프 무이세의 집안은 직물업으로 성공한 부르주아였으며, 어머니의 부친 즉 구즈의 외조부는 지역의 변호사이자 어린 퐁피냥의 가정교사였다. 집안끼리 가까웠던 구즈의 모친과 퐁피냥 후작은 어린 시절 친구에서 후에 연인 관계로 발전하고 딸을 갖게 되었다는 것이다. 그 딸이 올랭프 드 구즈였다. 퐁피냥 후작은 당시에 어느 정도 성공한 이름있는 문인이었다. 자신이 사생아라는 사실은 구즈에게 전혀 약점이 되지 않았다. 오히려 귀족이자 유명한 문인의 사생아라는 사실을 자랑스럽게 내세우고 생부에게서 문학적 재능을 물려받았다고 주장했다. 그러나 정작 퐁피냥 후작은 그 사실을 한번도 인정한 적이 없었다. 진실은 무엇일까. 구즈의 솔직한 성격과 자신의 약점도 감출 줄 모르는 어린애 같은 천진함 등을 볼 때 그녀가 자신의 부모와 퐁피냥 후작의 명예를 훼손할 수 있는 거짓을 말했다고 보기는 어렵다. 그녀는 곳곳에서 자신이 퐁피냥 후작의 딸임을 내세웠다. 고향인 몽토방에서도 구즈는 퐁피냥 후작의 사생아로 알려져 있다고 한다.

1765년 열일곱 살에 나이 많은 남자와 결혼한 구즈는 오브리 부인이 되었다. 부친과 같은 직업을 가진 남편은 몽토방 지방장관의 공식 요

올랭프 드 구즈의 초상화.
알렉산드르 쿠샤스키, 18세기

식업자였다. 그녀는 조금도 사랑하지 않는 남자와 결혼했다며 부자도
아니고 집안도 좋지 않았다고 불평했다. 절망한 젊은 여성의 허영심이
느껴지는 대목이다. 자만심이 강하고 귀족 지향적인 구즈에게 평범한
요식업자가 마음에 들 리 없었다. 《발몽 부인의 회고록》에 의하면 남
편이 끔찍하게 싫어서 도망갈 수밖에 없었다고 한다. 풍부한 상상력과
남다른 자부심을 가진 젊은 여성이 남쪽 작은 도시에서 사랑하지 않
는 남편과 단조롭고 지루한 결혼생활을 지속하기 어려웠으리라는 사
정은 충분히 짐작할 수 있다. 그녀의 상황은 플로베르의 소설 《보봐리
부인》의 처지와 비슷했다. 그러나 구즈는 보바리 부인처럼 다른 남자
와 바람을 피우고 사치에 열중하면서 결혼생활의 환멸과 지루한 삶을
달래는 대신 파리로 올라와 문필과 정치활동에 뛰어들었다. 시골 부르

주아의 삶에 만족하기에는 이상이 너무 높았으며 하고 싶은 일도 많았다. 구즈는 자신과 결혼하고 싶어 하는 더 좋은 남자가 있었지만 부모가 다른 남자와 결혼시켰다고 했다. 아마도 지방장관의 공식 요식업자인 남편과 같은 업종에 종사하는 구즈의 부모가 거래관계에 있었던 것으로 짐작된다. 사업을 위해 딸을 보낸 것 같은데 구즈는 자신이 희생당했다고 생각했다.

그녀가 언제 짧은 결혼생활을 마쳤는지 정확하게 알려지지 않았다. 1년 만에 남편이 사망하자 아들을 데리고 고향을 떠나 파리에 정착했다는 설이 일반적이다. 최근에 나온 전기에는 결혼 1년 후인 1766년 11월에 몽토방에 큰 홍수가 있었고, 이때 많은 사람이 희생됐는데 구즈의 남편도 대충 이 무렵에 사망한 것으로 추정했다.[76] 사망 원인과 정확한 날짜는 밝혀지지 않았다.

파리 상경과 문필가로 변신한 구즈

아들을 데리고 파리에 온 그녀가 혼자 왔는지 혹은 연인과 함께 왔는지 분명치 않다. 남편 사망 후 자유를 찾은 구즈가 당시 몽토방에 와 있던 군수품업자인 자크 비에트릭스 로지에르Jacques Biétrix de Rozières를 만났다는 주장과 그를 만난 것은 파리에 온 후라는 주장도 있다. 그녀가 파리에 온 해는 대략 1770~1771년 사이로 추정된다. 파리 생활 초기에 대해서는 거의 알려진 바가 없지만 혁명이 일어날 때까지 해군성의 고위 공무원이었던 자크 비에트릭스와의 관계는 지속된 것으로 보인다. 구즈는 후에 발표된 글에서 40대의 부유한 독신 남자와 사랑에 빠진 젊은 미망인에 대해 언급한 적이 있는데[77] 이는 자신의 경우를 말한 것이다.

남편 사망 후에 구즈는 다시 결혼하지는 않았다. 여성의 평범한 가정생활을 거부한 것인데 당시의 풍습으로는 용납되기 어려운 상당히 용기 있는 결정이었다. 연인을 사랑하고 그의 부유함 덕분에 부르주아의 삶을 영위할 수 있었지만 끝내 결혼은 하지 않았다. 결혼을 거부하고 부유한 남성의 재정적 지원을 받은 것은 자신의 자유를 지키기 위한 하나의 선택이었다. 18세기 프랑스에서 여성은 결혼하여 가정에 파묻히거나 수도원에서 일생을 마치는 것 이외의 선택은 거의 없었다. 기혼 여성은 어떠한 권리도 없이 남편에게 종속된 존재였으며, 사회적 활동은 엄두도 낼 수 없었다. 남편의 허락 없이 무언가를 출판한다는 것은 꿈도 꿀 수 없었다. 폭력적이고 무책임한 남편을 만나도 어쩔 수 없었다. 구즈는 결혼과 수도원 모두 거부하고 자신의 자유를 지켰다. 후에 발표한 《여성과 여성시민의 권리》에서 구즈는 전통적인 결혼을 '사랑과 신뢰의 무덤'이라고 비판하면서 이를 대신하여 상대방을 억압하지 않는 '남녀의 계약에 의한 결합'을 제시했다.

남편에 대해 거의 혐오에 가까운 감정을 가졌던 구즈는 다시는 생각하고 싶지 않은 남편의 성을 버리고 어머니의 이름을 딴 올랭프에 결혼 전 성을 약간 변형시킨 구즈Gouze → Gouges라는 성을 썼다. 결혼이라는 제도를 부정한 일종의 독립 선언이었다. 거기에 귀족을 나타내는 드de를 붙인 것은 그녀의 귀족 지향적 성향, 혹은 생부가 귀족이었다는 사실을 은근히 드러내는 것 같다. 후에 공화주의자로 변신하기는 했지만, 구즈의 초기 정치적 지향이 왕정주의자였다는 사실도 이를 뒷받침한다. 귀족적인 구체제의 생활양식에 젖어있기는 했지만 실제로는 귀족이 아니었던 구즈는 구체제의 폐습인 특권에는 반감을 품었다.

1780년 무렵 구즈는 문필가로 변신했다. 제대로 교육을 받지 못한 여성으로서 참으로 담대한 변신이었다. 구즈는 자신의 부족한 교육을 인정했지만, 그 때문에 열등감을 느끼거나 글쓰기를 망설이지는 않았다. 오히려 자신은 '자연'이 낳은 딸이라며 자신의 모든 것, 글쓰기의 재능도 자연에서 온 것이라고 자부했다. 직접 글을 쓰는 일에 어려움을 느낄 정도로 제대로 된 교육을 받지 못했지만, 비서에게 대필시키면서도 문필가로 자신을 세운 것은 웬만한 자신감으로는 할 수 없는 일이었다. 그러나 충만한 상상력과 거칠 것 없는 자부심을 지닌 구즈에게 그것은 어려운 일이 아니었다. 부족한 교육은 스스로 채우면 되는 것이다. 이를 위해 파리의 문예 살롱에 열심히 드나들던 구즈는 지식인, 정치인, 문인들을 만나면서 자신도 그들처럼 글을 쓰겠다고 결심한다. 특히 연극 공연장에 열심히 드나들면서 희곡 작품의 창작에 몰두했다.

이때 쓴 작품이 첫 희곡인 《자모르와 미르자 혹은 흑인 노예》이다. 생부라고 주장하는 퐁피냥 후작의 극작품이 큰 성공을 거둔 것도 그녀를 문학의 길로 이끄는 동기가 되었다. 구즈는 부친을 대단한 작가로 여기고 우상화했으며, 자신이 부친의 작가적 재능을 물려받았다고 주장했다. 혁명의 기운이 무르익으면서 1788년부터 상당한 양의 정치 사회적 주제의 글을 발표했지만 희곡 창작도 계속했다. 안락하고 유복한 생활을 버리고 글쓰기를 시도한 것은 그녀의 내면에 말하고자 하는 욕구가 강했기 때문이다. 스스로 인정했듯이 배움은 많지 않았지만, 부족한 부분을 채워나가면서 문필가로 자신을 세운 구즈는 지적인 욕구, 정치 사회적 개혁에 대한 열망이 강했으며 이를 행동으로 옮긴 과감한 여성이었다.

　그러나 구즈의 문학 활동은 동시대인의 호평을 받지 못했다. 상당량의 희곡을 썼고 그 중에는 실제로 무대에 올린 작품도 있었지만, 극작가로서 크게 성공을 거두지는 못했다. 당시 남성들은 "화류계 여성이라면 기꺼이 받아들였지만 '그녀의 지적 포부'는 무례한 것이라 여겼다."[78]고 한다. 하지만 구체제 하에서 귀족, 부르주아 여성들이 살롱문화를 주도했던 것과 비교해 보면 구즈에 대한 비판은 신분 차별로 토인다. 살롱의 안주인이었던 상류층 여성들이 뛰어난 지성을 발휘하여 지식인, 작가들의 모임과 대화를 주도해 나가면서 살롱문화를 꽃피운 것을 남성들은 비난하지 않았다. 그러나 남부 지방의 보잘것없는 집안 출신이며 혼자가 된 젊고 아름다운 여성이 신분에 걸맞지 않은 야심을 보인 것을 남성들은 용납할 수 없었다. 신분 낮은 젊고 아름다운 여성에게 기괴하는 것은 결코 '지적'인 것은 아니기 때문이다. 게다가 흑인 노예 폐지를 주제로 한 극작품은 많은 적을 만들어 신변의 위협까지 받게 되었다.

　비서에게 대필시켰던 구즈가 글을 쓸 줄 몰랐다는 주장이 있다. 한 희곡의 서문에서 그녀는 "내 첫 번째 움직임은 마치 폭풍과 흡사하다. 열 명의 비서가 받아써도 나의 상상력을 따라가기에 충분치 않을 것이다. 그러나 폭발이 끝나자마자 나는 깊은 고요 속으로 가라앉는다."[79]라고 하였으며, 다른 글에서도 종종 비서에게 대필시킨 것을 밝혔다. 1790년에 발표한 〈네케르 씨와 구즈 부인의 출발〉이라는 글에서 "나는 겨우 프랑스어를 더듬거리며 읽을 수 있는 정도이다."라고 고백했다. 종종 자신이 글을 잘 모른다고 했지만, 그것은 '자연 외에는 아무것도 빚진 것이 없다.'라는 주장과 함께 자연에서 받은 자신의 '천재성'을 강조하기 위한 것이었다. 구즈는 순진할 정도로 자기 자랑을 했으며, 그러한 경솔함이 적을 만들기도 했다. 구즈의 부족한 교육은 철자법이나 어법상의 수많은 오류와 서툰 문장을 만들어냈지만, 그녀가 문맹이라고 볼 수는 없다. 대필 비서를 고용한 것도 자신의 주장대로 넘쳐나는 상상력을 서툰 글로 쓰기 어려웠기 때문이었다. 대필시킨 글에 남긴 서명을 볼 때 구즈가 직접 펜을 쥐고 글을 쓰는 데 어려움이 있었다는 사실이 드러난다.

아무튼 구즈는 당대의 정치 사회적 주제를 다룬 30여 편의 희곡과 두세 편의 소설, 그리고 상당한 분량의 청원서, 반박문, 팸플릿, 벽보 등의 정치적 글을 썼다. 그 수많은 글은 구즈가 약자에 대한 깊은 연민과 관용, 뜨거운 애국적 열정을 지녔다는 사실을 증명한다. 희곡 가운데 일부는 파리의 국립극장인 코메디 프랑세즈Comédie-Française에서 공연되기도 했지만, 마지막으로 쓴 벽보가 그녀의 죽음을 재촉했다.

구체제 말기인 18세기 후반은 도서의 출판이 많이 증가하여 '모든 시민이 출판을 통해 발언할 수 있는 시대'였다. 이 시기에 신문 발행도 증가해 혁명 전후에 정치인들은 저마다 신문을 발간했으며, 크고 작은 다수의 신문과 팸플릿이 있었다. 이와 함께 지식인들의 지적인 대화의 장소인 살롱과 카페의 수가 급증하고, 볼테르, 루소 등 계몽주의자들의 위대한 작품들이 쏟아져 나왔다. 여러 협회와 아카데미 독서회 등 수많은 단체가 생기고 중등학교와 기숙학교의 증가로 중등교육의 보급이 활발했다. 그리하여 새로운 사상은 책과 소책자를 통해 전 사회에 전파되었다.[80] 활발해진 출판과 교육을 통해 새로운 사상이 전파되면서 혁명의 기운이 무르익은 것이다. 교육과 출판이 여성에게도 자유롭게 허용되었던 것은 아니지만, 남편의 구속으로부터 자유로웠던 구즈의 문필활동도 이러한 분위기에 힘입은 바가 컸다.

이처럼 교육과 언론, 출판의 자유가 국민 계도와 여론 형성에 얼마나 중요한가는 것은 동서고금의 역사가 증명한다. 오늘날에는 특히 언론의 역할이 대혁명 때와 비교할 수 없을 정도로 커졌으니, 잘못된 언론은 개인과 국가를 해치는 흉기도 될 수 있다. 앞에서 이미 왕당파 언론이 테루아뉴에게 가했던 테러에 가까운 공격을 보았다.

21세기를 사는 우리는 대안 언론의 역할이 점차 커지면서 기존의 거대 언론에게 휘둘리는 것이 전보다 덜해지기는 했지만 아직도 갈 길이 멀다. 잘못된 언론을 감시하고 견제하는 것도 시민의 역할이 되었다.

극작가 구즈

문필가로 변신한 구즈가 먼저 열중한 것은 희곡 창작이었다. 여성의 사회적 활동을 극도로 억압하던 18세기에 당대의 정치 사회적 문제들, 논쟁적인 주제를 소재로 한 희곡을 발표한 구즈는 세상의 온갖 비난과 탄압, 심지어는 신변의 위험까지 감수해야 했다. 구즈뿐만 아니라 중 시대에 세상 문제에 관심을 가진 지식인 여성들이 있었지만, 그들은 대부분 시대가 요구하는 정숙함과 예의의 경계를 넘지 않으면서 살롱의 여성으로 머무는 데 만족했다. 이에 반해 구즈는 어떤 핍박에도 굴하지 않고 꿋꿋하게 자기주장을 펼쳐나감으로써 남성들은 물론 여성들 사이에서도 소수자로 남게 되었다. 하지만 이러한 용기와 대담성이 문필가이자 정치가로서 구즈의 이름을 드높인 것도 사실이다. 그녀의 정치 사회적 문제에 관한 관심은 희곡을 통해서, 혹은 뒤에 발표되는 온갖 팸플릿, 벽보 등을 통해서도 확인된다. 구즈는 서른 편 이상의 극작품을 남겼지만 그중 많은 작품이 분실되었다. 그래도 여러 편이 코메디 프랑세즈를 비롯한 몇몇 극장들에서 공연되었다는 기록이 남아 있다.

구즈에게 작가로서 명성을 안겨준 것은 1784년에 집필한 희곡《흑인들의 노예생활, 혹은 행복한 난파자l'Esclavage des Noirs, ou l'Heureux naufrage》였다. 노예제도를 비판적으로 다룬 이 대담한 극작품은《자모르와 미르자, 혹은 행복한 난파자Zamore et Mirza, ou l'Heureux naufrage》라는 제목으로 1785년에 프랑스를 대표하는 국립극장 코메디 프랑세즈의 레퍼토리가 되었다. 지금도 파리 시내 팔레 루아얄 옆에 자리잡고 있는 코메디 프랑세즈는 200년 이상의 역사를 가진 국립극장으로, 대부분의 공연이 만석이 될 정도로 파리 시민이 사랑하는 공간이다. 자기 작품을 코메디 프랑세즈에 제출할 때 구즈는 조심스럽게 익명을 고수했다. 여성작가에 대한 편견을 염려했기 때문이다. 그래도 작품이 공연되기까지는 무려 4년을 더 기다려야 했다.

궁정에 드나드는 귀족들의 재정적인 지원에 의지하고 있는 코메디 프랑세즈의 배우들은 구즈의 희곡을 침묵 속에 받아들였지만, 공연은 계속 미루어졌다. 몰리에르의 극장이며 루이 14세의 극장이었던 코메디 프랑세즈의 배우들은 국왕의 배우들이기도 했다. 귀족과 궁정의 보호를 받는 극장 배우들의 권세는 만만치 않았으며, 그들은 후원자들의 마음에 들 만한 작품들을 선택했다. 이름 없는 신진 작가의 작품에 대해서는 대단히 인색했다. 게다가 구즈는 여성이었다. 그녀의 극작품이 레퍼토리에 들어간 것만 해도 기적이었다.

이러한 기적이 가능했던 것은 한 살롱 여성의 힘이 작용했기 때문이었다. 혁경 초기에 많은 민중클럽이 등장하면서 상류층 여성들이 이끌어가던 살롱의 역할은 점차 약화되었지만, 아직 그 명맥을 유지하고 있었다. 파리에 온 이후 구즈는 몽테쏭 부인의 살롱을 비롯해 유력한 여성들의 문학적 예술적 살롱에 드나들 수 있게 되었다. 몽테쏭 부인의 살롱에는 귀족들과 문인들이 드나들었으며, 이들은 대개 연극애호가들이었다. 구즈는 부인의 살롱에서 문인과 귀족 등 당시의 영향력 있는 사람들을 만났으며, 그 중에는 구즈에게 희곡의 발표를 독려한 몽테쏭 부인의 질녀도 있었다. 코메디 프랑세즈의 배우들이 어쩔 수 없이 《흑인들의 노예생활》을 받아들인 것은 오를레앙 공1830년 7월 혁명으로 프랑스 왕이 된 루이 필립의 할아버지의 부인이 된 몽테쏭 후작부인이 구즈의 작품을 지원한 덕분이었다.

몽테쏭 부인은 미모와 재능, 친절하고 선량한 성격 등으로 사교계에서 호평을 받던 계몽시대의 영향력 있는 살롱 여성이었다. 남편 사후 오를레앙 공의 정부가 되었으며, 후에 그와 비밀 결혼을 했고 상당한 세력과 영향력을 가지게 되었다. 게다가 극에 대한 관심과 이해도 높아 직접 극작품을 집필하고, 자신의 집에 작은 극단을 운영하였으며, 자기 작품의 연출을 해방노예의 아들에게 맡길 정도로 흑인들에게도 상당히 우호적인 사람이었다. 그녀는 연극인들을 검열로부터 보호했으며, 배우들이나 궁정의 귀족들이 제멋대로 극작가들을 깎아내리고 공격할 때 그들을 지원했다. 연극애호가인 살롱의 부유한 여성들은 몽테쏭 부인처럼 직접 작은 극단을 만들어 공연을 즐겼는데, 이에 자극받은 구즈도 1780~1784년 사이에 작은 극단을 만들었다. 파리와 근교에서 활동하는 일종의 순회극단이었는데, 오래 간 것 같지는 않다.

구즈는 콩도르세의 부인 소피가 이끄는 살롱에도 드나들게 되어 콩도르세 부부와도 가깝게 지냈다. 콩도르세의 부인 소피는 뛰어난 머리와 사려 깊음, 흑인노예 해방과 여성해방을 지지하는 용기 있는 여성으로 유명한 사람이었다. 콩도르세 부부의 친지들로 구성된 그룹은 구즈에게 진보적이며 혁명적인 사상의 싹을 심어주었다.

첫 작품을 코메디 프랑세즈에 올리다

구즈는 공연을 미루고 있는 코메디 프랑세즈에 영향력을 행사해달라고 부탁하기 위해 〈피가로의 결혼〉으로 유명한 극작가 보마르셰 Beaumarchais의 집까지 찾아갔다. 그러나 구즈가 먼저 보낸 희곡에 대단히 실망한 보마르셰는 그녀를 만나주지 않았다. 그뿐 아니라 자기 영향력을 행사해서 다른 극장에서 공연하기로 한 구즈의 작품 〈셰뤼뱅의 결혼〉의 공연까지 못 하게 막았다고 그녀는 주장했다. 사실 셰뤼뱅은 〈피가로의 결혼〉에 나오는 작중인물이었기 때문이다. 구즈는 보마르셰의 인물에 새로운 이야기를 만들어냈지만 원작자는 이를 용납하지 않았다. 보마르셰는 작품의 출판까지 막으려고 했으나 〈셰뤼뱅의 결혼〉은 어렵게 출판에 성공했다. 원작자의 비판과 방해에도 불구하고 당대의 비평 중에는 이 작품에 대한 호의적인 평가를 볼 수 있으며, 특히 유명한 문예지인 〈메르퀴르 드 프랑스〉의 비평가도 이 작품에는 작가의 재능과 상상력과 재치가 보인다고 평가했다.[81]

첫 작품의 공연이 계속 미뤄진 것은 구즈와 코메디 프랑세즈의 배우들 사이에 상당한 불화와 소란이 있었기 때문이었다. 구즈는 참을 수 없는 모욕과 비난을 받았으며, 배우들은 다시는 구즈의 작품을 받지 않겠다고 선언하기도 했다. 구즈의 다른 작품 〈니농 집의 몰리에르〉는 우여곡절 끝에 공연을 결정하기 전에 시행되는 배우들의 낭독회까지 했다. 그러나 구즈와 사이가 나쁜 코메디 프랑세즈의 배우들 절대 다수가 반대하면서 레퍼토리에 들어가지 못했다. 그러나 〈니농 집의 몰리에르〉가 출판되자 한 유력지는 작품을 호평하면서 코메디 프랑세즈가 이를 받아들이지 않은 것은 잘못이라고 비판했다. 구즈는 1790년에 발표한 〈가면을 벗은 배우들〉이라는 팸플릿에서 배우들에게 당했던 수모와 배신에 대해 글로써 통렬하게 복수했다.[82]

《흑인들의 노예생활》은 1789년 12월에 가서야 마침내 코메디 프랑세즈에서 공연되었다. 프랑스 최고의 극장이었던 코메디 프랑세즈에

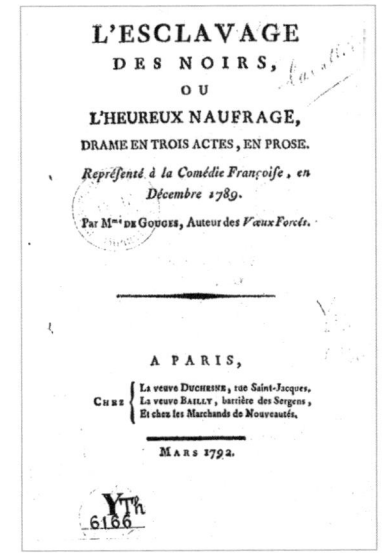

1792년 3월에 출판된
《흑인들의 노예생활, 혹은 행복한 난파자》 표지.
1789년 12월에 코메디 프랑세즈에서
공연되었다는 사실이 표지에 명시되어 있다.
프랑스 국립도서관 소장.

서 공연한다는 것은, 더욱이 첫 작품이 이 극장에서 공연된다는 것은 작가로서 큰 영예였다. 배우들의 적의에도 불구하고 다행히 몽테쏭 부인을 비롯한 몇몇 유력인사들이 구즈 편에서 그녀를 지지해 준 덕분에 가능했다.

그러나 그녀에 대한 적의는 식지 않아 희곡이 공연된 다음에도 구즈 작품이 아니라는 소문까지 돌았다. 이런 좋은 작품의 원작자가 여성일 리 없다는 것이었다. 심지어 어떤 언론인은 "좋은 극작품을 쓰려면 턱수염이 있어야 한다."[83]는 망언까지 서슴지 않으며 노골적인 여성혐오를 드러냈다. 구즈는 합승마차를 탔다가 자기가 그녀를 잘 안다면서 그 작품은 절대로 구즈의 작품이 아니라고 주장하는 신사를 만난 일화를 공개했다. 당사자인 구즈는 그에게 신랄한 조롱을 남기며 마차에서 내렸다. 여성을 가정에 매어두려는 세상의 편견과 악의에 대해 구즈는 누구보다도 열렬하게 맞섰다.

흑인 노예 문제

구즈의 첫 희곡은 문학적인 가치와 별개로 작가의 의도에서 혁명적이었다. 백인들이 짐승 다루듯 하는 흑인 노예들도 감정이 있고 사랑할 줄 알며 존중받을 가치가 있다는 사실을 보여주었기 때문이다. 구즈는 그 시대에 식민지의 흑인 노예제도를 공개적으로 비판한 유일한 여성이었다. 혁명 후 정치적 상황은 달라졌지만 식민지 노예문제는 여전히 현재적인 이슈였다. 이런 상황에서 노예제도를 비판하는 희곡의 공연은 식민지에서 막대한 이익을 취하고 있는 상인들의 강력한 반대

에 부딪쳐 3회 만에 막을 내렸고, 작품은 1792년 3월에야 비로소 출간
될 수 있었다.

그때까지 이런 주제를 연극에서 다룬 것은 처음이었다. 두 흑인 노
예를 주인공으로 식민지의 노예문제를 비판적으로 다룬 이 작품은 구
체제 하에서는 감히 내놓기 힘든 대담한 작품이었다. 〈모니퇴르〉지에
나온 평을 보면 이 공연이 어떻게 받아들여졌는지 알 수 있다. "서로
대립하는 양쪽 관객들의 아우성이 작품을 중단시키려고 했다. 한쪽은
작품의 옹호자들이었고 반대쪽은 박해자들이었다. 커튼이 올라가기
전에 극장 안은 이미 소란스러웠다."[84]

당시에 식민지 흑인 노예제도에 대해 공공연한 비판을 한다는 것은
대단한 용기가 필요한 일이었다. 이 작품이 공연된다는 소식이 알려지
자 〈구즈 부인에게 보내는 편지〉라는 제목의 익명 선전물이 파리 시내
곳곳에 뿌려졌다. 노골적으로 구즈와 '흑인우호협회Société des amis des
Noirs' 회원들에 대한 살해 위협을 알리는 내용이었다. 실제로 구즈는
노예 소유자들에게 여러 차례 죽음의 위협을 당했다. 이런 상황에서도
굽힘 없는 구즈의 용기는 경이로울 정도이다. 인도주의적인 유토피아
를 꿈꾸는 구즈의 작품이 공연되기까지 4년이나 걸린 것도 배우들과
구즈 사이의 불화뿐만 아니라, 강력한 세력을 가진 식민지 개척자들이
극장에 압력을 가했기 때문이었다. 배우들은 자신의 후원자인 부유한
식민주의자들의 눈치를 보면서 구즈를 배척했던 것이다.

혁명 전까지 프랑스 대외무역의 거의 절반을 차지하던 식민지 상품
들은 귀족들 수입의 상당 부분을 차지하고 있었으며, 흑인 노예가 없
으면 식민지의 농장을 경영할 수 없었다. 당시에 프랑스령 쌩 도맹그
라고 불리던 지금의 아이티의 원주민은 처음 이 섬에 상륙했던 스페인

사람들에 의해 거의 멸절됐다. 그 후 뒤늦게 들어온 프랑스의 무역상들이 아프리카에서 흑인 노예들을 수입해 섬의 서쪽에 농장을 만들었다. 섬 동쪽의 스페인 식민지현재의 도미니카 공화국에는 3만 명의 노예가 있었던 반면, 서쪽의 프랑스 식민지에는 70만 명의 노예가 있었다. 프랑스령 쌩 도맹그는 신대륙에 있는 유럽 식민지 가운데 가장 부유했으며, 여기서 나오는 이익은 프랑스 국부의 4분의 1을 차지했다고 한다.[85]

이런 상황에서 구즈가 식민지 흑인 노예들의 운명에 대한 일반의 관심과 공감을 끌어내기 위해 희곡을 썼으니, 노예 소유자들의 공격은 예견된 일이었다. 이들은 노예제도 반대운동에 맞서 조직을 만들고 의회에 로비했다. 의회와 내각에도 이미 식민지 소유자들이 있었다. 내각의 주요 인물 가운데 몇 사람은 구즈를 바스티유 감옥에 집어넣고, 그녀의 반노예주의적인 극작품을 코메디 프랑세즈의 레퍼토리에서 빼려는 계획을 세웠다. 다행히 몇몇 후원자들 덕분에 이 음모는 철회되었다. 프랑스 혁명 이후 좀 더 독립적이 된 코메디 프랑세즈는 몽테쏭 부인을 비롯한 유력인사들의 구즈에 대한 지원과 함께 4년 전에 레퍼토리에 등록된 흑인 노예에 관한 극작품을 비로소 무대에 올릴 수 있게 된 것이다.

희곡 《흑인들의 노예생활》이 발표된 것은 지롱드파의 브리소가 '흑인우호협회'를 창설하기 전이었다. 사실 흑인우호협회는 1787년 영국 런던에서 먼저 생겼으며 이에 영향을 받은 브리소가 흑인 노예 무역과 인종차별에 맞서 싸우기 위해 1788년 창설하였다. 구즈는 이보다 몇 년 앞서 희곡을 통해 노예 폐지 운동의 시작을 알렸다. 브리소는 구즈를 높이 평가하면서 찬사를 보냈다. 흑인 옹호자들에 대한 폭력적인 공격의 태풍이 몰아치는 시기에 이러한 감동적인 희곡을 발표한 구즈의 용기를 평가한 것이다. 뜨거운 애국심과 자유에 대한 갈망, 남성의 당당한 동반자로서 여성들의 권리를 주장하는 구즈의 열정을 언급한 브리소는 그녀를 제대로 평가한 사람이었다.

예민하기 짝이 없는 흑인노예 문제를 주제로 택한 것에 대해 구즈는 "난폭한 노예주들의 잔인함을 전하는 이야기는 나의 감정을 움직였다. 노예들을 위해 대중의 공적인 감정을 불러일으키고 (노예주들의) 탐욕에 희생당하는 비참한 이들에 대해 호의적인 감정을 일깨우는 것을 나의 의무로 삼았다."라고 말했다.[86] 그녀도 흑인노예가 처한 현실에 대해 식민지 여행자들이 남긴 글을 접했던 것이다. "채찍질 소리, 억눌린 비명, 흑인들의 무거운 신음소리, 그들은 새날이 시작되는 것을 저주한다. 그들에게는 삶에 대한 고통스러운 감정밖에 없다. 바로 이런 모습들이 아침에 닭 우는 소리를 대신하는 것들이다."[87] 이것이 흑인노예들이 처한 비참한 현실이었다. 흑인 문제를 다룬 연극이 거의 없었던 당시에 구즈는 약자에 대한 공감과 연민과 함께 작가로서 독자성과 창의성을 보여주었다. 그녀의 주장처럼 학식은 부족했지만, '자연'이 이끄는 대로, 자신의 영혼이 움직이는 대로 약자의 편에서 용기 있게 행동했다. 구즈의 여러 사회개혁 프로그램과 함께 그녀의 인도주의는 반드시 짚고 넘어가야 할 것이다.

구즈는 '흑인우호협회' 친구들의 지지를 받으며 식민주의자들의 집요한 공격과 압력, 위협에 맞서 싸우기를 멈추지 않았다. 1790년 4월에는 흑인노예제도 폐지를 주장하는 두 번째 희곡 《흑인노예 시장》을 썼음을 알렸다. 그러나 이 작품은 출판되지 못했으며, 원고는 구즈가 단두대에서 생을 마감한 다음날, 그녀의 다른 글들과 함께 불에 태워졌다. '대중의 정신을 병들게 하지 않기 위해서'라는 이유였다.

두 편의 반노예주의 희곡에 더해 구즈는 〈흑인들에 관한 성찰〉(1788)이라는 짧막한 글을 발표해 노예무역의 비인간성과 백인들의 부당한 편견을 비판했다.

> 그들은 흑인들을 야만인처럼, 하늘이 저주를 내린 존재들로 취급했다. 하지만 나는 나이가 들면서 그들에게 끔찍한 노예 상태를 강요한 것은 강압적인 힘과 편견이었음을, 자연은 여기에 아무 역할도 하지 않았으며 백인들의 부당하고 강렬한 탐욕이 이 모든 걸 만들었음을 분명히 알게 되었다. …… 인간 무역이라니! 세상에나! 자연이 전율하지 않는가? 그들이 동물이라면 그들과 마찬가지로 우리도 동물이 아닌가? 백인은 어떤 점에서 그들과 다른가? 차이는 피부색이다. …… 왜 밋밋한 금발을 혼혈에서 생겨난 갈색 머리보다 더 선호할까? …… 모든 건 다양하며 바로 그래서 자연은 아름다운 것이다.[88]

인종과 피부색에 대한 편견을 거부하는 구즈의 인도주의적인 자유로운 사고가 돋보이는 글이다. 여성으로서 누구보다 앞장서서 노예제도와 인종차별에 반대하는 주장을 펼친 것은 약자에 대한 공감과 연민, 반대자들의 협박에도 굴하지 않고 약자의 편에 서고자 하는 용기를 보여준다. 동시에 이 글에는 시대와 불화하며 시대를 앞서갔던 여성의 초상화가 인상적으로 드러난다. 그 시대의 가장 약자인 여성으로서 겪는 차별과 억압이 다른 약자인 흑인 노예들이 처한 끔찍한 상황에 더욱 공감하게 했을 것이다. 1808년에 간행된 〈불행한 흑인들을 옹호했던 용기 있는 사람들〉 69명의 리스트 안에서 우리는 반노예주의자 구즈의 이름을 볼 수 있다.

첫 번째 희곡 《흑인들의 노예생활, 혹은 행복한 난파자》가 코메디 프랑세즈에서 공연되기 전에, 그리고 두 번째 희곡도 쓰기 전에 발표된 이 글 덕분에 '흑인우호협회'와 관계를 맺게 되면서 협회는 구즈의 반노예주의 투쟁을 지지하고, 후에 그녀도 협회의 멤버가 되었다. 이 글이 발표되자 익명으로 코메디 프랑세즈의 배우들에게 전해졌던 작품의 저자가 누구인지 배우들도 알게 되었다.

1790년 4월 구즈는 혁명 과정에 대한 실망과 자신에게 쏟아지는 비난, 특히 흑인노예를 다룬 희곡에 대한 악의적 반응에 낙담하여 물러나겠다는 선언과 함께 다음과 같은 글을 발표했다. "식민지 개척자들에게 제가 뭐라고 했습니까? 당신들의 노예를 좀 더 유하게, 좀 더 관대하게 다루어달라고 당부했습니다. 하지만 그들은 자기 이익의 아주 작은 부분도 잃고 싶어하지 않습니다. 바로 이것이 그들의 두려움과 분노, 야만적 행동의 이유입니다."〈네케르와 구즈 부인의 망명〉 1790. 4. 실망한 구즈는 '흑인우호협회'가 상당한 영향력을 발휘하고 있는 런던에서 자신의 희곡을 공연하고 싶은 생각으로 런던으로 떠나고 싶었지만, 이는 실현되지 않았다.

구즈가 식민지 시스템과 흑인노예에 관한 이해가 부족한 가운데 단지 흑인노예의 삶의 조건을 좀 더 향상시키고자 하는 데 그쳤다는 비판도 있다. 그러나 이는 과한 비판이다. 비인간적인 흑인노예 문제와 노예제 폐지 문제가 대두되고 있었지만, 식민지 경영에서 막대한 이득을 취하고 있는 부유한 사람들도 조직을 만들어 이에 대항하고 있었다. '흑인우호협회'에서도 노예무역은 즉각적으로, 노예제 폐지는 점진적으로 시행해야 할 과제로 남겨 놓은 상황이었다. 그럼에도 구즈는 자연도 전율할 인간무역의 잔인함을 비판하고, 피부 색깔이 무엇이든 모두가 평등한 인간이며 인종에 따른 우열은 존재하지 않는다고 주장한 것이다. 20세기를 넘어 현재까지도 여전히 인종차별이 존재하는 상황에서 구즈는 누구보다 시대를 앞서간 사람이었다.

흑인노예와 노예 소유자 사이에 일어나는 성적인 문제, 그 결과로 생긴 혼혈아들에 대한 백인 남성들의 비인간적인 태도도 구즈의 비판의 칼날을 비켜가지 못했다. 식민지의 노예 소유자인 백인 남성들이 자기 핏줄인 혼혈인들에게 폭군처럼 행동하는 것은 참을 수 없는 일이었다. 이 비인간적인 식민지 개척자들은 "우리의 피가 그들의 혈관에 흐르고 있지만 우리의 탐욕과 눈먼 야심을 채우기 위해서 필요하다면 우리는 그 피를 몽땅 뿌릴 것"이라고 하면서 아버지가 아들을 인정하지 않고 피의 끌림을 깡그리 질식시켜 버린다는 것이다. 구즈는 흑인노예 여성과 백인 남성 사이 비합법적인 관계, 대부분은 백인 남성의 강압과 폭력으로 이루어진 관계에서 태어난 사생아들, 흑백혼혈인들의 권리를 옹호함으로써 자연이 인간에게 부여한 권리에 대한 그녀의 굳은 신념을 다시 한 번 보여주었다.

한편 본토의 혁명 소식을 들은 카리브해의 프랑스 식민지 생 도맹그의 흑인노예들은 식민지에도 혁명이 일어나길 염원하며 반란을 일으켰다. 영국군과의 식민지 전쟁에 흑인노예를 참전시키기 위해 프랑스는 이들의 해방을 약속했다. 1794년 2월 4일 프랑스는 자유 평등의 이념을 실현하기 위해서라기보다 식민지 전쟁의 승리를 위해 결과적으로 세계 최초로 흑인노예제를 폐지한 나라가 되었다. 반면에 영국은 1833년에, 미국은 남북전쟁이라는 희생을 치른 후인 1865년에야 노예제도가 폐지되었다. 마지못해 흑인노예제를 폐지하기는 했지만, 이를 위해 투쟁해왔던 브리소와 올랭프 드 구즈를 비롯한 노예폐지론자들의 투쟁을 과소평가할 필요는 없다. 억지춘향이기는 했지만, 자유와 평등이라는 프랑스 혁명의 이념이 미국이나 영국보다 40년에서 70년 가까이 먼저 흑인이라는 인종적 소수자에게도 적용된 사실은 프랑스가 인권에 있어 앞선 나라라고 자랑할 수 있는 근거가 된다. 그러나 여성의 인권에 대해서는 그렇지 못했다.

구즈의 다양한 극작품들

자신의 재능에 자부심이 컸던 구즈는 생부를 따라 진정한 극작가가 되기를 소망했으며, 흑인노예 문제 외에도 다양한 주제의 극작품을 남겼다. 30편 정도의 희곡을 썼다고 주장했는데 인쇄된 것은 많지 않지만 필사한 작품은 꽤 남아있다. 작품에서 구즈는 간통이나 사생아, 수도원의 강요된 서약, 이혼, 인종차별, 빚 때문에 감옥 가는 사람 등 여러 사회 문제를 다루었는데, 자신의 삶을 반영한 것도 많았다.

대혁명과 함께 시민들의 연극에 대한 요구는 더욱 커졌다. 극장은 언제나 관객들로 만원이었지만 시민들이 원하는 새로운 사상을 담은 작품은 한정돼 있었다. 그러다 보니 관객의 요구에 맞춰 극작가들은 서둘러 유명한 사건이나 인물을 소재로 정치 선전물에 가까운 작품들을 양산했다. 당시에 유명했던 작가들을 지금은 아무도 기억하지 않는다. 구즈의 작품도 그들의 작품보다 질적으로 더하거나 덜하다고 할 수는 없었다. 그러나 그때나 지금이나 다른 남성 작가들보다 덜 주목받은 것도 사실이다.

구즈는 작가나 지식인 사회에서 여성을 배제하는 관행을 비판하면서

"여성작가도 남성들과 함께 극작가로서 쌓는 경력이라는 영역에 들어갈 권리가 있다."[89]고 주장했다. 연극계에는 여성혐오가 상당했으며, 아이러니하게도 여배우들이 여성작가에게 더 엄격했다. 구즈의 극작품 중에는 극장에서 공연되어 꽤 성공을 거둔 것들도 있고 물론 실패한 작품도 있었다. 당시 신문에 실린 작품 평을 보면 극작가로서 어느 정도 존재감이 있었던 것을 알 수 있다. 그러나 구즈의 희곡에 대한 전반적인 연구는 아직 미진한 편이다.

《흑인들의 노예생활》 이후 가장 좋은 평가를 받은 작품은 《니농 집의 몰리에르》였다. 한 신문은 인물의 성격을 잘 표현했으며, 이 작품은 인위적으로 만들어진 것이 아니라 타고난 재능의 산물이라고 평했다. 더불어 코메디 프랑세즈가 이 작품을 거절한 것은 잘못이라고 비판했다.[90]

《샹젤리제의 미라보》에서 정치인 미라보는 새로운 시스템을 만들고 사회 질서의 대원칙을 세워나간다. 그 와중에 한 여성이 여성은 왜 남성과 동등하게 그 자리에 없느냐고 불평하는 장면이 나온다. 구즈의 여성주의적 관점을 잘 보여주는 장면이다. 그들이 만드는 새로운 사회 시스템에 여성들의 역할은 없었다. 작가는 그들의 왕국이 아닌 우리의 왕국이 되어야 하며 그 왕국을 쇄신하는 데 여성도 한 역할을 해야 한다는 것을 강조한 것이다.

문필가적 재능에 대단한 자부심을 가졌던 구즈는 국립 아카데미는 아니라도 예술적 문학적 생활에 상당한 영향력을 끼치는 지방 아카데미에 받아들여지기를 희망했다. 이미 롤랑 부인이 남부 브장송의 아카데미 회원이었으며, 여성 언론인 케랄리오 역시 아라스의 아카데미 회원이었다. 그러나 구즈의 희망은 실현되지 않았다. 롤랑 부인은 상류

부르주아 출신의 장관 부인이었고, 케랄리오 부인은 귀족 출신의 공화주의자이자 언론인이었다. 하지만 구즈는 출생도 불분명하고 보잘것 없는 지방 출신의 신분이 모호한 여성이었다. 지식인의 전당이라고 할 아카데미라는 상류층의 고급문화에 받아들여지기에 신분이 매우 부족했다. 구체제의 특권의 타파와 자유와 평등을 기치로 내걸었던 혁명조차도 출신 계층이라는 신분의 벽을 완전히 무너트리지는 못했다.

구즈는 두 편의 소설도 남겼다. 희곡들처럼 소설도 풍부한 상상력과 부정확하고 오류투성이의 문체로 특징지어진다. 그녀의 상상력은 언제나 인정받았으나 배움의 부족으로 글에는 오류가 많았다. 구즈가 정치적인 글을 발표했을 때도 그녀를 비판하는 사람들은 풍부한 상상력에서 나온 망상이라고 비난했다.

구즈의 사회개혁 프로그램

구즈의 휴머니즘은 흑인노예 문제에 그치지 않고 구체제에서 차별과 가난에 고통받는 모든 소외된 사람들을 위한 사회개혁 프로그램으로 나타났다. 대혁명이 시작되기 전 1788년부터 논쟁적인 주장을 담은 정치 팜플릿을 발표했던 구즈는 혁명 이전에 돈과 권력이 저지르는 불의에 맞서 목소리를 높였던 유일한 여성이었다. 그녀는 혁명이 전개되면서 더욱 적극적으로 나섰다. 부유한 식민지 소유자들이 자신의 이익을 위해 저지르는 반인간적인 행태들, 귀족과 부르주아들의 과시적인 사치와 호화로운 생활, 이에 대비되는 가난한 사람들의 끔찍할 정도로 비참한 생활이 날마다 눈앞에 펼쳐지는 상황에 구즈는 분노했다.

구즈의 사회개혁 운동은 사람을 규합하거나 조직을 만드는 등의 활동은 아니었다. 참정권도 없고 공직에 나아갈 길도 없는 여성으로서 세상을 변화시키기 위한 방편으로 택한 것이 글쓰기였다. 희곡을 쓰면서 인쇄된 글의 힘을 체감했던 구즈는 사람들에게 자신의 주장을 듣게 하려면 글을 써야 한다고 믿었다. 그녀와 그렇게 불화하던 코메디 프랑세즈의 배우들도 구즈가 배우들을 비판하는 글을 발표하는 것을 두려워했다. 문필가를 꿈꿨던 구즈는 문학적 활동과 함께 혹은 문학 활동 이상으로 글을 통해 사회개혁 운동과 자신의 정치적 주장을 알리는 데 몰두한 것이다. 신문 잡지는 물론 팸플릿 소책자 청원서 등 방법을 가리지 않았으며, 자신을 공격하는 적들에게 보내는 경고장을 파리 시내 곳곳에 벽보로 게시하는 수단까지 동원했다. 이런 모든 활동에 구즈는 거침이 없었으며, 어떠한 공격에도 굽히지 않아 더 많은 적을 만들었다.

혁명이 시작되고 의회가 인권선언도 발표하면서 구즈는 의회에 상당한 기대를 했다. "국민의회가 엄격한 눈으로 악습을 감시하고 인간의 모든 권리와 존엄을 회복할 날이 다가왔다. 자석에 이끌리듯 애국심이 나를 베르사유로 끌어당긴다. 열정과 시민 정신을 가진 영혼에게 얼마나 멋진 미래인가! 나는 국가에 유용한 계획들을 세우는 데 자신을 던져버릴 욕망에 불타오른다. …… 공공의 행복을 위한 청사진들만이 눈에 보일 뿐이다!"〈가면을 벗은 배우들〉, 1790. 의회에 대한 기대와 함께 공공의 복지를 위한 자신의 역할을 생각하며 끓어 넘치는 열정으로 들뜬 마음이 느껴지는 글이다.

이미 혁명 전부터 흑인 문제에 대해, 국가의 부채 같은 중대한 문제에 대해 발언해오던 구즈는 신분에 관계없이 모든 사람이 법 앞에 평등하다는 인권선언이 나오자, 여성도 모두의 이익을 위한 대토론에 능동적으로 참여할 수 있으리라 믿었다. 이 무렵 모든 분야에서 온갖 정치 클럽과 회합들이 조직되었으며 이는 전국으로 퍼져나갔다. 구즈는 사회개혁을 위한 수많은 제안을 했으며, 그녀가 제안한 프로그램의 범위는 상당히 넓었다. 국가 부채를 변제할 방안부터 빈민 구제, 소외된 약자들에 대한 구제책, 사생아의 권리, 조산원과 부인병원의 설립, 공공작업장 설치 등등 일일이 헤아리기 어려울 정도이다. 구즈의 수많은 정치 사회적 글에서 우리는 비참한 민중들의 삶에 대한 뜨거운 관심과 염려를 볼 수 있다. 이와 함께 흑인이나 약자들에게 가해지는 폭력과 불의, 권력 남용 등에 대해 준엄하게 꾸짖는 글에서 구즈의 휴머니즘이 유감없이 발휘된다. 그녀의 순수한 이타주의, 혹은 가난한 이들과의 연대에 대한 열정 등은 그녀를 사랑할 수밖에 없게 만든다.

선대왕으로부터 빚투성이 왕국을 물려받은 국왕 루이 16세는 치세 기간 내내 재정 적자와 국가 부채에 시달렸다. 재정 위기를 타개하기 위해 재상 튀르고, 네케르 등을 등용했지만 귀족을 비롯한 특권계급의 저항으로 계속 실패했다. 루이 14세, 루이 15세 등 선대왕들이 여러 전쟁 때문에 국가 재정을 탕진한 것처럼 루이 16세도 미국 독립전쟁에 개입하여 국비를 낭비함으로써 국가 재정을 더욱 어렵게 만들었다.

이러한 상황에서 구즈는 1788년 9월에 발간한 첫 정치 책자인 〈한 여성 시민이 민중에게 보내는 편지, 애국 기금 계획〉을 발표했다. 국민의 자발적 세금으로 국가 부채를 변제하자는 안을 제시한 것이다. 국왕이 칙령을 내리면 파리 중앙시장의 잡부나 몸종 여자들부터 높은 지위의 대공까지 전 국민이 능력에 따라 자발적으로 세금을 낼 것이라는 주장이었다. 프랑스 국민의 연대와 애국심에 무한한 신뢰를 가졌던 것이다. 그녀는 제안에만 그치지 않고 자기 수입의 4분의 1을 의회에 제공했다. 국왕은 한 여성의 제안을 받아들이지 않았지만, 구즈의 제안에 대한 반향인지 이 무렵에 애국의 열기가 배가되어 자발적으로 국가에 패물이나 은식기 등을 바치는 일이 늘어났다. 이는 1997년 대한민국이 외환위기로 어려움에 처했을 때 전 국민이 금 모으기에 나섰던 사실을 떠올리게 한다. 국가적 위기에서 국민이 힘을 모으는 것은 동서와 고금이 없었다. 구즈의 글이 발표된 이듬해인 1789년 9월 예술가의 아내와 딸들, 부유한 상인의 아내 등 파리의 여성대표들이 패물 등의 귀금속을 모아 의회를 방문한 것도 그 반향의 하나일 것이다. 명시적으로 밝히지 않았지만 여성들의 자발적인 애국적 기부 행위는 구즈의 제안에 대한 현실적 응답이었던 셈이다. 일개 사교계 여성이 루이 16세의 왕정을 위태롭게 하던 국가 부채라는 커다란 문제에 대해 적극적인 해결책을 제시했다. 여성의 역할이라고 하는 고정관념을 깨고 남성의 영역으로 치부하기 쉬운 국가적 위기에 대한 해결책을 제시하는 18세기 여성 구즈의 선구적이며 과감한 태도가 놀랍다.

구즈의 관심과 제안은 이에 그치지 않고 빈민 구제 등의 폭넓은 사회개혁 프로그램으로 발전했다. 파리의 거리에서 일상적으로 마주치는 빈민들의 참상을 구즈는 외면할 수 없었다. 석 달 뒤 12월에 발표한 〈'민중에게 보내는 편지'의 저자 여성시민이 쓴 애국적 고찰Remarques patriotiques par la Citoyenne auteur de la Lettre au peuple〉에서 각종 사회 문제 고발과 함께 제시한 빈민과 사회 주변의 소외된 사람들에 대한 구제책은 매우 구체적이다. "일이 없는 노동자, 힘없는 노인들, 의지할 곳 없는 아이들을 위해 겨울만이라도 열려있는 시설"과 갑자기 남편을 잃고 부양 의무를 떠맡게 된 불우한 여성들을 위한 시설을 만들 것을 역설한 것이다.

혁명 이전에는 버려진 아이들, 가난한 장애인들, 장애인이 아니라도 생계가 어려운 사람들 등 약자들을 구호하는 역할은 수도회를 비롯한 종교 단체의 몫이었다. 그러나 구체제에서 특권을 누렸던 가톨릭에 반대하던 혁명정부는 1792년 8월 19일에 모든 종교 자선 단체를 없애버렸다. 국가와 종교의 분리는 혁명의 원칙이었다. 구체제에서 종교가 맡았던 자선단체는 파괴되었지만, 이를 대신할 방안은 마련되지 않았다. 일부 여성단체들이 이를 맡기도 했지만, 부분적이었을 뿐 근본적인 해결책은 될 수 없었다. 구즈는 이를 국가가 맡을 것을 요구한 것이다.

구즈의 빈민 구제 제안들은 산악파의 국민공회에서 1793년 3월과 6월이 되어서야 입법화된다. 극빈자, 아동, 노인에 대한 구호를 도입하면서 "농촌의 노인과 불구자, 아이가 딸린 모친과 과부는 '국민 구호 대장'에 명단이 기재되어 연금과 구호금, 그리고 집에서 무료로 의료 혜택을 받을 수 있게 되었다."[91] 이미 수년 전에 이러한 주장을 했던 구즈의 인도주의적 제안과 함께 약자의 구제를 권력자의 자비나 종교 단체에 의존하지 않고 법으로 규정함으로써 부조 행위를 세속화한 것은 혁명의 결과였다.

사회적 약자에 대한 구즈의 관심은 이에 그치지 않았다. 빈민층 여성을 위해 '여성들을 위한 자선의 집'과 '민중을 위한 병원'의 설립을 제안한 것도 그 중 하나이다. 온갖 사람이 섞여 있는 시립병원의 비참한 현실을 고발하면서 '처참한 환경에서 너무도 불행하고 하위 인간처럼 종속당하는 여성들을 위한 자선의 집'과 '민중을 위한 병원'이 필요함을 역설한 것이다. 특히 임산부를 위한 조산원 설립의 주장은 귀를 기울여야 할 것이다. 빈민 여성들이 시립병원의 비위생적인 환경에서 산파도 없이 다른 환자들과 함께 수용되어 출산하는 현실에 그녀는 분노했다. 시립병원에서는 출산하는 여성 넷 가운데 한 사람이 목숨을 잃었다. 산고로 고통받다가 죽어가는 여성들을 위한 조산원의 설립을 제안[92]한 구즈는 모자 보호 시스템을 주장한 최초의 사람들 가운데 하나이다.

특기할 점은 그녀가 이미 공공근로라는 개념을 제시했다는 사실이다. 당시 빈민 수용소의 현실은 끔찍했다. 구즈는 이를 '도살장'이라고 표현하면서 정부가 일 없는 사람들을 공공근로에 투입할 것을 제안했다. 갈 곳 없는 빈민들을 수용소에 가두기보다 그들에게 일자리를 제공하면 도살장에서보다 인간적인 삶을 살 수 있으며 거리의 부랑인들도 줄어들 것이라고 주장했다. 공공작업장이라는 개념이 1848년에 이르러서야 '국가작업장'이라는 이름으로 채택된 사실을 생각하면 그의 주장이 얼마나 시대를 앞서간 것인지 알 수 있다.

그녀의 제안 가운데는 일종의 사회주의로 볼 수 있는 내용도 있다. 왕국 소유의 놀고 있는 땅을 단체나 개인에게 각자 경작할 수 있을 만큼 비례대로 분배해서 땅 없는 농민들을 구제하라는 방안을 제시한 것이다. 이는 후대에 사회주의 국가에서 실현했던 정책이다. 빈민과 비참한 처지의 여성들, 노인과 아동들에 대한 구즈의 연민과 관심은 그녀의 따뜻한 휴머니즘을 다시 한번 느끼게 한다. 그녀가 제시한 구체적인 방안들을 조금만 다듬으면 정책입안자로서도 손색이 없지 않은가.

구즈가 제안한 여러 사회적 프로그램의 실현을 위해서는 상당한 재정이 필요하다. 그녀는 이 문제에 대한 해결책도 제시했다. 국가 부채의 청산과 자신이 제안한 사회사업 실현을 위한 자금으로 사치세 부과를 주장한 것이다. 사치를 악행으로 규정하면서 하인을 부리거나 도박, 그림, 조각 등 부유층에게만 해당하는 일들에 세금을 부과해야 한다는 것이다. 하인의 수가 많을수록 세금도 높아져야 한다는 주장은 지극히 타당한 주장이다. 어마어마한 재정이 들어가는 성이나 호화로운 저택에 대한 세금, 그러한 저택을 장식하는 그림과 조각에 대해서도 세금을 매겨 약자를 위한 사업에 투입해야 한다는 주장이었다.

부유층에게 더 많은 세금을 부과해 공공의 복지에 쓰는 것은 국가가 세금을 통해 소득의 재분배를 꾀하는 것으로 복지국가의 기본이다. 지금 우리나라에서도 북유럽의 복지국가를 부러워하면서도 부유층에 더 많은 세금을 부과하거나 내가 낸 세금을 저소득층의 복지에 쓴다는 사실에 거부감을 느끼는 사람들이 꽤 있다. 모순이 아닐 수 없다. 이처럼 우리 시대에도 논란이 되는 '부유세'의 일종인 사치세를 부과하라는 구즈의 주장은 사유재산의 절대적인 권리를 주장하는 사람들이 상당한 세력으로 존재하는 21세기 한국사회를 부끄럽게 만든다.

구즈의 정치적 활동

혁명기의 다른 선구적인 여성들처럼 구즈도 클럽이나 의회에 드나들면서 새로운 소식과 개념들을 받아들였다. 창작활동을 시작한 1780년대 초반부터 상층 부르주아 문화의 산물인 살롱에도 드나들면서 지식인 사회를 접하고, 아카데미 회원이나 저명한 문학인의 강연과 강의를 들을 수 있었다. 그렇게 해서 구즈는 자신의 부족한 교육을 채워나갔다. 물론 정치인들이 모이는 카페에도 자주 갔다. 그녀의 애국적 열정과 글쓰기는 이러한 과정에서 성숙해갔다.

구즈의 정치의식은 기본적으로 온건파였다. 혁명이 시작되기 전부터 여러 사회문제에 대한 문제의식을 희곡을 비롯한 다수의 문필활동으로 제기했던 구즈는 사회개혁의 필요성을 역설했지만 군주제를 지지하는 왕정주의자였으며, 특권을 비판하면서도 귀족주의에 기울어져 있었다. 그러나 귀족은 물론 내각의 장관들도 자신들의 계급적 이익이 달린 문제에 대해서 얼마나 공격적인가 하는 것을 체험하면서 차차 바뀐다.

정치적인 문제에 관심이 깊었던 구즈는 직접 신문을 창간할 생각까지 했지만 여러 가지 어려움으로 이를 포기하고 짧은 팸플릿 등으로 자신의 정치적 견해를 발표했다. 글을 통해 미라보, 라파예트, 네케르 같은 당대의 저명한 정치인들을 소환했으며, 언론의 자유나 구체제 귀족들의 망명 같은 예민한 주제까지 다루었다. 정치적인 주제에 있어서는 어떤 정파에 속하기보다 중도적인 입장에서 국민적인 합의와 화해라는 강렬한 소망을 피력했다. 삼부회 소집을 계기로 발표한 첫 정치적 발언은 그러한 소망을 잘 보여준다.

1789년 5월 1일 루이 16세가 삼부회를 소집했고, 구즈의 본격적인 정치적 발언이 시작되었다. 국가를 구성하는 세 신분인 성직자, 귀족, 평민의 대표자로 구성된 삼부회는 평민 대표인 부르주아제3신분가 머릿수에 따른 표결을 주장하면서 파행을 거듭했다. 머릿수에 따른 표결은 숫자가 많은 제3계급에게 절대적으로 유리한 제도이니 귀족과 성직자 계급이 이에 찬성할 리 없었다. 구즈는 이 중대한 시기에 삼부회가 분열된 것을 걱정해 여러 의원에게 편지와 소책자를 보냈다. 진영 의식을 앞세워 분열하기보다 나라를 위해 의회가 화합할 것을 촉구하면서 특권계급인 성직자와 귀족들이 특권을 버리고 서로 양보하여 제3신분과 함께 할 것을 당부한 것이다.[93] 그러나 제3신분이 단독으로 법을 만들 권리는 없다고 한 것은 귀족주의를 벗어나지 못한 구즈의 한계를 보여준다. 치열한 권력 다툼의 장에서 구즈의 당부에 귀를 기울이는 의원은 없었다. 그녀는 한 여성의 제안이 완전히 무시당하는 현실을 한탄했다. 정치적 글에서 종종 의회를 향해 말을 걸면서 의원들이 자신의 열렬한 애국심을 알아주고 경의를 표해주기를 은근히 바랐지만, 돌아온 것은 빈 메아리뿐이었다.

같은 해 6월에 구즈는 〈프랑스인에게 보내는 눈먼 사람의 연설 Discours de l'aveugle aux Français〉을 당시의 유명한 정치인 미라보에게 보냈다. 일단 미라보의 능력에 경의를 표하면서 그의 모호하고 변덕스러운 행동에 대한 의심을 내비치고, 프랑스를 선구적인 국가로 만들 개혁의 길을 꾸준히 지속해 나갈 것을 권유했다. 그렇게 한다면 당신은 동상을 세울 만한 위대한 정치인이 될 것이라고 그를 설득했다. 미라보는 답장을 보내 그녀의 애국심에 대한 찬사와 함께 꾸준히 자신의 길을 가라고 용기를 북돋아 주었다.

구즈는 의회의 의원들이나 권력자들, 유명인사들에게 충고와 조언을 보내는 데 주저하지 않았다. 이러한 행동은 사회적 관습이 요구하는 전통적인 여성의 역할에는 맞지 않는 것이었다. 정치적 팸플릿에 여성이 자신의 이름을 서명하는 것도 그 시절에는 구설에 오를 수 있는 행동이었다. 그러나 구즈는 성별에 따른 역할 구분이라는 전통적인 금기를 깨트렸다.

1790년 5월 구즈는 의회에 나가 직접 의원들을 향해 일종의 민중법정의 창설을 제안했다. 민중계층의 범죄 혐의자는 같은 계층의 사람에게 판결받게 하자는 것이다. 그래야 혐의자의 범죄에 대해 더 잘 이해할 수 있기 때문이었다. 가난 때문에 저지르는 범죄는 같은 처지의 민중이 더 잘 이해할 수 있으리라는 사려 깊은 제안이었다. 오늘날에도 검사나 판사는 특권계급에 속한다. 어려운 처지에 놓인 사람이 가난 때문에 범죄를 저질렀을 때 어떤 판사를 만나느냐 하는 것은 일종의 운에 속하는 일이다. 빈곤한 사람들에 대한 이해의 부족으로 중형을 선고한다면 이는 너무 억울한 일이 아닌가. 이 때문에 일반인들의 중지를 모으는 배심제가 필요한 것이다. 구즈가 제안한 민중법정은 배심제와 유사한 것으로 보인다. 대한민국은 아직까지도 진정한 의미의 배심제가 없다. 선진국의 배심제와 달리 배심원들의 의견은 참고자료가 될 뿐, 선고에 결정적인 영향을 주지는 못한다. 시민들의 상식과 판단을 믿지 못하는 사법 엘리트들의 권위 의식이 배심제 도입을 막는 중요한 이유의 하나이다.

사법제도와 관련하여 구즈는 또한 사형선고 받은 사람은 두 번째 법정에서 다시 판결받을 수 있게 하자고 제안했다. 이는 오늘날의 삼심제에는 미치지 못하지만, 상급심을 제안했다는 점에서 획기적이었다. 의회는 물론 두 가지 요구 모두 받아들이지 않았다. 구즈는 자기가 제안한 유용한 계획들을 수용하지 않는 것은 자신이 여자이기 때문이라며 한탄했다. 두 가지 제안은 누구도 부인할 수 없는 훌륭한 제안이었다. 구즈의 제안은 언제나 시대를 앞서가는 유용한 제안이었지만, 한번도 제대로 심의된 적이 없었다. 그녀가 남성이었다면 직접 정치에 나서서 적극적으로 입법에 참여했을 것이다. 의회의 남성의원들은 왜 구즈의 의견에 전혀 귀를 기울이지 않았을까. 물론 여성의 제안이라 무시한 것도 있을 것이다. 또 하나 중요한 것은 그녀의 제안이 주로 하층민을 의한 제도 개혁이었기 때문에 부르주아 출신이 다수인 의회 의원들은 별 관심이 없었다.

그 밖에도 구즈는 자신의 심장이 시키는 대로, 때로는 남부 사람 특유의 자만심으로 머리에 떠오른 생각들을 무질서하게 쏟아내었다. 그녀를 높이 평가하는 미라보조차 "이 여성이 머릿속에 분출하는 불꽃만 없다면 때로는 뛰어난 생각들을 우리에게 제공한다."라고 했다. 구즈 자신도 이제 막 떠오른 생각들을 잘 다듬어 기술적으로 표현하는 것이 부족하다고 고백했다.

구즈는 자신이 왕정주의자임을 분명히 밝혔다.[94] 1789년 발표한 〈여성과 여성 시민의 권리 선언〉을 왕비 마리 앙투아네트에게 청원 형식으로 보낸 것도 그런 연유였다. 그녀가 왕정을 지지한 것은 군주제가 프랑스 정신에 더 적합하다고 믿었기 때문이었다. "군주제라는 오랜 성스러운 나무는 건드리지 말고 기생충 같은 탐욕스러운 가지들만 쳐내라."고 주장한 것은 혁명의 혼란스런 상황에서 정치 체제의 갑작스런 변화가 가져올 파행을 걱정한 것이다. 민중이 군주정이라는 나무의 가지를 너무 폭력적으로 부러트려서는 안 된다는 생각이었다. 1792년의 8월 봉기와 9월 학살, 공포정치 등 이후에 벌어진 여러 폭력과 학살을 생각하면 그녀의 주장은 귀를 기울일 만한 가치가 있었다. 그러나 사태는 그녀의 바람대로 전개되지 않았다.

구즈는 10월의 베르사유 봉기를 끔찍한 일이라고 비난했다. "파렴치한 불한당들이 근위대를 공격하고 우리 국왕의 궁전까지 밀고 들어갔다. 인정사정없이 보초의 목을 베어 그들은 제자리에서 죽을 수밖에 없었다. 불한당들은 군주의 처소를 범하고 왕비의 침실까지 들이닥쳤다."[95]라고 하면서 파리 여성들의 거친 행동에 몸서리를 쳤다. 이것이 앞으로 닥칠 민중봉기의 서막이 아닐까 두려워한 것이다. 구즈는 비참한 민중들을 동정하고 그들을 구제할 방안을 여러모로 제시했지만, 동시에 당시의 일반적인 부르주아들처럼 거칠고 사나운 민중에 대한 혐오와 공포를 느꼈다. 그녀는 정치적으로는 언제나 온건주의자였다. 사나운 민중에 의한 급격한 변화는 국가의 혼란을 가져올 재앙이라고 생각했다.

1791년 6월에 있었던 국왕 일가의 바렌 탈주 사건은 나라 전체에 충격을 주었다. 왕비 마리 앙투아네트의 오빠가 황제로 군림하는 오스트리아는 프랑스의 적국이었으며, 프랑스 혁명을 무너트리기 위해 전쟁을 원하는 것 같았다. 국왕 일가가 적국인 오스트리아로 탈출한다는 것은 프랑스 국민에 대한 배신으로 여겨졌다. 바렌 탈출 사건 이후에는 군주제의 원칙과 새로운 국민의 권리는 더 이상 양립할 수 없는 것이 되었다. 구즈도 이를 절감했으며 이를 계기로 그녀는 의회에 '여성 국민방위대'의 창설을 제안했다.

군주정이 무너지면 큰 혼란이 온다고 생각한 구즈는 국민을 배신한 국왕 일가를 비난했지만, 그런데도 군주제를 유지해야 한다고 주장했다. "당신이 국가라는 벌집을 너무 거칠게 잡아챈다면 당신이 더 이상 통제할 수 없는 혼란이 올 것이다. 벌들은 흩어지고 꿀벌의 무리는 더 이상 꿀을 생산하지 않을 것이다. 그의 분노가 당신을 향해 되돌아오지 않으면, 곧바로 치명적인 벌침을 쏘아대지 않으면 그나마 다행스러운 일"[96]이라고 경고했다. 이 때문에 구즈는 구식의 프랑스 여성이며, 그녀의 상상력은 군주와 귀족이 지배하는 낡은 세계의 지배를 받고 있다는 비판을 받아야 했다. 그러나 구즈는 군주제가 무너지면 이후 괴물 같은 정부가 나타날 것이라고 예언하면서 그 혼란을 걱정한 것이다. 뒤에 나타날 로베스피에르의 공포정치를 생각하면 그녀의 예언은 옳았다. 군주정에서 단번에 공화정으로 바뀌기는 쉽지 않았다. 프랑스 혁명이 군주정에서 공화정, 공포정치, 나폴레옹 시대의 제정, 다시 왕정복고, 공화정 등등으로 엎치락뒤치락했던 역사가 이를 증명한다.

국왕 일가의 탈주 사건을 전후하여 구즈는 루이 16세와 왕비에게 극가의 재정문제와 전쟁의 위험이 국왕에게 달려있다며 국왕과 왕비가 해야 할 일을 단순명쾌하고 직설적으로 전하는 글을 발표했다. 거의 경고에 가까울 정도로 그녀의 글은 직설적이며 에너지가 넘친다.

혁명의 진전과 함께 구즈의 생각도 점차 달라졌다. 왕에게 배신감을 느낀 구즈는 이후 절대왕정이 아닌 입헌군주제를 지지하게 되고 다시 공화주의자로 바뀌었다. 폭력이 난무했던 8월 10일 봉기까지 구즈는 때로는 반동적이었다가 때로는 지롱드파가 되었다. 1792년 4월에 발표한 글에서는 지상의 모든 폭군을 멸망시켜야 한다고 주장하다가 같은 글에서 파리의 평화로운 민중 축제를 비난하기도 했다. 그녀가 특히 분개한 것은 외국의 첩자들이 프랑스 의회의 결정에 영향을 미치고 파리의 폭동을 부추기며 무질서를 조장한다는 것이었다. 전혀 근거 없는 분노는 아니었다. 혁명의 소용돌이 속에서 외국인들이 중요한 사건과 결정에 영향을 미친 것은 사실이었음이 여러 사람의 회고록을 통해 밝혀지고 있다.

구즈는 자신이 어떻게 공화주의의 세례를 받게 됐는지 밝히면서 국민을 위해 죽을 수 있다고 말했다. "나는 오랫동안 사상의 혼란 속에 있었다. …… 그러나 곧 어둠이 밝아지고 그날이 도래했다. 나는 자유로우며 자유롭게 죽을 것이라고 느꼈다. 자유롭게, 내 동포들이여!

…… 국민의 이익을 위해 봉사하는 것은 얼마나 아름다운가! 국민을 위해 죽는 것은 얼마나 아름다운가!"[97] 그녀의 뜨거운 심장과 국민을 위해 봉사하겠다는 애국심은 거침없는 발언으로 정치에 참여하는 것으로 나타났다.

프랑스가 1792년 4월 20일 오스트리아에 선전포고할 때 혁명정부는 부르주아 중심의 지롱드파가 장악하고 있었다. 외국의 개입만이 실추된 왕권을 회복하는 길이라 믿었던 루이 16세도 전쟁을 원했다. 로베스피에르는 홀로 시대의 흐름에 맞서 집요하게 전쟁에 반대했다. 그는 국왕이 전쟁을 원하는 속셈을 알아차렸으며, 전쟁은 망명귀족과 궁정을 만족시키는 것이라고 주장했다. 구즈가 전쟁에 반대하는 로베스피에르를 지지한 것은 옳았다. 그러나 구즈는 산악파에 가담하지 않았으며, 콩도르세와 그의 부인 소피와 교유하면서 1792년 10월에 지롱드파에 합류했다.

입헌군주제를 지지하던 구즈는 지롱드파의 여러 인물과 교류하고 당시의 재능 있는 여성들이 주관하던 살롱에 드나들면서 공화주의자로 변모한다. 1792년 11월에는 전제군주가 쫓겨나고 프랑스가 구원되었다는 공화주의적인 희곡 《구원된 프랑스 혹은 쫓겨난 전제군주La France sauvée, ou le tyran détrôné》를 썼다. 구즈의 공화주의는 표현의 자유를 존중하는 자유주의적 공화주의였다. 그녀는 산악파가 독재하려 한다고 의심했으며, 공화주의자가 된 후에도 과격파인 산악파의 공포정치에 끝까지 항거했다. 온건한 입헌군주제를 주장한 푀양파와 산악파자코뱅파를 모두 비난하면서 그들이 나를 해친다면 기꺼이 조국을 위해 희생하겠다는 결의를 내보였다.

하나는 프랑스를 다시 구체제의 억압 아래 두기 위해 내전의 불꽃을 당기고 있으며, 다른 하나는 무정부주의를 퍼트리고 국가의 숨통을 조인 다음에 그들 자신의 숨통까지 끊어놓을 부랑자들과 연합하려고 한다. 자코뱅파의 태양이 푀양파의 달을 지워버릴 것이다. …… 이런 말을 하면 두 적이 모두 나를 겨눌 것을 안다. 그러나 내 목숨을 희생하는 것은 아무것도 아니다. 연약한 여성이지만 조국을 구하는 일이라면 어떤 이해관계에드 흔들리지 않을 것이다. 어떤 고려 사항도 이 글을 출판하는 것을 막을 스 없다. 내 목숨을 바쳐야 한다면 나는 팡테옹으로 날아갈 것이다.[98]

이때는 푀양파 내각과 지롱드파 내각이 엎치락뒤치락할 때였다. 다지막에 결국은 그들의 칼날 아래 희생될 자기 죽음까지 예언한 셈이다. 게다가 자신이 죽는다면 팡테옹으로 갈 것이라니, 팡테옹은 프랑스 역사의 위인들이 안장된 곳이다. 자신을 그들과 동일시하는 대단한 자부심이 아닐 수 없다. 21세기가 되어서야 일부 여성 정치인과 페미니스트 단체에 의해 구즈를 팡테옹으로 보내자는 운동도 있었지만 아직은 실현되지 못했다. 그럼에도 구즈는 자신이 언젠가는 팡테옹으로 갈 것이라고 예언하고 있는 것은 아닌지…….

자유와 평등에 대한 구즈의 열정은 국경을 넘어섰다. "프랑스는 모든 국가의 국민의 어머니가 되어 지상의 모든 폭군을 파멸시켜야 한다."라고 주장한 그녀의 영혼은 그 자체가 혁명적이었다.

아직 자코뱅파에서 분파된 산악파의 공포정치가 시작되기 전이었지만 구즈는 이미 그들의 위험성을 알아보았다. 거짓된 두 파가 세상을 집어삼키려 꾀하고 있으나 세상이 곧 들고 일어나 그들을 어둠 속에 파묻어버리고, 그들의 음흉한 영향력으로 더럽혀진 프랑스가 광명의 날을 되찾을 것이라고 예언한 것이다. 자코뱅파산악파나 푀양파가 모두 가슴이 서늘해질 예언이었다. 다른 글에서도 대혁명이 피를 흘리지 않고 진행되기를 소망하면서 "내가 두려워하는 것은 한 방울의 피가 떨어지면 그것이 도랑을 이루며 넘쳐날 것이라는 사실이다."라고 썼다. 그녀의 예언대로 산악파의 극단적인 공포정치는 프랑스를 숨도 못 쉬게 했으며, 서로 죽고 죽이는 과정에서 결국 자신들도 희생 제물이 되었다. 그 과정에서 수많은 사람의 피가 단두대를 적셨으며, 그녀의 예언대로 희생자들의 피가 도랑이 되어 흘러넘쳤다.

폭력에 대한 반감

1792년 8월 10일 민중봉기로 왕권은 정지되고 국왕 일가는 탕플 탑에 유폐되었다. 봉기 이전부터 국왕 일가의 바렌 탈출 사건으로 이미 왕권은 바닥까지 떨어져 있었다. 구즈는 군주제를 전락시킨 의회가 실추된 군주제를 억지로 보존하는 데서 괴물 같은 정부가 탄생한다고 비판했다. 얼마 지나지 않아 8월 10일 봉기가 터지자, 군주제와 시민의 권리라는 양립할 수 없는 두 가지 원칙의 부자연스러운 동거가 끝나고 왕권은 정지되었다. 구즈는 이날의 봉기가 양식 있는 시민들이 미결정 상태에 놓인 상황을 단번에 해결해주었다고 평가했다. 하지만 그날의 폭력까지 용인한 것은 아니었다.

구즈는 언제나 폭력에 반대했다. 7월 14일 바스티유 함락을 기리는 축하행렬에서 테루아뉴는 연극적이고 상징적인 의미로 아마존 복장을 하고 무기를 들었지만, 구즈는 무기를 쓰는 것에 반대했다. 테루아뉴가 포부르 쌩 탕투안느의 여성들과 함께 시위를 벌이곤 했지만, 구즈는 법의 테두리를 벗어난 어떠한 형태의 시위에도 참여하지 않았다. 그녀는 긴중여성들인 '뜨개질하는 여성들'과는 본질적으로 달랐던 것이다. 초기에 왕정주의자로서 베르사유 봉기에 대해 비판적이었지만, 당시에 벌어진 폭력도 비판의 근거가 되었다. 베르사유 봉기에 참여한 여성들은 빵 때문에 봉기에 나섰지만, 왕궁으로 쳐들어간 일부 여성들이 근위병을 살해하고 그 목을 창에 꽂고 다니는 등의 폭력을 행사한 것도 사실이었다. 구즈는 이러한 폭력에 몸서리를 쳤다.

1792년 9월 학살 사건에 대해 구즈는 맹렬하게 분노했다. 여성들이 학살에 참여한 것에 대해서도 매우 비판적이었다. "야수 같은 소요꾼들은 피가 혁명을 이룬다고 말한다. 잔인하게 넘쳐흐르는 피가, 비록 죄 있는 자들의 피라 할지라도, 혁명을 영원히 더럽히고 단번에 사람들의 심장과 정신과 여론을 뒤흔들어 놓는다."[99]라며 분노했다. 그녀는 특히 마라를 학살을 부추긴 주범 중 하나로 지목하면서 '인간성이 발육 부전된 조산아'라는 말로 그를 모욕했다. 구즈는 혁명이 폭력에 의해서가 아니라 좀 더 온건한 방식으로 이루어질 수 있다고 믿었다.

이후 9월에 수립된 국민공회에서는 과격파인 산악파와 온건파인 지롱드파 사이의 대립이 심화하였다. 구즈는 이들의 화해를 권유하는 벽보를 파리 시내에 붙이고 의회에 편지를 보내기도 했지만 상황은 나아지지 않았다.

구즈는 흑인문제를 제기할 때부터 이미 기득권층의 공격 대상이었다. 게다가 여성으로서나 문필가로서 혹은 정치적 견해나 애국심에서도 대단한 자신감과 자부심을 가진 구즈는 이를 드러내기를 서슴지 않았다. 〈'민중에게 보내는 편지'의 저자 여성시민이 쓴 애국적 고찰〉에서 민중의 비참함을 묘사하자 부자와 궁정이 두려움에 떨었다고 주장하고, 자신이 공공작업장을 제안했으며 그것이 받아들여진 것을 거론하면서 "나는 인도주의적인 마음이 아직 남아있는 사람들의 심장에 불을 붙인 영광을 누릴 수 있다."라고 자부했다. 또한 "그때 신문들을 읽어보게 하라. 사람들은 한 여성이 공화국의 한복판에서 처음으로 독립성이라는 매력과 애국심의 불꽃을 지닌 것을 인정하게 될 것이다."[100]라면서 자화자찬했다. 애초에 조심성이나 겸손 같은 건 없었으니 이를 천진함이라고 해야 할지 경솔함이라고 해야 할지, 아무튼 이 때문에 더욱더 공격의 표적이 되었고 조롱과 모욕을 당하곤 했다.

1792년 11월 국민공회에서 로베스피에르와 지롱드파인 페티옹Pétion이 결별할 때 구즈는 페티옹의 편에 섰다. 초기에 로베스피에르의 전쟁 반대에 동조했으나, 그가 독재정치를 실시하자 완전히 반대로 돌아선 것이다. 1793년 3월에는 지롱드파와 어느 정도 거리를 두면서 국민공회의 모든 정파가 하나로 단결할 것을 호소했다.

산악파, 평원파, 롤랑파, 브리소파, 뷔조파, 지롱드파, 로베스피에르파, 마라파, 이 혐오스러운 명칭들은 모두 사라지시오. 영원히 사라지고 국민의 행복과 사회의 평온, 조국의 승리를 위한 의원들의 이름이 당신들을 대신하게 하십시오.[101]

루이 16세 처형에 반대

1792년 12월 루이 16세의 재판이 시작되자 구즈는 여론에 맞서 왕의 처형에 반대하는 성명서를 국민공회에 보내고 열렬하게 왕의 수호자를 자처했다. 이때에도 구즈는 자신이 여성이라는 사실을 고려하지 말고 자기 말을 들어달라고 당부했다. '여성이 주제넘게……' 같은 편견을 갖지 않기를 당부한 것이다. 그러나 이는 산악파 언론들의 분노와 비웃음을 샀을 뿐이다.

구즈는 루이 16세가 왕으로서 잘못했지만, 그에게서 왕이라는 직위를 떼어내면 공화국에 그렇게 큰 잘못을 한 것은 아니라고 변호했다. "그에게 합당한 것은 죽음이 아니라 추방"이라고 주장하면서 프랑스보다 문명이 뒤진 러시아도 사형 대신 시베리아 유형이라는 형벌을 채택하는데, 왜 프랑스는 이것을 배우지 못하냐고 질타했다. 외국에 강명하여 적대적인 외국 세력과 결탁하고 있는 왕의 형제들이나 왕의 어린 아들보다 루이 16세가 과연 공화국에 더 위험한가를 물었다. 그의 가장 큰 죄는 공화국이라는 이념이 싹틀 때 태어나 절대왕정을 부정하고 자유와 평등을 요구하는 국민의 열망이 고조되었을 때 왕위에 있었다는 사실이며, 이전의 왕들은 훨씬 큰 잘못을 저질렀어도 단죄당하지 않았다고 주장했다. 그러나 사람들은 그 주장의 정당성을 인정하지 않았으며, 반페미니즘에 앞장선 신문은 구즈를 비웃고 이 기회에 콩도르세 같은 페미니스트까지 싸잡아 비판했다. 구즈는 왕의 목을 벤다고 해도 왕은 죽지 않으며 그를 추방할 때 진정으로 죽는다고 주장했다. 그 말은 예언이 되어 루이 16세가 처형당한 후 나폴레옹 황제를 거쳐 다시 왕정복고가 되었을 때 외국에 망명했던 루이 16세의 동생이 투이

18세가 되어 프랑스로 돌아왔다.

구즈가 교류하던 살롱의 사교계 사람들도 루이 16세의 처형에 반대했다. 지롱드파는 로베스피에르의 독재를 비난했지만, 논쟁은 지롱드파의 패배로 끝났다. 11월 5일 구즈는 왕의 처형을 주장하는 로베스피에르에게 그의 야심을 격렬하게 비난하는 편지를 썼다. 로베스피에르를 '혁명의 치욕이자 저주'라고 비난하면서 그가 루이 16세를 살해하고 왕위 찬탈자가 되고 싶어 한다고 경고했다. 같은 글에서 "천하고 비열한 음모가! 그의 왕홀왕권의 상징인 지휘봉은 고문당하는 자의 고통이라는 백합꽃이 될 것이며 그의 왕좌는 사형대가 될 것이다!"[102]라는 저주까지 퍼부었다. 이렇게 격렬한 비난과 모욕과 저주를 파리 시내 곳곳에 벽보로 붙이게 했으니 로베스피에르가 이를 잊을 리 없었다. 구즈의 대담함과 용기는 후에 그녀를 단두대로 이끄는 중요한 계기가 된다. 구즈와 지롱드파의 반대에도 불구하고 루이 16세도 결국 1793년 1월 21일 단두대에서 최후를 맞았다.

루이 16세를 옹호하는 구즈의 주장은 국왕의 친구와 적 모두의 불만을 샀다. 전자는 국왕의 유죄를 인정했다고 비난했고, 후자는 국왕의 죄를 약화했다고 비난했다. 게다가 여성이 이러한 성명서를 발표한다는 것은 도저히 받아들일 수 없는 일이었으며, 이것은 하나의 스캔들이 되었다. 용기를 내어 공적인 일에 헌신하는 여성들은 남성보다 훨씬 더 큰 위험에 맞닥뜨렸다. 언제나 그렇듯이 여성들은 그들의 용기에 대한 칭송 대신에 비웃음과 증오의 대상이 되었다. 루이 16세를 옹호하는 구즈에게 분노한 대중은 집 앞에서 기다렸다가 그녀에게 위해를 가하려고 했다. 구즈는 무리에 둘러싸여 머리채를 잡혔다. 한 난폭한 남성이 팔 밑에다 그녀의 머리를 조이고 보닛을 벗겨버렸다. 누군가 구즈의 머리를 잡아채고, "누가 이 머리를 24수sou에 살 것인가?" 하고 외쳤다. 위기의 순간이었다. 그러나 구즈는 침착하게 "친구여, 내가 30수에 사겠다."라고 대꾸했다. 재치있는 대꾸에 웃음이 터지는 동안 구즈는 자리를 빠져나가 위기를 모면했다.[103] 위기의 순간에도 동요하지 않은 침착함과 담대함, 순간의 재치가 더 큰 위험에서 구즈를 구했다.

산악파의 독재 비난

1793년 4월 6일 국민공회가 공안위원회를 만들고 의원들을 감옥에 보낼 수 있는 권한을 부당하게 가로채자, 구즈는 마침내 모습을 드러내는 산악파의 독재 위험성을 여러 글에서 경고했다. 특히 공포정치의 주역인 로베스피에르와 마라에게 격렬하게 맞섰다. 이들에게 '부퍼의 진흙 구덩이에 빠져 웅크리고 있는 벌레들'이라는 모욕적인 표현도 서슴지 않았다. 지롱드파 의원들의 이름을 하나하나 거명하면서 로베스피에르가 이들을 살해하고 싶어 한다고 비난했는데, 후에 이는 모두 현실이 되었다. 로베스피에르는 '최고의 자리'에 오르기 위해 이런 짓을 하지만 '너의 옥좌는 교수대가 될 것'이라고 경고했다. 간담이 서늘한 경고가 아닐 수 없다. 나중에 로베스피에르 역시 단두대에서 최후를 맞았으니, 구즈의 예언은 모두 실현된 셈이다.

많이 배우지 못했고 글도 비서를 시켜 쓸 정도로 글쓰기에도 서툰 사교계 여성인 구즈의 통찰력은 때로 놀라울 때가 있다. 종횡무진하는 상상력과 거침없는 자기 자랑 등으로 구즈를 비웃는 사람도 많았지만,

오스트리아와의 전쟁을 반대할 때의 논리, 루이 16세의 처형을 반대하는 논리적 근거, 로베스피에르를 비롯한 산악파의 독재를 경고하는 예언 등은 그녀가 결코 범상한 여성이 아님을 보여준다.

1793년 6월 2일 지롱드파가 몰락하고 다수의 의원이 고발당하면서 혁명은 새로운 국면으로 접어들었다. 지롱드파가 실각한 후 산악파는 자기들을 격렬하게 공격하는 구즈를 아예 지워버리고 싶어 했다. 구즈는 위기에 몰렸지만, 이에 굴하지 않고 산악파에 대한 분노의 펜을 휘두르는 데 주저하지 않았다. 국민공회 의장에게 편지를 보내 공안위원회는 민주주의 원칙을 위반하는 테러라면서 분개한 것이다. 지롱드파가 추방되고 며칠 만에 공개적으로 그들과 연대감을 표현하면서 몰락한 지롱드파를 두둔한 사람은 구즈가 유일할 것이다. 의장이 낭독하던 구즈의 편지는 분노한 산악파 의원들에 의해 중단되었다. 이에 굴하지 않고 그녀는 파리 곳곳에 벽보를 붙이고 정치적 저작물을 출간하면서 체포된 지롱드파를 옹호했다. 공포정치 시대에 목숨을 건 참으로 용기 있는 행동이었다. 그러나 동시에 산악파의 분노를 사기에 충분한 행동이었다. 구즈가 1792년 후기부터 1793년에 발표한 글들 가운데 어떤 것들은 그해 11월 3일까지 살아남아 있었다는 게 놀라울 정도로 무모하다 할 만큼 과격하고 격렬했다.

이런 글들을 구즈는 파리 시내 곳곳에 벽보로 붙이게 했으며, 이를 인쇄하여 산악파나 국민공회 의원들에게 보냈다. 모든 비용은 자신의 몫이었다. 혁명을 위해 파산할 지경이라고 비명을 질렀지만, 또한 그 일에 큰 자부심을 느꼈다. 이처럼 글쓰기에 많은 시간과 돈을 바친 구즈에게 글쓰기는 당대의 사건들을 제대로 조명하고 시대의 요구와 여성의 시민권을 실현하고자 하는 욕망을 표현하는 중요한 수단이었다.

로베스피에르와 마라를 비난했던 구즈는 같은 산악파의 당통에 대해서는 호의적인 태도를 보였다. 그것은 당통이 1793년 3월 이후 지안한 세 가지 조치, 빚 때문에 수감된 사람들의 석방과 가난한 이들을 위한 빵값 인하, 부유세 징수 등을 높이 평가했기 때문이다. 구즈는 그를 '원칙의 수호자'라 칭하고 그의 정의로움에 찬사를 보냈다. 빚을 갚지 못해 감옥에 가는 것은 당시에 흔한 일이었다. 말 그대로 가난이 죄가 되는 것이다. 인도주의자 구즈는 두 편의 희곡에서 이 문제를 심각하게 다루었는데, 당통이 죄 없는 죄인들을 석방한다는 인도적인 조치를 발표하자 크게 환영한 것이다. 부유세도 이미 4년 전에 〈'민중에게 보내는 편지'의 저자 여성시민이 쓴 애국적 고찰Remarques patriotiques par la Citoyenne auteur de la Lettre au peuple〉에서 주장했던 것이다. 지롱드파가 몰락하고 당통이 국민공회 의장이 된 짧은 기간에■ 산악파는 느예상인에게 지급되던 보조금을 폐지했다. 또한 1793년 6월 28일 구즈가 그렇게 주장하던 미혼모 보호법과 버려진 아이들의 시민권을 인정하는 법도 통과시켰다. 당통은 1794년 2월 4일에 지체없이 식민지 흑인노예들을 해방해야 한다고 강력하게 주장하면서 은연중에 구즈의 노예폐지를 위한 투쟁에 경의를 표했다. 인도주의자 구즈의 생각과 당통의 생각은 서로 통하는 것이 많았다. 그러나 로베스피에르와 사이가 벌어진 당통은 1794년 4월 5일 단두대에서 처형당했다. 당통을 포함한 수많은 사람을 단두대에 보낸 로베스피에르도 같은 해 7월 역시 단두대에서 최후를 맞게 된다.

■ 그가 국민공회 의장이 된 기간은 1793년 7월 25일-8월 8일까지 14일에 불과했다.

구즈의 페미니즘

여러 정치적 팸플릿과 희곡 등을 통해 약자에 대한 관심과 연민, 그들을 위한 다양한 정책 제안을 내놓은 올랭프 드 구즈는 따뜻한 마음을 지닌 휴머니스트였다. 작가이자 수많은 정치 사회적 문제에 대해 발언하는 구즈는 정치인으로도 자리매김할 수 있다. 하지만 그녀의 정체성 가운데 가장 중요한 것은 역시 여성의 권리를 위해 투쟁한 페미니스트라고 해야 할 것이다. 남녀를 불문하고 진정한 휴머니스트라면 페미니스트가 되지 않을 수 없었다. 왜냐하면 이 시대 여성이야말로 약자 중의 약자였기 때문이다. 구즈도 한 사람의 시민으로 제대로 인정받지 못하는 프랑스 여성들 가운데 한 사람이었다. 그녀는 여성으로서 너무 많은 제약과 차별을 겪으며 살아왔다. 나라와 국민을 위해 하고 싶은 일은 많았지만, 공직을 맡는 것은 고사하고 아무리 좋은 제안을 해도 여성의 말에 제대로 귀를 기울이는 사람이 없었다. 그래도 지치지 않고 글을 통해 끊임없이 국가를 위한 정책을 제안했을 뿐 아니라 여성의 권리 신장과 시민권을 인정받기 위한 투쟁도 멈추지 않았다.

구즈는 대혁명이 여성을 위해 아무것도 해준 것이 없다고 비난했다. 실제로는 혁명 이후 여성의 재산에 대한 평등한 권리가 인정되었으며, 좀 늦었지만 이혼법도 제정되었다. 하지만 정치적 권리에 대해서는 얻은 게 없을 뿐 아니라 심지어 있던 권리까지 잃었다고 해도 과언이 아니다. 혁명 전인 1789년 1월 24일에 선포된 칙령에 따르면 삼부회의 대표 선출에 있어서 재산이 있는 일부 귀족 여성들은 선거권을 가질 수 있었다. 특권의 폐지라는 혁명의 이념에 비추어 귀족 여성에게만 주어졌던 선거권을 폐지한 것은 마땅하다. 이를 대신하여 제3계급 여성에게도 선거권을 주는 문제가 논의됐어야 했는데, 결과는 여성의 선거권을 아예 없애버리는 것으로 나타났다. 혁명을 주도한 남성들은 곧바로 여성들을 두려운 경쟁자로 생각했기 때문이다. 구즈는 이러한 결과에 분노하고 낙담했다.

구즈가 생각하는 페미니즘에는 유보가 없었다. 그녀는 개별적인 권리 하나하나보다 총체적인 권리를 요구했다. 여성이라는 성이 특수한 존재가 아니라 남성과 마찬가지로 보편성을 가진 존재이기 때문이다. 당시의 지식인 남성 가운데 거의 유일한 페미니스트였던 콩도르세는 남성과 여성은 감성이나 이성이나 도덕적인 관념에 있어서 다른 것이 없다며 여성도 남성과 똑같은 권리를 가져야 한다고 주장했다. 구즈가 콩도르세의 글을 읽었는지는 알 수 없지만, 그녀가 생각하는 페미니즘은 콩도르세의 주장과 비슷한 보편적 평등과 권리로서의 페미니즘이었다.

혁명 전부터 이미 페미니스트였던 구즈는 1787년에 발표한 희곡에서 남성에게는 미덕으로 여겨지는 일이 왜 여성에게는 허락되지 않는가를 물었다. "남자들 사이의 명예로운 경쟁심은 그들의 정직한 부에 영광을 더해준다. 그렇다면 비천한 수단 외에는 가난의 공포를 벗어날 수 없는 여성들에게는 이런 것이 결코 허락될 수 없는 것인가?"[104] 여기서 '비천한 수단'이란 몸 파는 일을 말하는 것이다. 매춘 여성을 천하게 여기고 비난하면서 가난한 여성에게 매춘 이외의 다른 일, 남성과 동등하게 경쟁하면서 일하는 것을 허락하지 않는 세상은 문제가 아닌가. 희곡의 작중인물은 남성과 여성에게 다른 잣대를 들이대는 세태를 비판하면서, 계급이나 재산에 의해 독립된 두 존재, 즉 남성과 여성은 똑같이 자신의 운명과 행동을 결정할 수 있는 주인이 되어야 한다고 주장한다. 두 가지 성의 절대적 평등을 굳게 믿고 있는 구즈의 보편적인 페미니즘이 잘 드러나는 대목이다. "너무 오랫동안 억압당했고 너무 나약했던 여성이라는 성은 이제 부끄러운 노예의 사슬을 끊을 준비가 돼 있다."[105]라는 여성주의 선언은 그녀가 여성의 권리를 위해 투쟁할 준비가 돼 있음을 보여준다.

그 투쟁은 거리의 투쟁이 아니라 문필가로서 글쓰기를 통한 투쟁이었다. 혁명이 폭발했을 때 구즈는 이미 해오던 문필가의 길을 계속 가기로 했다. 글쓰기는 거리의 투쟁 못지않게 혹은 그 이상으로 자신을 위험에 드러내는 일이었다. 전통적으로 남성의 영역이라고 간주했던 모든 일을 여성도 할 수 있다고 굳게 믿었던 구즈는 청원서, 팸플릿, 소책자, 벽보 등 가능한 모든 수단을 동원해 당대의 수많은 사회 문제에 개입해 거침없이 자기주장을 펼쳤다. 여성도 남성과 똑같이 정치적 사회적 논쟁에 참여해야 한다는 생각을 실천한 것이다. 온갖 정치 사회적 문제, 여성문제, 흑인노예 문제 등에 관해 쏟아낸 글들은 때로는 그녀를 웃음거리로 만들었고 때로는 신변의 위험에 처하게 했다.

구즈는 한 서문에서 "혁명이 준비되고 있다. 한 성과 다른 성의 정신과 영혼이 고양되어 장래에는 두 성이 모두 일반의 복지를 위해 협력하게 될 것이다."[106]라고 주장했다. 그녀가 꿈꾸는 이상적인 세상이었지만, 꿈은 꿈이었을 뿐 현실은 이상과는 한참 거리가 멀었다. 대혁명이 여성을 위한 혁명도 될 것이라고 믿었던 구즈는 너무 큰 기대를 했다. 혁명은 구즈의 이상을 배반하고 여성들을 배반했다.

자신의 작품을 무대에 올리는 과정에서 코메디 프랑세즈의 문제를 누구보다 절실하게 겪었던 구즈는 제2의 국립극장의 창설을 요구했다. 그리고 두 번째 국립극장은 '여성을 위한 극장', 즉 여성의 작품만을 공연하는 극장이 되어야 한다고 했다. 극작가로서 자기 경력을 염두에 두기도 했지만, 코메디 프랑세즈가 여성작가를 차별하는 것을 몸으로 겪었기 때문이다. 그러나 그것은 현실적으로 어려운 일이었다. 그래서 여성작가의 작품이 충분치 않다면 도덕적으로 훌륭한 남성의 작품도 올릴 수 있다고 양보했다. 요구는 물론 실현되지 않았다.

〈여성과 여성시민의 권리 선언〉 발표

페미니스트로서 구즈의 가장 큰 업적은 〈여성과 여성시민의 권리 선언Déclaration des droits de la femme et de la citoyenne〉을 발표한 일이었다. 1791년 9월 3일 국민의회가 제정한 새 헌법은 여성도 독립적 존재임을 인정했지만, 여성의 정치적 권리는 인정하지 않았다. 일정한 금액이상의 세금을 내는 남성에게만 참정권을 부여하고 여성은 배제한 것이다. 이 시기는 여러 민중협회와 여성클럽들이 활발하게 활동하고 페미니즘 논의도 곳곳에서 터져 나오던 때였다. 이 시기에 가장 주목할만한 사건이 9월 14일에 있었던 구즈의 〈여성과 여성 시민의 권리 선언〉의 발표였다. 이 글은 프랑스 페미니즘의 가장 중요한 저작이며 근대 페미니즘의 선구적인 역할을 한 것으로 평가받는다. 여성의 시민적 정치적 권리를 배제한 9월 헌법에 분노한 구즈가 헌법 제정 열하루 만에 '프랑스 인권선언'이라고 불리는 〈인간과 시민의 권리 선언〉의 제목과 형식을 그대로 빌려와 쓴 것이다. 이는 여성을 배제한 '남성들만의 인권선언'에 대한 도전이었으며, 페미니즘 역사에 한 획을 긋는 사건이었다.

그러나 혁명의 소용돌이와 전쟁의 위협이 다가오는 정치적인 혼란

속에서 구즈의 '여성 인권선언'은 별다른 반향을 얻지 못했다. 의회도 이를 무시했다. 남성과 여성의 시민적 정치적 권리의 완전한 평등을 주장한 구즈의 '여성 인권선언'이 받아들여졌다면 프랑스 사회는 상당히 달라졌을 것이다. 그러나 구즈의 선언은 시대를 너무 앞서간 것이었다. 가톨릭 신앙과 가부장제가 지배하는 늙은 나라에서 혁명까지 일어났음에도 불구하고 여성 지위의 급격한 변화는 일어나지 않았다. 다행히 혁명의 진행 과정에서 구즈가 주장했던 내용들, 예를 들어 이혼법 같은 것들이 하나씩 법령화되기는 했다. 〈여성과 여성 시민의 권리선언〉은 20세기 초에 이르러서야 비로소 근대 페미니즘 사상의 원칙들로 인정받았다.

이 선언은 다음과 같은 도전적인 전문前文으로 시작한다.

> 남자여, 그대는 정의로울 능력이 있는가? 이 질문을 그대에게 던지는 건 여자다. 적어도 이 권리만큼은 여자에게서 빼앗지 말아달라.
> 말해보라. 내 성性을 억압하는 지상 최고의 권한을 누가 그대에게 주었는가? 그대의 힘인가? 그대의 재능인가? 창조주의 지혜를 살피고 자연을 훑어보라.[107]

남성들의 억압과 횡포에 짓눌린 여성의 한이 느껴지는 선언이다. 동시에 여성을 차별하는 것은 정의롭지 못한 일이며, 창조주의 의지와 자연을 거스르는 행위라는 비난이 포함돼 있다. 즉 여성의 권리는 보편적인 인간의 권리처럼 천부적인 권리라는 선언이다. 남자들을 향해 보편적이고 절대적인 성평등을 주장하는 구즈의 외침은 당당하고 도전적이다. '천부인권설'은 왜 남성에게만 적용되는가, 구즈는 이를 용납할 수 없었다.

이에 그치지 않고 구즈는 여성들의 정치참여를 요구했다. 그리고 이 선언이 '프랑스 인권선언'처럼 의회에서 공포되기를 원했다.

> 국민을 대표하는 어머니, 딸, 누이들은 국민의회의 일원이 되기를 요구한 다. 여성의 권리에 대한 무지, 망각 또는 멸시가 공공의 불행과 정부 부패 의 유일한 원인이라고 간주하고서, 침해할 수 없는 여성의 천부적 권리들 을 엄숙한 선언서에 진술하기로 결의하였다.[108]

투표권도 없는 현실에서 여성의 피선거권까지 요구하는 구즈의 주장 은 너무 비현실적이라는 비판을 받을 수 있다. 그러나 구즈에게 선거 권과 피선거권을 포함한 여성의 시민권은 생존의 권리처럼 누구도 침 해할 수 없는 천부적인 권리였다. 이러한 권리가 실현되기 위해서는 150년 이상을 기다려야 했으니, 당시에는 구즈의 외침이 공허한 메아 리가 되었다.

이어서 17개 항목으로 이루어진 본문은 여성의 권리를 조목조목 다 룬다. 1789년에 선포된 〈인간과 시민의 권리 선언〉은 여성을 제외한 남성만을 인간 혹은 시민으로 간주했다. 구즈는 이 인권선언의 '인간과 시민'을 '여성과 여성 시민'으로 바꾸었다. 제1조의 "모든 여성은 자유 롭고 평등한 권리를 갖고 태어난다."라는 말은 "모든 인간은 자유롭그 평등한 권리를 갖고 태어난다."라고 한 '프랑스 인권선언'의 1조를 그 대로 빌려와 '인간'을 '여성'으로 바꾼 것이다. '인간'에 여성은 포함되지 않았기 때문이다. 인권선언 3조의 "모든 주권의 원칙은 본질적으로 국 민에게 있다."라는 선언에 구즈는 "국민은 여성과 남성의 집합"이라는 말을 덧붙임으로써 여성도 남성과 같은 국민의 일원이며 동등한 시민권을 갖고 있음을 천명했다. 여성은 가정을 지키는 것이 자연의 순리라는 남성들의 주장과 반대로 여성의 권리는 자연이 준 천부적 권리이며, 이의 실현을 막는 것은 오직 남성의 폭압뿐이라는 반발이었다. 이렇게 조항의 수는 물론 어휘까지 따온 '여성 인권선언'은 10조에서 밝힌 다음의 예언적 선언으로 더욱 유명해졌다. "여성이 교수대에 올라갈 권리가 있다면 마찬가지로 연단에 설 권리도 있다." 구즈는 자신의 운명을 예견한 것일까. 어떠한 위협에도 굴복하지 않는 그녀의 용기는 언제나 목숨을 건 일이었다.

구즈가 주장하는 여성의 권리는 상당히 구체적이다. 여성의 참정권은 선거권은 물론 피선거권과 법 제정에 참여할 권리, 공직을 맡을 권리까지 포함하는 것이었다. 여성도 남성과 마찬가지로 세금과 부역에 기여하는 만큼 동일한 지위와 책임, 세금에 관계된 일의 결정에 참여할 권리도 가져야 한다는 것이다. 의무가 있는 곳에 권리도 있다는 말은 매우 합리적이고 타당한 주장이지만, 남성 지도자들은 받아들일 준비가 전혀 돼 있지 않았다.

'여성 인권선언'은 남성(인간)을 여성으로 대체한 것에 그치지 않았다. 시민의 자유뿐 아니라 개인의 자유를 강조한 것이다. 그 가운데 하나가 결혼제도에 대한 새로운 제안이다. 결혼은 의무가 아닌 개인의 자유로운 선택이며 '계약'이라는 것이다. 아내가 남편에게 절대적으로 종속되는 가부장적인 결혼 대신 남녀의 자유의사에 의한 결합, 애정을 바탕으로 한 '남자와 여자의 사회계약'이라는 구즈의 제안은 당시로서는 대담하고 낯선 개념이었다. 계약을 체결하는 두 남녀가 결혼관계인지 단순한 동거관계인지 분명치 않지만, 구즈는 이를 모호한 상태로

둠으로써 결혼제도와 동거관계를 포함하여 개인의 자유의사로 선택하는 새로운 남녀관계를 제시한 것이다. 바로 이 점에서 이 선언의 근대성이 빛난다. 프랑스에서 20세기에 들어서야 법률로 합법적인 지위를 얻게 되었으며, 한국에서는 법률적으로 인정받기에 아직도 요원한 동거관계를 예시하는 일종의 '계약결혼'을 인정하고 결혼제도의 재검토를 제안한 것은 시대를 앞서간 탁견이 아닐 수 없다. 이 문제는 자연히 사생아의 권리와 연결된다.

사생아들의 지위와 권리에 대해 부친과 친자관계를 확인할 수 있는 권리, 부친의 유산에 대한 권리 등이 그녀가 제기한 중요한 내용이다. '여성 인권선언'의 후문에서 "이런 여성의 자식들사생아을 위해 아버지의 이름과 재산에 대한 권리를 인정"해주어야 하며 "어떤 침대에서 생긴 자식이건 구분 없이 자식들에게 우리의 재산이 직접 귀속된다는 걸 서로가 인정"해야 한다는 것이다. '진짜 아버지의 이름과 재산'에 대한 사생아들의 권리도 인정해야 한다는 주장은 구즈 자신의 처지를 대변한 것으로도 볼 수 있다. 귀족이며 유명한 문필가였던 생부의 이름을 쓸 수 없었으며, 재산에 대해서도 아무런 권리를 가질 수 없었던 구즈에게 그것은 한이 되었을 것이다.

사생아의 권리는 '여성 인권선언'이 발표된 지 2년 후인 1793년에야 법으로 뒷받침되었다. 이때 제정된 법들은 혁명이 발발한 1789년 7월 14일까지 소급해서 사생아까지 포함한 모든 상속자에게 유산을 균등하게 분할한다는 것이었다. 그러나 소급 적용은 1794년 7월 27일 테르미도르의 반동 이후 온건파가 지배하던 국민공회에서 다시 폐지되었다.

여성의 권리와 모성 보호를 위한 입법도 빼놓을 수 없는 제안들이었다. 이혼의 권리와 양육비의 지불, 어머니의 존엄성을 사회가 인정해 줄 것 등등, 이런 요구들은 모두 자연에서 받은 인간의 권리와 인간의 존엄성에 기초를 두고 있다.

여러 획기적인 주장과 함께 과감하게 여성의 권리를 외쳤던 〈여성과 여성시민의 권리 선언〉은 발표 당시에 별 주목을 받지 못했다. 여성을 오직 가정을 지키는 수호자, '공화국의 어머니' 역할에만 한정하고자 했던 남성들은 구즈의 주장을 무시하고 웃음거리로 삼기를 서슴지 않았다. 다른 여성들은 침묵을 지켰다. 남성들과 함께 혁명에 뛰어든 여성들은 남성의 지지와 도움을 박차고 나가 여성의 권리를 주장할 때 일어날 상황을 두려워했다. 그래서 대부분의 여성 혁명가는 남성의 그늘에서 활동하는 길을 택했다.

왕과 귀족, 종교의 특권을 폐지하고 그들의 압제를 무너트렸던 혁명이 그 과정에서 여성들의 목소리는 철저히 억압했다. 이후에 전개된 양상은 왜 그렇게 오랫동안 프랑스에서 여성 참정권이 부정당했는지 그 이유를 설명해 준다. 여성들이 다시 자신의 권리를 주장하기 위해서는 100년을 더 기다려야 했다.

여성의 권리를 위한 외로운 투쟁

혁명의 동반자였던 여성들을 배반한 남성들은 여성들이 클럽을 결성하고 정치적 발언을 이어가자, 적대적으로 변하여 이를 적극적으로 억압하기 시작했다. 구즈의 표현을 빌리자면 '노예였던 남성들'이 자신을 억압하던 정치 사회적 사슬을 끊고 자유로워지자 이에 도움을 주었던 동반자 여성들을 더 멸시하고 무시했던 것이다. 이에 구즈는 남성들의 이율배반적인 태도를 신랄하게 비판한다. 하지만 다른 여성들은 구즈의 편에 서기보다 남성 혁명가들의 뒤에서 활동하는 안전한 길을 택했다. 그들이 남자들의 위선과 이율배반을 모를 리가 없지만, 자신도 구즈처럼 남자들의 적의를 살까 염려했기 때문이다. 혁명을 함께했던 여성들의 이러한 선택은 여성의 권리를 요구하는 외침을 억압하고 가정에 묶어두려 했던 남성들의 카르텔이 얼마나 공고했던가를 역설적으로 보여준다. 다른 여성들이 여성의 권리에 대해 입을 다무는 동안 구즈는 굴하지 않고 꾸준히 문제를 제기했다. 그래서 "여성이여, 깨어나라."라는 구즈의 부르짖음은 너무 외롭고 절박하게 들린다. 노예제도에 대한 비판과 함께 이 모든 대담한 주장들은 수많은 적들을 만들었다.

'여성 인권선언'을 발표한 지 넉 달 후에 구즈는 〈프랑스인의 양식Le Bon Sens du Français〉이라는 제목의 글에서 이혼의 권리를 제기했다. 이혼이 불가능한 결혼생활이란 적 혹은 형리刑吏와 함께 사는 것과 다를 바 없다. 매 맞고 사는 여성은 야만 시대에 폭군의 잔인한 폭력보다 더한 폭력 앞에 놓여 있으며, 지옥 같은 결혼생활을 이어가든지 불행한 죽음으로 끝나든지 둘 중의 하나가 될 운명이라는 것이다. 파리의 관습법은 남편의 절대적인 권리를 인정했다. 여성의 불륜은 사회에서 완전히 매장당하는 일이었지만, 남성의 경우 아무런 문제가 되지 않았다. 구즈가 주장한 이혼의 권리는 2년 후에야 합법화된다. 시행 첫해에 이혼 청원 4,000건 가운데 4분의 3이 여성들의 요구였다는 사실은 그동안 여성들이 얼마나 불행한 결혼생활을 해왔는가를 단적으로 보여준다. 그러나 여성들에게 유리했던 이혼의 권리는 나폴레옹 때 다시 폐지되었다.

　교육 문제는 어떠했을까. 남성들은 여성 교육에 대해서도 적대감을 감추지 않았다. 민중의 교육을 강조한 남성들조차도 여성 교육에는 부정적이었다. 심지어 여자들이 읽기를 배우는 것을 금지하자는 법률을 제안한 사람도 있었다. 그보다는 덜하지만, 흑인의 평등권을 위해 열심히 싸웠던 열린 정신의 소유자인 지롱드파의 브리소조차 여성에게는 읽고 쓰기 정도의 교육으로 충분하다고 주장했다. 여성은 오로지 가정과 육아에 전념하는 것이 타고난 역할이라는 신념과 함께 교육도 그런 수준 이상의 것은 필요 없다는 생각이었다. 여성 교육을 부정하는 주장은 학식 있는 여성을 웃음거리로 만든 극작가 몰리에르부터 자연이 이미 여성에게 필요한 것을 주었으니 더 이상의 교육은 필요 없다고 주장했던 루소 같은 계몽주의자에 이르기까지 유구한 전통을 갖고 있다.

　구즈는 익명으로 발표한 글에서 자신은 남성과 여성의 미덕을 모두 가지고 있음을 공언했다. "나는 유일무이한 동물이다. 나는 남자도 아니고 여자도 아니다. 나는 남자의 모든 용기를 가지고 있으며 때로는 여성의 연약함도 가지고 있다. 나의 연설에서 사람들은 평등의 모든 미덕을 발견할 것이며 나의 외관에서 자유의 모습을 발견할 것이다."[109] 그녀는 사실 어떤 남성보다도 용감했으며 어떠한 위협도 겁내지 않았다. 동시대 어떤 여성도 구즈만큼 거리낌 없이 열렬하게 반복적으로 여성의 권리를 주장한 사람은 없었다. 구즈나 테루아뉴처럼 적극적으로 공적인 삶에 개입하고 나아가 주장들을 표명하는 여성들은 수많은 어려움에 부딪치는 것이 당시 여성들의 숙명이었다. 여성과 흑인, 약자의 인권을 위한 구체적이고 다양한 제안과 주장은 수많은 적을 만들었지만, 구즈는 천진하다할 만큼 두려움을 모르고 외쳤다. 그 결과는 단두대였다. "여성이 교수대에 올라갈 권리가 있다면 마찬가지로 연단에 설 권리도 있다."라고 외쳤지만 대혁명이 실제로 여성에게 가져다 준 것은 교수대에 올라갈 권리뿐이었다.

1793년 10월 산악파의 국민공회는 여성들의 모든 집회를 금지하고 여성단체를 추방하면서 이를 다음과 같이 합리화했다. "남자는 강하며 예술적 재능을 갖고 현명하게 태어난다. 반면에 여자는 지적인 개념이나 진지한 명상 능력을 갖추지 못해 집안 살림과 자녀 교육을 맡도록 만들어졌다."[110] 여성을 교육에서 철저하게 배제하면서 예술적 지적 능력이 없다는 주장이 얼마나 모순되고 터무니없는 주장인지 우리는 모두 알고 있다. '지적인 능력'을 갖지 못한 여성에게 자녀 교육을 떠맡기는 모순을 깨닫지 못할 만큼 당시 남성들은 반페미니즘으로 눈이 멀어 있었다.

혁명 이전 구체제 하에서 상류층 여성들은 살롱을 주도하면서 막후에서 정치적 영향력을 행사했다. 이에 대한 반감이 특히 공포정치를 시행하던 산악파에게 있었다. 페미니스트였던 콩도르세를 제외하면 지롱드파 남성들도 여성의 선거권이나 공직 진출 등 정치참여를 환영하지 않았지만, 산악파보다는 덜했다. 그들은 콩도르세 부인 소피나 롤랑 부인처럼 남자들 못지않은 높은 지성과 판단력을 겸비한 여성들을 보았기 때문이다. 여성들의 집회와 토론까지 금지했던 공포정치 시대에 구즈를 포함하여 막후에서 지롱드파에 영향력을 행사하던 롤랑 부인까지 단두대에서 사라졌다. 여성운동은 완전히 질식해버린 것이다. 로베스피에르의 실각과 처형에 뒤이어 공포정치가 막을 내린 이후에도 나폴레옹 시대와 왕정복고에 이르기까지 여성의 권리는 후퇴 일로를 걷게 된다. 인권을 주장했던 프랑스 혁명에서 여성을 위한 제2의 혁명은 일어날 수 없었다.

어린 시절 제대로 교육받지 못한 구즈는 롤랑 부인처럼 일관된 원칙을 가지고 행동하지는 못했다. 그러나 자연발생적인 사상, 폭발적인 격정은 그 이상의 것이 필요 없을 정도였다. 그녀만큼 감동적이고 사람을 사로잡는 멋진 생각들이 샘솟듯 나오는 사람은 보기 어렵다. 배움은 부족했지만 풍부하고 열정적인 상상력과 공중의 복리를 위한 인도주의적인 심성이 펼쳐 보이는 구즈의 비전의 광범위함과 새로움은 오히려 뛰어난 지식인이었던 롤랑 부인보다 더 월등하다고 주장하는 사람도 있다.[111]

여성들의 연대 주장

여성들의 권리가 질식당하던 상황에서 여성들의 연대가 이루어졌다면 어떻게 되었을까. 내무장관이었던 남편의 뒤에서 상당한 정치적 영향력을 행사했던 롤랑 부인은 한 번도 여성의 권리를 내놓고 주장한 적이 없었다. 남성들의 적대감을 사느니 몸조심하면서 남성들을 안심시키는 쪽을 택했다. 자기 내면의 소리를 억누르고, 작가가 되고 싶다는 가볍디가벼운 유혹조차 느낀 적이 없다고 주장할 만큼 그녀는 조심했다. 그러니 여성의 권리를 거침없이 주장하는 올랭프 드 구즈를 지지할 수 없었다. 여성에게 작가라는 지위는 얻는 것보다 잃는 것이 훨씬 많다는 것을, 남자들의 경원과 적대감을 살 뿐이라는 사실을 일찍부터 깨달았기 때문이다. 롤랑 부인은 어린 시절부터 두드러지게 총명한 아이였으며, 어린 나이에 상당한 양의 도서를 섭렵했던 지식인이었다. 이런 여성이 이렇게 말했다는 것은 글을 쓰고 자기 발언을 하는 여성들에 대한 남성들의 적대감이 어느 정도였는지를 짐작하게 한다.

이러한 악조건에도 불구하고 구즈는 여성들에게 연대를 호소했다. 같은 성에게 더 가혹한 여성들의 약점을 간파하고 있던 구즈는 이를 신랄하게 비판하면서 좀 더 순박하고 겸손하게, 서로에게 관대하기를 호소한다. 같은 여성의 결점에 대해 더 엄격하고 혹독한 비난과 비판을 가하는 여성들의 경쟁심은 남성들의 우월감을 부추기고 여성 자신을 웃음거리로 만든다는 것이다. 여성들 사이의 경쟁심과 질투에 대한 구즈의 경계는 그녀의 경험에서 나왔을 것이다.

남성들은 우리가 오직 집안 살림을 꾸려나가는 데만 적합하다고 주장합니다. 정신적인 것을 추구하고, 잘난 척 문학에 몰두하는 여성들은 사회에서 받아들일 수 없는 존재라고 여깁니다. 사회에 쓸모라곤 없는 골칫거리가 된다고 생각합니다. …… 참으로 사랑하는 나의 자매들이여, 우리끼리는 우리 결점들에 대해 조금 더 너그럽고, 서로 결점들을 덮어주고, 우리 성을 위해 조금 더 일관성 있는 태도를 보이려고 애써야 할 것입니다.[112]

구즈가 말하는 남성들의 여성에 대한 인식을 17세기 극작가 몰리에르Molière, 1622~1673의 경우와 비교해 보자. 1672년의 희곡 《학식을 뽐내는 여인들》에서 몰리에르는 반어와 역설, 빈정거림 등을 동원해 학식 있는 여성에 대한 반감을 여과 없이 드러낸다.

그럼 너는 남편을 하늘처럼 떠받들고

아이들을 챙기느라 가사에만 얽매여

다른 기쁨을 전혀 모르는

하찮은 사람이 되겠다는 거야?

그런 수준 낮은 유희는

저속한 속물들에게 맡겨 두고

눈높이를 더 올려서

고상한 것을 즐기는 취향을 가져야지.

저는 여자가 모든 걸 알려고 하는 건 이해하지만

유식하려고 유식한 체하려는

황당한 욕심은 도저히 용납할 수 없습니다.

··············

나한테 필요한 식사는 전혀 모르면서

쓸데없는 지식은 왜 그리 많이 알려고 하는지.

심지어 하인들조차 여인네들의 환심을 사려고

할 일은 안 하고 학문을 동경하고 있으니 큰일이야.[113]

    지혜와 학식을 구하는 여성의 말을 비틀어 가사를 등한시하는 여성으로 만들고, 남자한테 식사도 제대로 챙겨줄 줄 모르면서 쓸데없는 지식만 알려고 한다고 비판한다. 심지어 하인들조차 여인네들의 환심을 사려고 책을 붙들고 있다가 내가 먹을 고기를 태우고 집안일을 엉망으로 만들고 있다는 한탄이다. 뛰어난 희극작가인 만큼 우스꽝스럽게 과장한 면도 있지만, 여기에 나타난 몰리에르의 인식은 "남성들은 우리가 오직 집안 살림을 꾸려나가는 데만 적합하다고 주장"하고 "정신적인 것을 추구하고, 잘난 척 문학에 몰두하는 여성들은 사회에서 받아들일 수 없는 존재"라고 여기는 구즈 시대의 남성들 생각은 데칼코마니처럼 닮아있다. 17세기와 18세기 말, 100년 이상의 시간이 무색할 정도이다. 남성들이 여성에게 바라는 것, 학식은 남성의 전유물이고 학식 있는 여성은 기괴한 존재일 것, 여성을 가정이라는 울타리 안에 가둬두려고 하는 한결같은 음모 등, 몰리에르 이후 100년이 더 지난 18세기 말 혁명기에도, 심지어 세상을 변혁하고자 혁명에 앞장섰던 남성들조차 여성에 대한 인식은 17세기 몰리에르의 생각에서 한 치도 벗어나지 못했다.

이러한 상황에서 구즈는 여성들의 연대를 호소했지만, 현실에서 여성의 연대는 없었다. 구체제 하에서 여성들은 자신의 매력과 간계를 써서 막후에서 세력 있는 남성들을 조종하고 악덕을 하면서 존중받았지만, 혁명 이후에는 존중받아 마땅한 여성들이 멸시받고 있다는 것이다. 구즈는 구체제 귀족 여성들을 남자를 유혹하고 음모나 꾸미는 이상한 동물들이라고 지칭했다. 이런 여성들은 잠자리에서 정부의 일에 끼어들어 혁명정부의 장관들을 타락시킨다는 것이다. 그렇게 비판하면서도 한편으로는 여성들이 행하는 모든 수치스러운 악덕이 여성의 노예상태에 대한 일종의 복수라고 주장했다. 여성에게 아무런 공적인 권한이 없으니, 남자를 유혹하고 간계를 써서 정부의 일에 간섭한다는 것이다. 그러나 이제는 구체제 여성들의 악덕에서 벗어나 "여성이여, 깨어나라, …… 그대의 권리들을 인지하라."라고 외치면서 구즈는 여성들의 자각과 연대를 호소했다. "이제 우리 여성들에게도 혁명이 일어나야 할 위대한 시간이 아닌가? 여성들은 언제까지 서로 고립돼 있을 것인가?" 여성들이 뒤에서 남성들을 조종하는 것은 그들에게 어떠한 공적 권리도 없기 때문이다. 하지만 젊은 여성들에게 남성과 똑같은 교육을 제공하고 모든 직업적인 경력이 개방돼 있으며 어떠한 역할에서도 배제하지 않는다면, 여성들은 그런 쓸데없는 짓을 하지 않고 가사의 의무도 더 잘 할 것이라는 게 그녀의 주장이었다.

여성들의 자각과 연대를 주장하던 구즈의 호소가 반응을 얻지 못한 것은 그녀가 행동가라기보다는 이론가였기 때문이다. 구즈는 여성단체를 설립한 적이 없으며 어떤 여성 조직에도 가담하지 않았다. 문필가로서 글을 통한 활동에는 거리낌이 없었고 어떤 억압에도 굴하지 않았지만, 늘 혼자 싸웠다. 그러나 여성들의 연대라는 실질적인 결과를 얻기 위해서는 역시 조직이 필요했다.

구즈의 최후

지롱드파가 몰락하고 상황은 점점 더 악화되었다. 구즈는 정세와 거리를 두고 떠나려고도 생각했지만, 다시 새 게시물 〈세 개의 투표함 또는 조국의 안녕Les Trois Urnes, ou le Salut de la Patrie〉을 준비했다. 참으로 못 말리는 열정과 용기였다. 구즈의 죽음을 재촉한 이 글은 각 지방이 통치 방법에 대한 선택권을 가져야 한다면서 세 가지 선택지를 제시했다. 통합된 공화국, 연방제 공화국, 입헌군주제 등이 그것이었다. 의회는 이미 1792년 9월에 지롱드파의 견해로 간주하는 연방제 안을 거부했다. 구즈의 주장은 공화제 원칙을 문제 삼는 글을 금지한다는 1793년에 제정된 법을 위반하는 것이었다. 특히 세 번째 '입헌군주제'라는 선택지가 문제였다. 걱정되었던 구즈는 안전을 위해 이 글을 미리 공안위원회에 보냈다. 아무런 답변이 없자 배포해도 된다는 허락을 내린 것으로 생각했다.

파리 시내에 글을 게시하려고 사람을 시키자, 일을 맡은 사람이 불안했던지 못하겠다고 물러섰다. 급하게 다른 사람을 찾아 게시하려고 하는데 미처 게시할 새도 없이 인쇄업자의 고발로 구즈는 거리에서 체포되어 비밀리에 시청에 수감되었다. 그날이 1793년 7월 20일이었다. 22일에 가택을 수색한 경찰이 그녀의 집에서 아무것도 찾아내지 못하자 구즈는 자신의 저작물이 보관된 사무실을 일러주었다. 순진하게도 경찰이 그 글들을 읽어보면 자신의 애국심과 공화주의에 대한 진심을 알아줄 것이라 믿었기 때문이다. 그러나 경찰은 저작물에서 구즈에게 불리한 증거만 찾아냈다.

시청 감옥에 갇혔던 일주일은 끔찍한 시간이었다. 참을 수 없는 더위와 비위생적인 환경, 고약한 처우 등으로 구즈는 고통을 당했다. 몸이 아팠으나 의사도 불러주지 않았고 속옷도 갈아입을 수 없어 땀에 젖은 속옷을 입은 채로 말려야 했다. 그 꼴을 보다 못해 시장의 요리사가 자기 속옷을 가져다주었다고 한다.

감옥에서 넘어져 무릎을 다친 구즈는 치료를 받지 못해 병세가 악화된 상태에서 7월 28일 쌩 제르맹 데 프레 수도원Abbaye de Saint-Germain-des-Prés으로 옮겨졌다. 그곳은 롤랑 부인이 수용되었던 곳으로 그녀는 다른 수도원으로 이송되고 그 자리에 구즈가 들어온 것이다. 독방 벽에는 9월 학살 때 맞아 죽은 사람들의 피의 흔적이 남아 있었다. 시청에서도, 수도원 감옥에서도 다친 무릎의 치료를 위해 의사를 만나게 해달라는 구즈의 요구는 묵살되었고, 상처는 더욱 악화되었다. 이런 상황에서 구즈는 인권을 유린하는 수감 상태를 고발하는 글을 밖으로 내보내는 데 성공한다. 한 신문은 위험을 무릅쓴 그녀의 용기에 경의를 표하면서 폭압적이고 '프랑스 인권선언'을 유린하는 감옥의 현실을 고발한 것을 칭찬했다.

어렵게 감옥 밖으로 내보낸 구즈의 마지막 글, 〈혁명법정에 선 올랭프 드 구즈Olympe de Gouges au Tribunal révolutionnaire〉와 〈박해당하는 여성 애국자Une patriote persécutée, à la Convention nationale〉는 널리 퍼지고 경찰에 의해 주목받았다. 앞의 글에서 구즈는 "로베스피에르는 언제나 내게 재능 없는 야심가이며, 독재자가 되기 위해 국가 전체를 희생시킬 준비가 되어 있는 사람으로 보였다. 그 피비린내 나는 광적인 야심을 두고 볼 수가 없어 나는 폭군들을 뒤쫓듯이 그의 뒤를 쫓았다."라고 썼다. 투옥된 상황에서 믿을 수 없을 정도의 대담함을 보여준 것이다. 로베스피에르에 대한 격렬한 비판은 끝까지 멈추지 않았으며, 이는 그녀의 목숨을 재촉했다. 로베스피에르는 당장 이에 대응하지는 않았지만, 그녀의 입을 영원히 다물게 할 결심을 한다.

체포 이후 석 달이 넘도록 홀로 싸우고 고통을 당하다가, 11월 2일 구즈는 마침내 혁명법정에 섰다. 법정에 선 구즈는 〈세 개의 투표함〉이 자신이 쓴 글이라고 인정했다. 재판장은 글을 제멋대로 해석하고 희곡에서 극중 인물의 대사를 가져다가 그녀의 유죄를 입증하려고 시도했다. 그 대사는 다만 캐릭터에 맞게 쓴 것일 뿐 작가가 동의하는 내용이 아니었음에도 억지 해석을 한 것이다. 재판장은 구즈가 모욕과 비난을 퍼부었던 국민의 대표들, 즉 로베스피에르를 포함한 산악파 의원들에 대해 지금은 어떻게 생각하느냐고 물었다. 사형선고를 앞두고도 구즈는 굽힐 줄 몰랐다. 그때도 지금도 그들을 야심가라고 생각한다고 답한 것이다. 재판과정에서 구즈를 돕는 사람은 아무도 없었다.

지롱드파 친구들은 이미 사형이 집행되었거나 투옥되지 않았으면 피신한 상태였다. 재판관은 사형선고를 내렸다. '오직 하나뿐인 공화정부'가 아닌 다른 정부를 획책했다는 죄명이었다.

구즈는 갑자기 임신했다고 주장했다. 당시에 사형을 피하기 위해 수감된 여성이 임신을 주장하는 것은 드문 일이 아니었다. 사형선고를 받기 전에 파리 근처의 요양원으로 옮겨졌고 비교적 자유스러운 분위기에서 남녀가 같이 있었으니 임신 주장이 억지만은 아니었다. 그날 오후에 바로 의사와 산파를 불러 검진한 결과 그들은 임신 여부를 알 수 없다고 했고, 재판관은 임신을 인정하지 않았다. 구즈에게는 아들에게 편지를 쓸 시간밖에 남지 않았다. 지상에서 유일한 행복은 아들이 주는 행복이라고 말할 정도로 구즈가 각별히 사랑했던 아들이었다. 몇 차례 편지에도 불구하고 아들의 답장은 없었다. 오히려 그는 자신의 군 경력을 망칠까봐 사형선고를 받은 모친을 부인했다. 그뿐 아니라 평소에 오브리라는 부친의 성 대신 모친의 성인 구즈를 쓰던 사람이 다시 오브리라는 성을 썼다. 답장도 없고 자신을 찾아오지도 않는 아들이지만 구즈는 끝까지 아들에 대한 사랑과 신뢰를 버리지 않았다.

법정에서도 구즈의 굽히지 않는 자부심과 자신감은 변함이 없었다. 변호사 대신 직접 자신을 변호한 최후 변론에는 곳곳에서 그녀의 천진한 자부심이 드러난다. "어둠 속에서 대의에 봉사하는 것에 만족한 채 나는 자부심을 갖고 겸허하게 오직 후대만이 조국에 참으로 기여한 사람들에게 내려줄 수 있는 특별한 왕관을 기다려 왔다. …… 위대한 기질을 갖고 참으로 공화주의적인 영혼을 갖고 태어난 여자를 고소하는 것이 …… 그대들은 내가 이 특혜들을, 자연이 준 소중한 재능들을, 나의 사적인 삶과 나의 애국적 작업을 자랑스럽게 여기게 만든다. ……
프랑스인들은 아마도 내가 조국을 위해 위대하고 유용한 일을 했음을
잊지 않았을 것이다."[114]

그날 밤 거의 잠을 이루지 못한 구즈는 무정한 아들에게 마지막 편
지를 썼다. 다음날인 1793년 11월 3일, 아침부터 파리에 거센 비가 쏟
아졌다. 구즈는 두 팔이 등 뒤로 묶인 채 마차에 실려 사형장으로 향했
다. 짐수레나 끌 것 같은 말이 끄는 마차가 쌩 토노레 거리 끝에 다다
랐을 때 창가에 모여든 사람들, 네거리에 빽빽이 들어선 사람들이 그
녀에게 욕설을 퍼부었다. 가난한 민중들의 비참한 삶을 개선하기 위해
많은 인도적인 제안을 했지만, 여성의 권리를 주장하는 그녀에게 민중
은 냉담했다. 극작가인 아르노가 천천히 지나가는 마차를 보고 "샤를
로트 코르데만큼이나 아름답고 용감했다."라고 감탄했던 곳도 바로 그
곳이었다.[115] 마침내 혁명광장현재의 콩코르드 광장에 이르렀다. 단두대의 계
단을 오르는 구즈의 얼굴은 고요했다. 그녀의 나이 45세였다. 사형 집
행을 참관한 몇몇 사람들은 그녀가 의연하고 품위 있게 사형대에 올라
갔다고 증언했다. '그 유명한 올랭프 드 구즈'를 보려고 모인 호기심에
가득 찬 군중을 바라보며 구즈는 마지막 말을 남겼다. "조국의 자식들
이여, 나의 죽음을 복수해주시오!" 단두대의 칼날이 내려오자 "공화국
만세!"를 외치는 환호 소리가 공중에 퍼지고 여기저기서 모자가 하늘
로 올라갔다. 추락한 국왕을 끝까지 변호하고 지롱드파를 지지했던 구
즈는 공화정부가 아닌 다른 정부를 꾀했다는 죄목으로 처형당했다. 산
악파를 지지하는 민중들에게 용서받을 수 없는 사람이었다.

구즈는 마리 앙투아네트에 이어 혁명 중에 단두대에서 처형된 두 번
째 여성이었다. 닷새 뒤에는 롤랑 부인이 그 뒤를 따랐다. 1793년 9월

산악파의 공포정치가 법률적으로 출현한 이래 단두대에 피가 마르지 않던 시기였다.

구즈에 대한 비난과 반페미니즘

구즈의 처형 이후 〈모니퇴르〉는 1793년 11월 19일자 신문에서 연이어 단두대에서 처형당한 세 여성, 마리 앙투아네트와 올랭프 드 구즈, 롤랑 부인을 모두 국가의 수치인 양 모욕했다. 구즈와 롤랑 부인이 사형당한 것은 무엇보다도 여성의 본분에 맞지 않게 '정치를 논했다'라는 것이었다. 이 공격자들은 누누이 '여성의 덕성'에 대해 논한다. '가사와 아이를 돌보는 것'이 '경건한 임무'이며 '여성의 덕성'이고 자연이 원하는 것이라는 주장이다. 구즈는 특히 "과도한 상상력을 타고난" 사람으로 "망상에 빠져서" 정신 나간 짓을 하더니 결국 프랑스를 분열시키는 불충한 계획을 세웠다고 비난했다. 구즈의 대담한 구상과 굽힐 줄 모르는 투쟁은 '망상에 빠진 미친 짓'으로 매도당했다. "그녀는 국가의 공복이 되기를 원했다. 법률은 자신의 성性에 합당한 덕성을 잊어버린 이 음모꾼을 벌했다."라는 것이다.[116] 여자가 감히 공적인 지위를 원하다니, 이는 용납될 수 없는 죄였다. 롤랑 부인과 마찬가지로 '여성이 가진 덕성'을 망각하고 남성이 되려고 한 죄'는 교수대에 오르기에 마땅한 중범죄였던 것이다.

구즈는 누구도 자신의 견해 때문에 위협을 받아서는 안 된다는 사상의 자유를 주장했다. 하지만 그것은 목숨을 건 일이었다. "여성이 단두대에 오를 권리가 있듯이 연단에 오를 권리도 있다."라고 주장했지만,

자신의 견해를 거리낌이 없이 발표한 구즈에게 혁명정부는 단두대에 오를 권리(?)만 부여했다. 구즈의 죽음 이후 대부분의 언론과 정치인들은 그녀를 위험한 미친 여자로 취급했다. 그들은 정치에 관심 갖는 여성들을 조롱하면서 소박한 옷차림을 하고 살림살이에 힘쓰고, 대중집회에 끼어들어 말하려고 하지 말라고 충고했다.

공포정치를 실시하던 산악파의 국민공회는 1793년 10월 30일 모든 여성정치클럽을 해산시켰다. 며칠 후 항의하러 찾아온 여성대표를 향하여 혁명법정의 책임자였던 쇼메트 검사는 냉소적으로 말했다. "언제부터 여성이 가사와 아이를 돌보는 경건한 임무를 저버리고 의회에 참가해 대중 앞에 나와 발언권을 얻고 연설하는 것을 용인하게 되었는가? …… 자연은 여성더러 여성이 되라고 한다. …… 저 남자 같은 여자, 여자 남자, 저 철면피한 올랭프 드 구즈는 살림은 버려두고 정치를 하려 했고 범죄를 저질렀다. ……모든 부도덕한 존재들은 법이라는 철퇴 아래 사라졌다. 저들을 흉내 내고 싶은가? 아니지! 당신들은 자연이 원하는 존재가 될 때에만 비로소 관심을 받을 것이다. 우리는 여성들이 존중받기를 원한다. 그래서 우리는 여성들에게 스스로를 존중하라고 강제하는 것이다." 구즈가 단두대에서 생을 마감한 지 불과 2주가 지난 때였다. 여성의 권리를 주장하는 사람들은 경건한 임무를 저버린 부도덕한 존재라고 몰아붙이고, 법을 내세워 세상에서 지워버리는 것이 마땅하다는 듯 주장하는 언설은 역겹기까지 하다.

롤랑 부인과 함께 구즈를 거론한 〈모니퇴르〉지와 검사 쇼메트는 대혁명 시절 대부분 남성의 반페미니즘을 여과 없이 보여준다. 쇼메트의 경고는 이후 한 세기 반 동안 프랑스에서 시민적 정치적 권리에서 여성을 지워버린 역사적인 후퇴의 서막을 여는 발언이었다. 여성을 옭아

매기 위해 구즈를 예로 든 것은 그만큼 이 무렵에 그녀의 명성이 높았기 때문이었다. 이렇게 구즈의 죽음을 비웃던 쇼메트도 머지않아 단두대에서 최후를 맞게 된다.

올랭프 드 구즈에 대한 재평가

구즈는 생전에도 그랬지만 사후에도 여성의 시민적, 정치적 권리, 특히 참정권을 주장했다는 이유로 무례하고 분수를 모르는 여성, '자신의 성별에 적합한 덕성'을 잃어버린 사람, 부도덕하고 행실이 바르지 못한 여성, 정신이 불안정한 여자 등으로 비웃음과 비난의 대상이 되었다. 그의 죽음에 바쳐진 조롱과 악의와 함께 구즈는 오랫동안 역사에서도 잊혔다. 올랭프 드 구즈의 수많은 글들, 극작품, 청원서, 정치적 선언문, 회고록 등은 파괴되거나 두 세기 가까이 도서관의 저장고에 묻혀 있었다.

망각 속에 묻혀 있던 구즈의 작품들은 제2차 세계대전이 끝난 이후에야 본격적으로 연구되면서 망각의 늪에서 벗어나기 시작했다. 특히 미국과 일본, 독일에서 활발한 연구가 이루어졌다. 이들 연구는 구즈의 정신적인 독립성과 그의 저술들을 높이 평가하면서 그를 18세기 말의 중요한 인물 가운데 한 사람이며 프랑스 최초의 페미니스트라고 자리매김했다.

프랑스에서는 1981년 올랭프 드 구즈의 전기가 발간되고, 1989년 프랑스 혁명 200주년을 맞이하여 더욱 관심이 높아지면서 구즈 작품의 공연과 출간도 활발해졌다. 대학에서는 구즈의 극작품에 관한 다양한 연구가 진행되었다. 흑인노예 문제, 이혼 문제, 수도원의 강요된 서약 등 당시에 민감할 수밖에 없었던 여러 주제를 다룬 극작품에 관한 연구가 활발히 이루어지고 있다.

특히 2007년 프랑스 사회당의 대권주자였던 세골렌느 루아얄Ségolène Royal은 자신이 대통령에 당선된다면 구즈를 팡테옹프랑스 위인들의 묘와 기념비가 있는 사원에 보낼 것이라고 선언했다. 그 후 페미니스트 단체는 '구즈를 팡테옹으로!'라고 외치며 대통령에게 청원운동하기도 했다.[117] 그리고 2008년 11월에 〈르 몽드Le Monde〉는 "올랭프 드 구즈, 21세기의 여성"이라는 제목의 특집을 마련하여 구즈에 대한 재평가를 기획했다. 2024년 파리 올림픽에서는 개막식에 '프랑스 역사를 만든 대표적 여성 10인'이라는 순서가 있었다. 그때 제일 먼저 나타난 여성이 올랭프 드 구즈였다. 작가로서, 페미니스트로서, 혁명가로서 구즈의 재평가는 앞으로도 활발하게 일어날 것이다.

혁명에 헌신한 여성들을 위한 만가

프랑스 혁명은 한편의 거대한 드라마였다. 1789년 바스티유 함락부터 1804년 나폴레옹의 제1제정 등장까지 15년에 불과했지만, 그 안에서 펼쳐진 복잡다단한 사건들은 한 권의 책에 담기 버거울 정도로 방대한 서사였다.

유럽과 세계에 전파된 자유, 평등, 인권이라는 프랑스 혁명의 이념은 이후 세계사의 방향을 바꾸어 놓았으며, 권력의 폭압을 견디지 못하고 혁명에 나선 많은 나라 국민의 표상이 되었다. 그런데 구시대의 신분적 특권을 타파하고 새로운 시대의 시민사회를 지향하던 프랑스 혁명이 여성들에게는 왜 그렇게 가혹했을까.

여성들은 혁명의 대의에 공감하고 이의 실현을 위해 물불 안 가리고 나서서 싸웠으며, 또한 여성의 당연한 권리인 시민권을 얻기 위해서도 투쟁했다. 그리하여 혁명정부는 짧은 기간에 여성들을 가부장적 사슬로부터 해방하는 몇 가지 '법률적'인 조치를 했다. 이러한 성과들은 여성들 스스로 싸워 쟁취한 것이었다. 우유부단한 루이 16세를 베르사유에서 파리로 나포하다시피 데려온 것도 여성들이었으며, 혁명의 고비마다 용감한 행동대원으로 나선 이들도 여성들이었다. 산악파 정부가 여성협회 해체라는 초강수를 두게 했던 직접적 원인이었던 중앙시장 상인들과 공화주의 여성협회 회원들 사이의 충돌도 여성들의 삼색모장 착용을 의무화하라는 요구에서 비롯되었다. 삼색모장 투쟁은 여성들을 당당한 시민의 일원으로 인정해달라는 정치적 투쟁이었다. 그러나 혁명 초기의 성과라고 할 여성 입법들은 혁명의 쇠퇴와 함께 폐지되거나 약화되었다.

혁명 초기 군주정 몰락에 힘을 보탰던 여성들이 위협적인 정치세력으로 성장하자 남성들은 여성들을 경쟁상대로 인식하면서 태도가 돌변했다. 여성의 본분을 강조하면서 '남자들과 경쟁하려고 하지 말라'고 누누이 당부 내지는 경고했던 남성 정치인은 한두 명이 아니었다. 이들은 공적 영역과 사적 영역을 철저하게 구분하여 남성에게는 혁명과 정치, 그 밖의 사회적 실천을 담당하는 공적 역할을 부여하고, 여성은 가정이라는 사적 영역에 가두고 '가정의 수호신', '공화국의 어머니'라는 그럴듯한 이름으로 포장했다.

그러나 오랫동안 억압당해온 여성들의 정치적 욕구가 폭발했다. 1793년까지 결성된 50여 개의 여성클럽은 여성들의 정치의식을 일깨웠으며, 특히 1793년 5월에 등장한 '혁명적 공화주의 여성시민 협회'는 여성들의 정치 활동의 중심이 되었다. 이들은 정치 투쟁에 나서면서 폭력의 사용도 마다하지 않았으며, 이는 남성 정치인들의 경각심을 불러일으켰다. 공화주의 여성협회가 격앙파와 가까워진 것을 기화로 산악파 정권은 격앙파 지도자들과 폴린 레옹, 클레르 라콩브 등의 여성 지도자들을 체포했다. 지롱드파와 투쟁할 때 상퀼로트의 지원과 도움을 받아 집권한 산악파는 정권을 장악한 후에는 민중의 힘을 꺼려하고 억압했다. 그리고 민중 세력의 약한 고리로 여성협회를 먼저 해체시켰다.

혁명정부가 그토록 집요하게 여성의 정치 참여를 억압하고 반여성주의적 정책을 펼친 것은 구체제의 상류층 여성들이 살롱을 통해 정치적 영향력을 행사한 것에 대한 반감 때문이었다는 해석도 있다. 정치적 감각을 갖춘 여성들이 살롱에서 형성된 인맥을 이용해 막후에서 정치라는 공적 영역에 침투해 권력을 행사한 것에 대한 반발이었다는 것이다. 그래서 혁명기의 남성들은 줄기차게 여성들을 '가정의 수호천사'라는 미명을 씌워 공적 영역에서 추방하려고 했다.

특히 혁명에 투신한 여성들을 일종의 광증으로 모는 담론이 여성들의 투쟁을 혁명의 부수적인 스캔들로 깎아내렸다. 광기와 감금으로 생을 마감한 테루아뉴의 생을 병리학적으로 설명하고, 풍부한 상상력을 지닌 올랭프 드 구즈를 역시 '미치광이'로 취급하면서 여성들의 분출하는 요구를 외면하고 질식시켜버렸다. 여성 투사들을 모욕하는 또 하나의 방식은 이들을 방탕한 여성, 매춘부로 매도하는 것이었다. 테루아뉴와 구즈 모두 이런 취급을 당하고 그들의 역할이 폄하되었다.

나폴레옹의 등장과 왕정복고 시대에 그때까지 명맥을 이어오던 여성 입법들이 아예 폐지되고 구체제의 가부장적 권리를 옹호하는 쪽으로 나갔다. 15년 남짓 활활 타오르던 프랑스 혁명의 실패이면서 동시에 여성 시민권 운동의 철저한 실패와 좌절이었다. 프랑스 혁명이 기완으로 끝난 것을 사제를 맹종하는 가톨릭 여성들의 반동적 성향 탓으로 돌리는 주장도 있다. 프랑스 여성의 참정권이 유럽에서 가장 늦게 부여된 것도 여성들이 신부님 뜻대로 왕당파 같은 보수 반동 세력에게 투표할 것을 염려했기 때문이라는 것이다. 일부 여성들의 맹목적 신앙이 반동적인 가톨릭교회를 떠받치고 왕정을 지지한 것은 사실이지만, 이는 일부의 사실을 들어 정부의 무능을 가리는 한심한 작태에 불과하다.

여성 시민권 운동은 조직적 운동은 아니었으며, 혁명의 대의를 따르는 투쟁 가운데 산발적으로 여성의 권리를 주장하는 정도였다. 그럴 수밖에 없었던 것이 여성들의 정치적 권리 주장에 대한 남성 정치인들의 반감이 극심했기 때문에 여성들이 조심하고 몸을 사릴 수밖에 없었다. 이 때문에 여성들은 남성의 뒤에 숨어서 막후에 영향력을 발휘하거나 보조적인 역할에 만족할 수밖에 없었다. 이런 배경에서 여성들끼리의 연대를 기대하기에는 너무도 토양이 척박했다. 게다가 남성 혁명가들이 지롱드파와 산악파 등으로 분열된 것처럼 여성들도 이념에 따라 분파하면서 더욱 여성들의 연대는 어려워졌다.

그런 가운데에도 올랭프 드 구즈처럼 여성의 시민권을 쟁취하기 위해 목숨 바쳐 싸운 여성도 있었다. 당대에는 제대로 평가받지 못하고 조롱의 대상이 되거나 상상력이 풍부한 미치광이 취급을 받기도 했지만, 어떤 탄압에도 굴하지 않았던 그녀의 용기와 투쟁 덕분에 오늘날의 프랑스 페미니즘은 떳떳할 수 있는 것이다. 롤랑 부인도 표면적으로 나서지는 않았지만, 남성들의 정치 투쟁의 막후에서 활약하면서 여성의 한계를 절감했다. 어느 여성 혁명가보다 정치에 실제적인 영향력을 행사했던 지롱드파의 여신 롤랑 부인이 막후가 아니라 여성 정치인으로서 자신의 이름을 걸고 앞장서서 활약할 수 있었다면 프랑스 혁명의 양상은 조금 달라지지 않았을까. 펜의 힘으로 영향력을 행사한 두 여성을 두려워한 남성 정치인들은 결국 이들을 모두 단두대에 보냄으로써 안심하는 길을 택했다.

반면에 클레르 라콩브와 테루아뉴 드 메리쿠르를 비롯한 몇몇 여성 혁명가들은 실제적인 행동으로 혁명에 뛰어들었다. 이들은 여성클럽을 결성하고 의회나 민중클럽에 나가 연설했다. 사람들은 열광했고 적지 않은 여성들이 따랐지만, 이들의 영광은 오래가지 못했다. 광중이 덮친 테루아뉴는 정신병원과 자선병원에서 생을 마감했고, '혁명적 공화주의 여성시민 협회'를 통해 한 시대를 풍미했던 라콩브도 산악파 정권의 탄압으로 수감생활을 거친 뒤 본업이었던 배우로 돌아갔다. 이들이 펜보다는 덜 위험하다고 여겼는지 산악파 정부는 이들을 단두대로 보내지는 않았다.

남성 혁명가들은 자연의 순리라는 근거 없는 주장과, 온갖 모욕과 여성클럽 해산이라는 강압적인 수단까지 동원해 여성을 공적 영역에서 추방해 가정이라는 사적 영역에 묶어두려고 집요하게 시도했다. 이러한 탄압에도 불구하고 여성들의 에너지와 정치적 욕구는 이를 뚫고 솟아 나왔다. 여성들은 집회와 봉기, 청원 등 정치적 행동에 집단으로 참여해 공적 영역과 사적 영역의 구분을 무의미하게 만들었다. 이처럼 여성들의 강렬한 에너지와 적극적인 투쟁이 남성들의 경계심을 자극해 더욱더 반여성주의적 태도를 강화하게 한 측면도 있다.

여성들은 민중클럽과 여성클럽 등을 통해 정치적 활동을 했지만, 가장 기본적인 시민권이라 할 투표권을 공개적으로 요구한 여성은 극히 드물었다. 여성의 공적 활동에 극도의 반감을 갖고 가정이라는 사적인 영역에 묶어두려는 남성들 앞에서 투표권이라는 정치적 권리까지 주장하기는 쉽지 않았기 때문이다. 그런 상황에서 투표권과 공직을 맡을 권리까지 공개적으로 주장한 여성은 올랭프 드 구즈가 거의 유일했다. 하지만 폴린 레옹이나 테루아뉴처럼 여성 무장과 아마즌 군단의 창설을 청원한 것도 우회적으로 여성의 시민권을 요구한 것이다. 시초에 국민방위대는 투표권이 있는 남성만이 복무할 수 있는 권리가 있었으니, 여성 군단의 창설은 여성의 시민권을 인정하는 것과 비슷한 효과를 보는 것이었다. 후에 모든 성인 남성이 국민방위대에 복무할 권리와 함께 투표권도 갖게 되었지만, 여성들은 끝내 투표권을 얻지 못했다.

돌이켜보면 지롱드파의 막후에서 남편과 친구들에게 막강한 영향력을 행사하면서 자신의 정치적 신념을 실천했던 롤랑 부인을 제외하면, 다른 여성 혁명가들은 실제로 혁명에 큰 영향을 미치지는 못했으며, 여성의 시민권 쟁취라는 과업도 이루지 못했다. 그렇다면 이들의 활동은 아무 의미도 없는 것일까. 혁명과 자유, 여성의 권리를 위해 불타올랐던 테루아뉴의 열정, 폴린 레옹과 클레르 라콩브를 위시한 '혁명적 공화주의 여성시민 협회' 여성들의 정치 투쟁, 자체적으로 공정가격제를 실시한 민중여성들의 운동, 시대가 강요하는 여성이라는 한계를 딛고 끝없이 투쟁하다 단두대에서 사라진 올랭프 드 구즈와 롤랑 부인의 싸움, 짧게 보면 이 모든 투쟁이 아무것도 얻지 못하고 실패한 것으로 보인다. 공적인 역사 기록은 그렇게 전한다.

그러나 혁명이 가장 치열하게 전개됐던 1789년부터 1793년까지 의회의 기록을 보면 수많은 여성의 청원서가 밀어닥쳤으며, 이들 대부분은 개인적인 이해관계가 아닌 공적이고 보편적인 문제들에 대한 청원들이었다. 의회가 이를 즉각적으로 반영하지 않았다고 해서 이후 의회의 결정에 여성들의 청원서가 아무 영향을 미치지 못했다고 단언할 근거는 없다. 오히려 뒤늦게 이러한 청원들이 부분적으로라도 반영되는 경우가 종종 있었다.

혁명은 또한 이에 뛰어든 여성들의 다양한 성장 드라마를 보여준다. 무명의 배우나 실패한 가수였던 젊은 여성들이 혁명의 대의를 깨닫고 체화하면서 열렬한 투사가 되어 민중을 이끄는 '자유의 여신'이 되는 놀라운 변화는 아름답다. 농촌 출신의 고아나 다름없던 젊은 여성이 베르사유의 의회에 드나들면서 혁명을 이해하려 애쓰고, 마침내 잘난 남성 정치인들과 대중의 박수를 받으며 자코뱅 클럽과 의회에 등장하여 연설하는 장면은 한 편의 드라마다. 프랑스 남부 출신의 사교계 여성이 종횡무진 펜을 휘두르면서 국가적인 대사를 논하고 여성의 권리를 위해 싸우는 투사가 되는 변화도 놀랍지 않은가.

자유와 인권이라는 혁명의 대의를 위해 연설로, 펜으로 싸운 여성 혁명가들은 물론, 가족의 생계를 위해 집단으로 봉기에 뛰어든 민중여성들, 혁명의 실현을 위해 무기를 들고 싸운 여성들도 의식적이든 무의식적이든 여성의 시민권 쟁취라는 목적을 위해 자신을 불살랐다. 이들은 투쟁하는 과정에서 여성에게 강요된 역할의 부당함, 혹은 박탈당한 권리를 인식할 수밖에 없었을 것이다. 이처럼 혁명의 뜨거운 열기 속에서 불꽃처럼 살다 간 여성들을 역사는 오랫동안 잊고 있었다.

혁명의 열렬한 투사가 되어 한때 자유와 혁명의 아이콘이 되기도 했던 여성들은 왜 그동안 잊혔을까. 프랑스 혁명은 제3계급이었던 부르주아의 승리로 끝났다. 나폴레옹 이후 오랜 반동의 세월 동안 어렵게 쟁취했던 여성의 권리들은 쪼그라들었고, 정치적, 경제적으로 완전한 승리를 거둔 부르주아들은 새로운 문화의 주인공이 되었다. 부르주아의 미덕은 집안의 가장인 남편과 안에서 가정을 지키는 정숙한 아내, 사랑스러운 아이들로 구성된 행복한 가정으로 완성된다. 여성이 굳이 밖에 나가 공적인 일에 참여할 필요가 없으며, 이는 오히려 부르주아 가정의 미덕을 해치는 일로 간주되었다. 그들에게 혁명은 자유 · 평등 · 우애라는 아름다운 이념으로 남았고, 날마다 단두대를 피로 물들이던 처참한 역사, 여성의 시민권을 위해 싸우던 여성 투사들의 기억은 떠올리고 싶지 않았을 것이다. 군중이 단두대의 죄수들을 구경하겨 열광하던 혁명 광장은 오벨리스크와 아름다운 분수대로 장식된 콩코르드 광장으로 바뀌었고, 1871년 파리 코뮌의 피로 물든 처참한 역사가 깃든 몽마르트르 언덕▪은 카바레와 카페, 예술가들이 깃드는 낭만의 장소가 되었다.

르누아르의 그림 〈물랭 드 라 갈레트의 무도회〉는 혁명과 피의 역사를 잊은 19세기 '행복한 파리'의 모습을 잘 보여준다. '물랭 드 라 갈레트'는 몽마르트르 언덕 중턱에 자리잡고 있으며, 지금은 레스토랑이 되었다. 사람들이 흥겨운 파티를 벌이는 이 언덕은 1871년의 파리 코뮌 시절 지도부가 있었던 처절한 저항의 장소였다. 불과 몇 년 전의 일이지만 고통스러운 역사의 흔적은 그림 어디에서도 찾을 수 없다. 소요와 시위가 끊이지 않던 정치의 도시, 파리는 사랑과 예술이 꽃피는 행복한 도시가 된 것이다.[1]

그러나 역사는 당대에 끝나지 않는다. 황제 나폴레옹의 등장과 뒤이은 왕정복고와 부르주아의 승리로 끝난 미완의 프랑스 혁명은 많은 문제가 있었지만, 자유와 평등, 인권이라는 계몽주의 철학의 씨앗을 부분적으로나마 현실정치에서 실현했다. 그리고 이것은 유럽과 전 세계로 퍼져나가면서 세계사에 지대한 영향을 주었다. 동시대의 프랑스 여성 혁명가들의 역할이 아직 충분히 조명되지 못했고, 프랑스 혁명사에서 아직도 제 자리를 찾지 못하고 있다고 해서 그들에 대한 평가가 끝난 것은 아니다. '자유'를 상징하는 아름다운 아마존 여전사로, 지롱드파의 여신으로 동시대 남성과 여성들의 가슴에 혁명의 불을 지폈던 여

▪ 그해에 파리 코뮌 지도부는 파리시에 있던 모든 대포를 몽마르트르 언덕으로 끌어올려 최후의 저항을 시도했다.

피에르 오귀스트 르누아르, 〈물랭 드 라 갈레트의 무도회〉, 1876.
파리, 오르세 미술관 소장

성 혁명가들의 역할을 과소평가해선 안 될 것이다.

혁명기에 이루지 못한 여성의 시민으로서의 정치적 권리는 19세기 반동의 시대를 거쳐 20세기 중반에야 뒤늦게 실현되었지만, 프랑스 페미니즘은 여전히 그들에게 많은 빚을 지고 있다. 20세기 후반에 들어서 올랭프 드 구즈를 비롯한 여성 혁명가들이 재조명을 받으면서 활발한 연구가 이루어지고 있는 것도 주목해야 할 것이다. 2024년 파리 올림픽 개막식에 등장한 올랭프 드 구즈는 혁명기 여성운동가들에 대한 재평가를 상징적으로 보여준다.

한 세기 전, 엄격한 가부장제가 지배하던 시대에 인형으로 살기를 거부하고 여권신장을 위해 싸웠던 조선의 여성 나혜석이 남긴 말은 18세기 프랑스 여성 운동가들의 외침과 다르지 않았다.

> 나는 그대들의 노리개를 거부하오.
> 내 몸이 불꽃으로 타올라 한 줌 재가 될지언정
> 언젠가 먼 훗날 나의 피와 외침이 이 땅에 뿌려져
> 우리 후손 여성들은 좀 더 인간다운 삶을 살면서 내 이름을 기억할 것이라.
>
> — 나혜석, 〈이혼고백서〉, 1934

이 책에서 18세기의 프랑스 혁명과 그 소용돌이에 뛰어들어 혁명과 함께 부침을 거듭했던 여성들을 다루었지만, 그것은 21세기를 사는 우리에게 결코 남의 일이 아니다. 자유·평등·인권 등의 가치는 우리가 모두 존중해야 하는 인류의 보편적인 가치가 되었다. 성별에 따른 차별은 물론 인종, 직업, 빈부격차에 따른 많은 차별이 존재하는 대한민국에서 우리가 자유와 평등과 천부적인 인권을 누릴 수 있는 차별 없는 세상을 만들기 위한 노력을 멈출 수 없는 까닭이다. 온몸을 던져 시민적 자유와 여성의 권리를 위해 싸웠던 18세기 프랑스 여성들의 투쟁을 되돌아보면 2024년 12월 탄핵 정국에서 여의도에 모여든 젊은 여성들이 오버랩된다.

이 글을 마무리 짓는 동안 12·3 내란이 일어났고 이를 막기 위해 시민들이 국회로 모였다. 계엄은 해제되었고, 내란의 주범을 탄핵하기 위해 모여든 수십만의 국민 가운데 특히 응원봉을 든 젊은 여성들이 빛의 혁명을 이루어 나가고 있다. 여의도에서, 남태령에서, 한남동에서 추운 겨울밤 하얀 눈을 맞으며 민주주의의 회복을 위해, 약자가 차별받지 않는 새로운 세상을 위해 투쟁하는 젊은 여성들은 혁명의 대의와 여성의 권리를 위해 싸웠던 프랑스의 여성운동가들 못지않은 훌륭한 투사들이다. 재기발랄하고 흥겹지만 투쟁의 의지가 절대 가볍지 않은 젊은 여성들의 열기를 보면서 대한민국의 미래는 어둡지 않다는 믿음을 가질 수 있었다.

1789

5월 5일	국가의 심각한 재정문제를 해결하기 위해 베르사유에서 삼부회 개최. 머릿수에 따른 표결 방법과 신분별 표결 방법을 둘러싸고 갈등이 일어났다. 머릿수 표결은 제3신분에게 유리했고 신분별 표결은 특권층에게 유리했다.
6월 17일	삼부회의 제3신분 대표들이 '평민회'(제3신분회)가 곧 '국민의회'임을 선포함.
7월 14일	성난 민중들이 바스티유 요새를 함락하고 프랑스 혁명이 시작되었다.
8월 26일	국민의회가 〈인간과 시민의 권리 선언〉(인권선언)을 채택함.
10월	'자코뱅 클럽' 창설. 로베스피에르가 두각을 나타냄.
10월 5~6일	'베르사유 봉기'. 파리의 민중여성들이 주축이 되어 5일 베르사유로 행진하여 궁전을 습격함. 6일에 왕가를 파리의 튈르리 궁으로 데려옴으로써 왕실은 혁명의 포로가 되었다.

1790

4월	마라와 당통이 주축이 되어 '코르들리에 클럽' 창설. '자코뱅 클럽보다 더 급진적이었다.

1791

6월 20~21일   국왕 일가의 바렌 탈주 사건. 프랑스를 탈출하려던 국왕 일가가 바렌
             에서 발각당해 파리로 압송되었다.

1792

1월   외국과 전쟁을 주장하는 브리소와 반대하는 로베스피에르가 맞서면서
             의회는 두 파로 분열됨.

4월 20일   3월에 지롱드파 내각이 구성되고 4월에 의회가 오스트리아에 선전포
             고를 함으로써 혁명전쟁이 시작되었다.

8월 10일   '8월 봉기'. 왕과 특권층이 프랑스를 배신하고 외국과 내통했다고 생각
             한 민중이 튈르리 궁을 습격하여 학살이 일어남.

9월 2~6일   '9월 학살'. 8월에 오스트리아군이 프랑스 동부 지역 일부를 점령하자
             외국 군대의 프랑스 공격에 분노한 파리 시민들이 감옥을 습격해 반혁
             명 인사로 생각되는 귀족들과 선서거부파 사제 등을 살해한 사건. 이
             때 반혁명과 관계없는 다른 죄수들도 다수 희생되었다.

9월 22일   국민공회가 왕정을 폐지하고 '프랑스 공화국' 선포.

1793

1월 21일	루이 16세 단두대에서 처형당함.
3월 10일	방데 반란. 30만 징집령에 반발한 농민들이 왕당파 귀족들과 손잡고 반혁명 반란을 일으킴. 2년 가까이 지속되다가 다음해 12월에 궤멸되었다.
6월 2일	무장한 상퀼로트들이 의회를 포위하고 국민공회는 지롱드파 의원 29명의 체포를 결정, 지롱드파가 몰락함.
7월 27일	로베스피에르가 공안위원회 의장이 됨.
10월 16일	마리 앙투아네트 단두대에서 처형.

1794

7월 27일	온건파에 의한 '테르미도르 9일의 쿠데타' 발발. 국민공회가 로베스피에르, 쌩 쥐스트 등 산악파 주요 인물들을 체포. 다음날 로베스피에르와 그 일파 22명이 처형됨.

1795

4월 1일 　　　'제르미날의 봉기'. 애국파의 석방과 식량을 요구하는 민중이 국민공회
　　　　　　를 습격했지만 강제 진압되고 봉기는 실패함.

5월 20일 　　'프레리알의 봉기'. 파리 민중이 식량부족에 항의하여 봉기를 일으켰
　　　　　　지만 진압됨. 두 차례의 민중 봉기가 실패로 끝나면서 민중운동은 활
　　　　　　기를 잃고 혁명은 종언을 맞게 되었다.

11월 3일 　　총재정부 수립.

11월 9일 　　나폴레옹이 '브뤼메르 18일의 쿠데타'로 권력을 장악.

1799~1804

통령정부 시대.

1804

나폴레옹이 스스로 황제임을 선언. 제1제정 시작됨.

프롤로그 : 여성을 지워버린 프랑스 혁명

1. G 랑송/P. 뤼프로 공저, 정기수 역, 《랑송 불문학사 상》, 을유문화사, 1983. p. 476.
2. Élisabeth Roudinesco, *Théroigne de Méricourt : Une femme mélancolique sous la Révolution*, Albin Michel, 2010. p. 38.
3. 육영수, "프랑스혁명은 여성들에게도 정말로 '혁명적'이었을까? – 영화로 읽는 프랑스혁명 II" 《프랑스사 연구》 제6호, 2002. 2. p. 63.

1부 : 희망과 열정으로 혁명에 뛰어든 여성들

1. 이진숙, 《시대를 훔친 미술》, 민음사, 2015. p. 281.
2. Louis Devance, "Le féminisme pendant la Révolution française", *Annales historiques de la révolution française*, n° 229, 1977. p. 341–342.

1. 혁명 전야의 풍경들

3. Élisabeth Roudinesco, *Théroigne de Méricourt : Une femme mélancolique sous la Révolution*. p. 31.
4. Paul–Marie Duhet, *Les femmes et la Révolution 1789-1794*, collection archives, Gallimard, 1988. p. 34.
5. 위의 책, p. 37.
6. Louis Devance, "Le féminisme pendant la Révolution française", p. 354.
7. 이세희, 《프랑스대혁명과 여성, 여성운동 : 페미니즘의 파란만장한 드라마》, 탑북스, 2012. p. 46에서 재인용.
8. 육영수, "여성을 위한 프랑스 혁명은 없다" 《혁명의 배반, 저항의 기억》, 돌베개, 2013. p. 41.
9. 알베르 소불, 최갑수 역, 《프랑스 혁명사》, 교양인, 2018. p. 147.
10. 막스 갈로, 박상준 역, 《프랑스 대혁명 1》, 민음사, 2013. p. 147.

2. 베르사유 행진과 여성들의 집단행동

11. Paule-Marie Duhet, *Les femmes et la Révolution 1789-1794*, p. 46.
12. 알베르 소불, 《프랑스 혁명사》, p. 62.
13. 위의 책, p. 185.
14. E. Lairtullier, *Les femmes célèbres de 1789 à 1795, et leur influence dans la Révolution*, 1840, p. 153.
15. 알베르 소불, 《프랑스 혁명사》, p. 187에서 재인용.
16. Jules Michelet, *Les femmes de la Révolution*, 2e éd., Paris, 1855, p. 27.
17. E. Lairtullier, *Les femmes célèbres de 1789 à 1795, et leur influence dans la Révolution*, p. 160.
18. 알베르 소불, "혁명적 군중, 집단적 폭력과 사회적 관계", 《프랑스 혁명사》, p. 731-732.
19. 위의 책, p. 188.

3. 민중여성들의 다양한 투쟁활동

20. 막스 갈로, 《프랑스 대혁명 1》, p. 380.
21. Paule-Marie Duhet, *Les femmes et la Révolution 1789-1794*, p. 127.
22. 이세희, 《프랑스대혁명과 여성, 여성운동 : 페미니즘의 파란만장한 드라마》, p. 297.
23. 위의 책, p. 301.
24. 알베르 소불, 《프랑스 혁명사》, p. 340.
25. 위의 책, p. 756.
26. 이세희, 《프랑스대혁명과 여성, 여성운동 : 페미니즘의 파란만장한 드라마》, p. 302.
27. 알베르 소불, 《프랑스 혁명사》, p. 346.
28. 위의 책, p. 347.
29. 이세희, 《프랑스대혁명과 여성, 여성운동 : 페미니즘의 파란만장한 드라마》, p. 314.
30. 이세희, 현재열, "프랑스 혁명과 여성의 역할" 《프랑스사 연구》 제7호, 2002, p. 38.

4. 혁명기 남성들의 여성관

31. Elisabeth Badinter, *Paroles d'hommes ; 1790-1793*, Paris, Flammarion, 2022, p. 15.
32. 1789년 8월 23일의 의회 연설.
33. 사제 출신 정치가이자 외교관이었던 탈레랑의 1791년 9월 의회 연설.
34. 이세희, 《프랑스대혁명과 여성, 여성운동 : 페미니즘의 파란만장한 드라마》, p. 38에서 재인용.
35. Leopold Lacour, *Trois femmes de la Révolution : Olympe de Gouges, Théroigne de*

Méricourt, Rose Lacombe, Paris, Plon, 1900, pp. 344-345.

36. Condorcet, "Sur l'admission des femmes au droit de cité", 1790.

5. 민중협회와 여성클럽

37. Otto Ernst, *Thérougne de Méricourt ; D'après des documents inédits tirés des Archives secrètes de la Maison d'Autriche*, Paris, Payot, 1935. p. 24. 이 부분은 오스트리아의 요새에 감금된 테루아뉴가 자신의 생애를 기록하는 가운데 남긴 기록이다.

38. 알베르 소불, 《프랑스 혁명사》, p. 196.

39. 위의 책, p. 248.

40. L. Devance, "Le féminisme pendant la Révolution française", p. 361.

41. Dominique Godineau, "De la guerriére à la citoyenne. Porter les armes pendant l'Ancien Régime et la Révolution française", Clio 20. 2004. p. 9.

42. L. Lacour, *Trois femmes de la Révolution : Olympe de Gouges, Théroigne de Méricourt, Rose Lacombe*, p. 343.

6. 혁명적 공화주의 여성시민협회

43. E. Roudinesco, *Théroigne de Méricourt : Une femme mélancolique sous la Révolution*, p. 194.

44. L. Lacour, *Trois femmes de la Révolution : Olympe de Gouges, Théroigne de Méricourt, Rose Lacombe*, p. 364.

45. 위의 책, p. 375-376.

46. E. H. 곰브리치, 백승길, 이종승 옮김, 《서양미술사》, 예경, 1997, p. 485.

47. 육영수, 《혁명의 배반, 저항의 기억》, p. 42.

48. L. Lacour, *Trois femmes de la Révolution : Olympe de Gouges, Théroigne de Méricourt, Rose Lacombe*, p. 402.

49. Victor Fournel, "Les commédiennes révolutionnaires; Rose Lacombe et les clubs de femmes",dans *Revue historique*, mai-août 1894. p. 60.

50. 알베르 소불, 《프랑스 혁명사》, p. 447-448.

51. 위의 책, p. 521.

52. L. Lacour, *Trois femmes de la Révolution : Olympe de Gouges, Théroigne de Méricourt, Rose Lacombe*, p. 352에서 재인용.

53. 이세희, 《프랑스대혁명과 여성, 여성운동 : 페미니즘의 파란만장한 드라마》, p. 366에서 재인용.

7. 여성운동의 소멸

54. L. Devance, "Le féminisme pendant la Révolution française", p. 366.
55. 위의 책, p. 369.
56. 이세희, 《프랑스대혁명과 여성, 여성운동 : 페미니즘의 파란만장한 드라마》, p. 375.

2부 혁명기의 여성 운동가들

I. 혁명의 여전사, 테루아뉴 드 메리쿠르

1. 양희영, "혁명은 여성에게 무엇이었는가?–프랑스 혁명의 아마존 전사 테루아뉴 드 메리쿠르", 《서양 여성들, 근대를 달리다》, 푸른역사, 2011. p. 25.
2. E. Lartullier, *Les femmes célèbres de 1789 à 1795*, tome 1er, 1840. p. 55.
3. Marcellin Pellet, *Etude historique et biographique sur Théroigne de Méricourt*, Paris, Maison Quantin, 1886, pp. 26–27.
4. 위의 책, p. 17–18.
5. Otto Ernst, *Thérougne de Méricourt ; D'après des Documents inédits tirés des Archives secrètes de la Maison d'Autriche*, p. 89.
6. 위의 책, p. 89.
7. J. Michelet, *Les femmes de la Révolution*, p. 45.
8. Otto Ernst, *Thérougne de Méricourt ; D'après des Documents inédits tirés des Archives secrètes de la Maison d'Autriche*, p. 179.
9. 위의 책, p. 180.
10. E. Roudinesco, *Théroigne de Méricourt : Une femme mélancolique sous la Révolution*, p. 67.
11. Otto. Ernst, *Thérougne de Méricourt ; D'après des Documents inédits tirés des Archives secrètes de la Maison d'Autriche*, p. 94.
12. J. Michelet, *Les femmes de la Révolution*, p. 114.
13. E. Roudinesco, *Théroigne de Méricourt : Une femme mélancolique sous la Révolution*, p. 106.
14. M. Pellet, *Etude historique et biographique sur Théroigne de Méricourt*, p. 53.
15. P. –M. Duhet, *Les femmes et la Révolution 1789-1794*, p. 93.
16. E. Roudinesco, p. 54. Lacour, p. 190. Pellet, p. 45–46.
17. J. Michelet, *Les femmes de la Révolution*, p. 115.
18. Otto Ernst, *Thérougne de Méricourt ; D'après des Documents inédits tirés des Archives secrètes de la Maison d'Autriche*, p. 95.

19. E. Roudinesco, *Théroigne de Méricourt : Une femme mélancolique sous la Révolution*, p. 88.
20. Otto Ernst, *Thérougne de Méricourt ; D'après des Documents inédits tirés des Archives secrètes de la Maison d'Autriche*, p. 200.
21. 위의 책, p. 208.
22. L. Lacour, *Trois femmes de la Révolution : Olympe de Gouges, Théroigne de Méricourt, Rose Lacombe*, p. 253.
23. Otto Ernst, *Thérougne de Méricourt ; D'après des Documents inédits tirés des Archives secrètes de la Maison d'Autriche*, p. 250.
24. L. Lacour, *Trois femmes de la Révolution : Olympe de Gouges, Théroigne de Méricourt, Rose Lacombe*, p. 261.
25. Otto Ernst, *Thérougne de Méricourt ; D'après des Documents inédits tirés des Archives secrètes de la Maison d'Autriche*, pp. 252–253.
26. 위의 책, p. 263.
27. E. Roudinesco, *Théroigne de Méricourt : Une femme mélancolique sous la Révolution*, p. 147.
28. 위의 책, p. 160.
29. L. Lacour, p. 294. E. Roudinesco, p. 185–186.
30. E. Roudinesco, *Théroigne de Méricourt : Une femme mélancolique sous la Révolution*, p. 189.
31. M. Pellet, *Etude historique et biographique sur Théroigne de Méricourt*, p. 107.
32. J. Michelet, *Les femmes de la Révolution*, p. 110.

2. 여성클럽의 투사, 클레르 라콩브

33. Victor Fournel, "Les commédiennes révolutionnaires; Rose Lacombe et les clubs de femmes", p. 51.
34. L. Lacour, *Trois femmes de la Révolution : Olympe de Gouges, Théroigne de Méricourt, Rose Lacombe*, p. 317–323.
35. Claire Lacombe, "Discours prononcé à la barre de l'Assemblée nationale, par Madame Lacombe, le 25 juillet 1792, l'an 4e de la liberté" Imprimé par ordre de l'Assemblée nationale.
36. Claire Lacombe, "Pétition de femmes de la société des citoyennes républicaines révolutionnaires", 26 août 1793.
37. 알베르 소불, 《프랑스 혁명사》, p. 206.
38. V. Fournel, "Les commédiennes révolutionnaires; Rose Lacombe et les clubs de femmes", p. 56.

39. E. Lairtullier, *Les femmes célèbres de 1789 à 1795*, p. 177.

40. Feuille du salut public, 24 septembre. V. Fournel의 앞의 책 p. 56에서 재인용.

41. Séance de la Convention national du 16 octobre 1793. *Moniteur*, t. XVIII, p. 62, 69. dans V. Fournel, p. 58. Lairtullier, p. 173.

42. J. Michelet, *Les femmes de la Révolution*, p. 109.

43. E. Lairtullier, *Les femmes célèbres de 1789 à 1795*, p. 189.

44. V. Fournel, "Les commédiennes révolutionnaires; Rose Lacombe et les clubs de femmes", p. 63.

45. L. Lacour, *Trois femmes de la Révolution : Olympe de Gouges, Théroigne de Méricourt, Rose Lacombe*, p. 108.

3. 지롱드파의 여신, 마농 롤랑

46. Charlotte Corbel, *Madame Roland : mémorialiste et épistolière face à l'histoire (1754-1793)*, Nantes, 2019, p. 23.

47. Dominique Godineau, *Les femmes dans la France moderne : xvie–xviiie siècle*, Paris, Armand Colin, coll. «U», 2015, p. 312.

48. Madeleine Clemenceau Jacquemaire, *Madame Roland*, Paris, Plon, 1926, p. 59 에서 재인용.

49. Mme Roland, *Mémoires*, Charlotte Corbel, op. cit., p. 28에서 재인용.

50. Olivier Blanc, "Cercles politiques et <salon> du début de la révolution (1789–1795)", *Annales hiotoriques de la Révolution française*, n°344, 2006, p. 74.

51. Mme Roland, *Mémoires*, p. 512. Charlotte Corbel, p. 143.에서 재인용.

52. J. Michelet, *Les femmes de la Révolution*, p. 144.

53. Charlotte Corbel, *Madame Roland : mémorialiste et épistolière face à l'histoire (1754-1793)*, p. 45에서 재인용.

54. Olivier Blanc, "Cercles politiques et <salon> du début de la révolution (1789–1795)", p. 79–80.

55. 위의 책, p. 81.

56. Mme Roland, *Mémoires*, p. 91. Charlotte Corbel, p. 41에서 재인용.

57. J. Michelet, *Les femmes de la Révolution*, p. 157.

58. 위의 책, p. 152.

59. Madeleine Clemenceau Jacquemaire, *Madame Roland*, p. 66.

60. 위의 책, p. 67.

61. Manon Roland, *Correspondance politique (1790-1793)*, p. 110. Lettre à Roland du jeudi 8 septembre 1791.

62. Madeleine Clemenceau Jacquemaire, *Madame Roland*, p. 77.

63. J. Michelet, *Les femmes de la Révolution*, p. 145.

64. Madeleine Clemenceau Jacquemaire, *Madame Roland*, p. 80.

65. 위의 책, p. 90.

66. Gustave Lanson, *Choix de lettres du xviiie siècle*, Paris, Librairie Hachette et Cie, 1908, p. 674.

67. Madeleine Clemenceau Jacquemaire, *Madame Roland*, p. 82.

68. Charlotte Corbel, *Madame Roland : mémorialiste et épistolière face à l'histoire (1754-1793)*, p. 102에서 재인용.

69. 위의 책, p. 47.

70. Mme Carette, *Madame Roland. Choix de mémoires et écrits des femmes françaises aux XVIIe, XVIIIe et XIXesiècles*, Charlotte Corbel, p. 151에서 재인용.

71. Sophie Grandchamp, *«Souvenirs» dans Mémoires de Mme Roland contenant des fragments inédits et les lettres de la prison*, Charlotte Corbel, p. 152에서 재인용.

72. Madeleine Clemenceau Jacquemaire, *Madame Roland*, p. 116.

73. 위의 책, p. 122.

74. L. Lacour, *Trois femmes de la Révolution : Olympe de Gouges, Théroigne de Méricourt, Rose Lacombe*, p. 104.

75. 브누아트 그루, 백선희 옮김, 《올랭프 드 구즈가 있었다》, 마음산책, 2014, p. 60.

4. 프랑스 페미니즘의 선구자, 올랭프 드 구즈

76. Olivier Blanc, *Marie-Olympe de Gouges ; une humaniste à la fin du xviiie siècle*, édition René Viénet, 2003. p. 32.

77. Olympe de Gouges, <Sera-t-il roi, ne le sera-t-il pas?> Olivier Blanc, p. 40에서 재인용.

78. 브누아트 그루, 《올랭프 드 구즈가 있었다》, p. 32.

79. 희곡 《셰뤼뱅의 예기치 않은 결혼》의 서문, E. Lairtullier, p. 58에서 재인용.

80. 알베르 소불, 《프랑스 혁명사》, p. 84-85.

81. Olivier Blanc, *Marie-Olympe de Gouges ; une humaniste à la fin du xviiie siècle*, p. 65.

82. L. Lacour, *Trois femmes de la Révolution : Olympe de Gouges, Théroigne de Méricourt, Rose Lacombe*, p. 37.

83. Olivier Blanc, *Marie-Olympe de Gouges ; une humaniste à la fin du xviiie siècle*, p. 98.

84. L. Lacour, *Trois femmes de la Révolution : Olympe de Gouges, Théroigne de Méricourt, Rose Lacombe*, p. 44.

85. 재레드 다이아몬드, 강주헌 옮김, 《문명의 붕괴》, 김영사, 2005. p. 465.

86. Olympe de Gouges, <Les Comédiens démasqués>, Olivier Blanc, p. 69에서 재인용.

87. Olivier Blanc, *Marie-Olympe de Gouges ; une humaniste à la fin du xviiie siècle*, p.

88-89.

88. 브누아트 그루, 《올랭프 드 구즈가 있었다》, p. 120에서 재인용.

89. Olympe de Gouges, <Le Bonheur primitif de l'Homme>, Olivier Blanc, p. 66에서 재인용.

90. E. Lairtullier, *Les femmes célèbres de 1789 à 1795*, p. 57-58.

91. 알베르 소불, 《프랑스 혁명사》, p.462.

92. 1789년에 발표한 〈제2의 국립극장과 조산원 계획〉.

93. 〈한 여성이 부르짖는 현자의 외침Le Cri du sage, par une femme〉 1789.

94. 〈네케르와 드 구즈 부인의 망명Départ de M. Necker et de Mme de Gouges, ou Les adieux de Mme de Gouges aux Français〉 1790.

95. L. Lacour, *Trois femmes de la Révolution : Olympe de Gouges, Théroigne de Méricourt, Rose Lacombe*, p. 48에서 재인용.

96. E. Lairtullier, *Les femmes célèbres de 1789 à 1795*, p. 76-77에서 재인용.

97. 〈무고한 사람의 자부심, 혹은 진실한 애국심의 침묵La Fierté de l'innocence, ou le Silence du véritable patriotisme〉 1792. 9.

98. 〈자코뱅파의 태양과 푀양파의 달의 거대한 일식Grande éclipse du soleil jacobiniste et de la lune feuillantine〉 1792. 4. E. Lairtullier, p. 110-111에서 재인용.

99. Olympe de Gouges, 〈La Fierté de l'innocence〉, Paris, 1792, p. 4. Olivier Blanc, Marie-Olympe de Gouges ; une humaniste à la fin du xviiie siècle, p. 14에서 재인용.

100. E. Lairtullier, *Les femmes célèbres de 1789 à 1795*, p. 85.

101. Olympe de Gouges, 〈Avis pressant à la Convention, par une vraie républicaine〉, Paris, 20 mars 1793. Olivier Blanc, *Marie-Olympe De Gouges, une humaniste à la fin du xviiie siècle*, p. 194

102. Olympe de Gouges, 〈로베스피에르에 대한 예상Pronostic sur Maximilien Robespierre, par un animal amphibie〉, Lairtullier, p. 126에서 재인용.

103. E. Roudinesco, *Théroigne de Méricourt : Une femme mélancolique sous la Révolution*, p. 175.

104. 희곡 《잘못을 고친 철학자Le Philosophe corrigé ou le cocu supposé》, L. Lacour, p. 33.에서 재인용.

105. 〈'민중에게 보내는 편지'의 저자 여성시민이 쓴 애국적 고찰〉, 1788.

106. E. Lairtullier, *Les femmes célèbres de 1789 à 1795*, p. 63.

107. 브누아트 그루, 《올랭프 드 구즈가 있었다》, p. 144에서 재인용.

108. 위의 책, p. 145에서 재인용.

109. 〈로베스피에르에 대한 예상〉, 1792. 11. E. Lairtullier, p. 127에서 재인용.

110. 브누아트 그루, 《올랭프 드 구즈가 있었다》, p. 69.에서 재인용.

111. L. Lacour, *Trois femmes de la Révolution : Olympe de Gouges, Théroigne de Méricourt, Rose Lacombe*, p. 5.

112. 〈귀부인들을 위한 서문 또는 여성의 초상〉, 1791. 브누아트 그루, p. 162에서 재인용.

113. 몰리에르, 이경의 역, 《학식을 뽐내는 여인들》, 지만지드라마, 2019.

114. 브누아트 그루, 《올랭프 드 구즈가 있었다》, p. 175.

115. Olivier Blanc, *Marie-Olympe de Gouges ; une humaniste à la fin du xviiie siècle*, p. 224.

116. P. −M. Duhet, *Les femmes et la Révolution 1789-1794*, p. 205.

117. 문지영, "여성혁명가 구즈, 200년 만에 부활하다", 서양사학자 13인, 《서양문화사 깊이 읽기》, 푸른역사, 2008.p. 220.

에필로그 : 혁명에 헌신한 여성들을 위한 만가

1. 이진숙, 《시대를 훔친 미술》, p. 331.

Annette Rosa, *Citoyennes. Les femmes et la révolution française*, Paris, Messidor, 1989.

Charles—Aimé Dauban, *Mémoires de Madame Roland : seule édition entièrement conforme au manuscrit autographe transmis en 1858*, Paris, Henri Plon, 1864.

Charlotte Corbel, *Madame Roland : mémorialiste et épistolière face à l'histoire (1754-1793)*, Nantes, 2019.

Christiane Marciano—Jacob, *Théroigne de Méricourt (1762-1817) ou la femme écrasée*, Le Sémaphore, 2001.

Claude Marie Perroud et Mathe Conor, *Lettres de Madame Roland : 1767-1780*, t. 1, coll. ⟪de documents inédits sur l'histoire de France⟫

Dominique Godineau, *Les femmes dans la France moderne : xvie–xviiie siècle*, Paris, Armand Colin, coll. ⟪U⟫, 2015.

Dominique Godineau, "De la guerriére à la citoyenne. Porter les armes pendant l'Ancien Régime et la Révolution française", Clio, Femme, Genre, Histoire, 20/2004.

Edouard Forestié, *Olympe de Gouges*, Imp. et Lith. Éd. Forestié, 1901.

Élisabeth Roudinesco, *Théroigne de Méricourt : Une femme mélancolique sous la Révolution*, Albin Michel, 2010.

Elisabeth Badinter, *Paroles d'hommes ; 1790-1793*, Paris, Flammarion, 2022.

E. Lairtullier, *Les femmes célèbres de 1789 à 1795, et leur influence dans la Révolution*, tome 1er, Paris, chez France, à la librairie politique, 1840.

Évelyne Morin—Rotureau, *1789-1799, combats de femmes : les révolutionnaires excluent les citoyennes*, Paris, Autrement, coll. ⟪Mémoires⟫ (no 96), 2003.

Jules Michelet, *Les femmes de la Révolution*, 2e éd., Paris, 1855.

Leopold Lacour, *Trois femmes de la Révolution : Olympe de Gouges, Théroigne de Méricourt, Rose Lacombe*, Paris, Plon, 1900.

Louis Devance, "Le féminisme pendant la Révolution française", *Annales historiques de la révolution française* n° 229, 1977.

Madame Roland : sa détention à l'abbaye et à Sainte-Pélagie 1793, Paris, G. Hurtrel, 1886.

Madeleine Clemenceau Jacquemaire, *Madame Roland*, Paris, Plon, 1926.

Madeleine Reberioux, Antoine De Baecque, Dominique Godineau, *Ils ont pense les droits de l'homme: textes et débats 1789-1793*, Paris, E.D.I, 1989.

Marcellin Pellet, *Etude historique et biographique sur Théroigne de Méricourt*, Paris, Maison Quantin, 1886.

Martial Poirson, "Les trois vies de Théroigne de Méricourt", *L'Histoire*, février 2021.

Nicole Pellegrin, "Les disparues de l'histoire", *Le Monde diplomatique*, 1er novembre 2008 (consulté le 1er novembre 2008).

Otto Ernst, *Théroigne de Méricourt ; D'après des documents inédits tirés des Archives secrètes de la Maison d'Autriche*, Paris, Payot, 1935.

Olivier Blanc, "Anne Théroigne de Méricourt, violente ou humaniste?", *Féministes en tous genres*, 26 avril 2015.

Olivier Blanc, *Marie-Olympe de Gouges ; une humaniste à la fin du xviiie siècle*, édition René Viénet, 2003.

Olivier Blanc, *Marie-Olympe de Gouges: 1748-1793 des droits de la femme à la guillotine*, Tallandier, 2014.

Olivier Blanc, "Cercles politiques et ⟨salon⟩ du début de la révolution (1789–1795)", *Annales hiotoriques de la Révolution française*, n ° 344, 2006.

Olivier Blanc, "Celle qui voulut politiquer", *Le Monde diplomatique*, novembre 2008.

Olivier Blanc, "Théroigne de Méricourt sous la Terreur. Violences subies et dépression", *L'obs*, 3 mai 2015.

"Olympe de Gouges", *Annales historiques de la Révolution française*, n °. 247–250, 1982.

Olympe de Gouges, *L'esclavage des noirs ou L'heureux naufrage*, Côté–femmes éditions, 1989.

Paul–Marie Duhet, *Les femmes et la Révolution 1789-1794*, collection archives, Gallimard, 1988.

Sophie Mousset, *Olympe de Gouges et les droits de la femme*, Éditions du Félin, 2003.

Victor Fournel, "Les commédiennes révolutionnaires; Rose Lacombe et les clubs de femmes", dans *Revue historique*, mai–août 1894.

노명식, 《프랑스 혁명에서 파리 코뮌까지, 1789~1871》, 책과 함께, 2011.

문지영, 〈여성혁명가 구즈, 200년 만에 부활하다〉, 《서양문화사 깊이 읽기 – 서양사학자 13인》, 푸른역사, 2008.

양희영, 〈혁명은 여성에게 무엇이었는가? – 프랑스 혁명의 아마존 전사 테루아뉴 드 메리쿠르〉, 《서양 여성들, 근대를 달리다》, 푸른역사, 2011.

육영수, 〈프랑스혁명은 여성들에게도 정말로 '혁명적'이었을까? – 영화로 읽는 프랑스혁명 II〉, 《프랑스사 연구》 제6호, 2002.2.

육영수, 《혁명의 배반, 저항의 기억》, 돌베개, 2013.

이세희, 《프랑스 대혁명과 여성·여성운동: 페미니즘의 파란만장한 드라마》, 탑북스, 2012.

이세희, 현재열, 〈프랑스 혁명과 여성의 역할〉, 《프랑스사 연구》 제7호, 2002.

이진숙, 《시대를 훔친 미술》, 민음사, 2015.

데이비드 하비, 김병화 옮김, 《모더니티의 수도, 파리》, 글항아리, 2019.

막스 갈로, 박상준 역, 《프랑스 대혁명 1,2》, 민음사, 2013.

브누아트 그루, 백선희 옮김, 《올랭프 드 구즈가 있었다》, 마음산책, 2014.

알베르 소불, 최갑수 역, 《프랑스 혁명사》, 교양인, 2018.

조르주 뒤비, 미셸 페로, 《여성의 역사 4 − 프랑스 대혁명부터 제1차 세계대전까지 (상)》, 새
물결, 1998.

토니 클리프, 이나라, 정진희 옮김, 《여성해방과 혁명; 영국혁명부터 현대까지》, 책갈피,
2008.

E.H. 곰브리치, 백승길, 이종승 옮김, 《서양미술사》, 예경, 1997.

G 랑송, P. 튀프로 공저, 정기수 역, 《랑송 불문학사 상》, 을유문화사, 1983.